江苏省中小学幼儿园教师自学考试学前教育专业专升本教材

学前教育研究方法

许卓娅 主编

苏州大学出版社

图书在版编目(CIP)数据

学前教育研究方法/许卓娅主编.—苏州:苏州大学出版社,2003.7(2022.3重印)
江苏省中小学幼儿园教师自学考试学前教育专业专升本教材
ISBN 978-7-81090-100-0

Ⅰ.学… Ⅱ.许… Ⅲ.学前教育-科学研究-方法-高等教育-自学考试-教材 Ⅳ.G61

中国版本图书馆 CIP 数据核字(2003)第 052950 号

学前教育研究方法

许卓娅　主编
责任编辑　许周鹣

苏州大学出版社出版发行
(地址:苏州市十梓街1号　邮编:215006)
丹阳兴华印务有限公司印装
(地址:丹阳市胡桥镇　邮编:212313)

开本 850mm×1 168mm　1/32　印张 13(共两册)　字数 325 千
2003 年 7 月第 1 版　2022 年 3 月第 9 次印刷
ISBN 978-7-81090-100-0　定价:36.00 元(共两册)

苏州大学版图书若有印装错误,本社负责调换
苏州大学出版社营销部　电话:0512-67481020
苏州大学出版社网址　http://www.sudapress.com

江苏省中小学幼儿园教师自学考试学前教育专业专升本教材编写委员会

主 任 委 员	王斌泰
副主任委员	许仲梓　朱小蔓　杨九俊　孙建新
	鞠　勤　李学农
委　　　员	（以姓氏笔画为序）
	孔起英　许卓娅　朱　曦　邱学青
	张　俊　陈春菊　周　兢　耿曙生
	唐　淑　顾荣芳　徐文彬　虞永平

前　言

为加快我省幼儿园教师本科学历培训步伐,优化教师队伍结构,提高幼儿园教师素质和学前教育质量,江苏省教育厅决定从2001年起启动幼儿园教师学前教育专业(专升本)自学考试,以南京师范大学为主考单位。

学前教育专业(专升本)自学考试,既是我国自学考试的一种全新形式,也是江苏省21世纪推进幼儿园教师继续教育,提高学历,以适应教育现代化需要的重要举措。

1999年,原江苏省教育委员会组织专家着手进行了幼儿园教师学前教育专业(专升本)自学考试方案和课程考试计划的制定工作。2000年,江苏省教育厅组织专家对此进行了论证,确定了《江苏省中小学幼儿园教师自学考试学前教育专业(专升本)课程考试计划》。在此基础上,江苏省教育厅又组织了一批专家根据课程计划编写教材,确立了教材编写的指导思想:根据21世纪对幼儿园教师素质的要求,适应基础教育改革的需要,突出思想政治及道德素养的提高和教育思想的转变,进一步夯实幼儿园教师文化科学素质基础,强化在教育实践中进行学习研究、自我提高的意识及能力,进一步提高幼儿园教师现代教育理论素养,树立正确的教育思想和观念,提高教育技艺水平。教材编写力求体现先进性、科学性、专业性和实用性的原则。

学前教育专业(专升本)自学考试是一项全新的事业,需要不断发展和完善,希望广大自学考试辅导教师和自学考试者在教材的使用与学习中,提出宝贵意见,为这一事业的发展和提高作出贡献。

江苏省中小学教师自学考试办公室
2001年10月

目　录

第一章　绪论
第一节　学前教育研究方法概述 …………………… (1)
第二节　学前教育研究方法的历史进程 …………… (22)
第三节　学习学前教育研究方法的意义和要求
　　　　……………………………………………… (27)

第二章　基本概念
第一节　抽样 ………………………………………… (33)
第二节　变量 ………………………………………… (40)
第三节　测量 ………………………………………… (43)
第四节　操作性定义 ………………………………… (48)
第五节　效度与信度 ………………………………… (51)

第三章　研究问题的确定
第一节　概述 ………………………………………… (57)
第二节　确定研究问题的原则 ……………………… (61)
第三节　研究问题确定的过程与方法 ……………… (65)
附例1　文献综述及反省实例 ……………………… (75)
附例2　课题论证报告实例 ………………………… (79)

1

第四章 观察法
- 第一节 概述 ……………………………………………… (83)
- 第二节 非结构性观察 …………………………………… (87)
- 第三节 结构性观察 ……………………………………… (99)
- 附例1 多媒体教学对学生注意力的影响的观察研究
  计划实例 ……………………………………………… (108)
- 附例2 幼儿教师教养行为观察的比较研究实例 ……… (111)

第五章 调查研究
- 第一节 概述 ……………………………………………… (113)
- 第二节 问卷调查 ………………………………………… (118)
- 第三节 访谈调查法 ……………………………………… (132)
- 附例1 问卷调查设计案例 ……………………………… (145)
- 附例2 访谈法实例 ……………………………………… (148)

第六章 实验法
- 第一节 概述 ……………………………………………… (171)
- 第二节 教育实验的基本构成和实验控制 ……………… (180)
- 第三节 教育实验设计模式 ……………………………… (191)
- 第四节 动手做自己的实验 ……………………………… (194)
- 附例1 守恒能力测量研究实例 ………………………… (199)
- 附例2 情感表达能力评价研究实例 …………………… (203)

第七章 行动研究法
- 第一节 概述 ……………………………………………… (204)
- 第二节 教师成为行动研究者 …………………………… (212)
- 第三节 行动研究法应用 ………………………………… (216)
- 第四节 教育行动研究与园本课程发展 ………………… (224)

第八章 教育研究报告的撰写与评价
- 第一节 教育研究报告及其撰写 ………………………… (228)
- 第二节 教育科研成果的评价 …………………………… (240)

附例1 小班幼儿不良情绪反应成因及教育对策的
　　　初步研究 …………………………………… (249)
附例2 电脑绘画与构建幼儿兴趣、技能、成就感
　　　"金三角"素质的实证研究 ………………… (255)
附例3 师幼互动中教师的爱心
　　　——一次关于"教师的爱心"的调查报告 ……… (264)

第九章　学前教育研究面临的问题以及发展趋势
第一节　当前学前教育研究面临的问题…………………(277)
第二节　学前教育研究的发展趋势………………………(278)
附：《学前教育研究方法》自学考试大纲………………(296)
主要参考书目……………………………………………(315)
后记………………………………………………………(317)

第一章 绪 论

学前教育研究方法,不仅是方法论范畴中的一个分支学科,而且是学前教育科学体系中的一个十分重要的领域。社会的发展和进步要求学前教育工作者不断提高学前教育的质量,而学前教育质量的提高是基于人们对学前教育的认识水平和实践水平的提高,因此,学前教育研究方法越来越显示出它在促进学前教育学科发展中的重要性。近年来,学前教育改革的深入发展也呼唤和促进了其研究方法的深刻变革,学前教育研究方法正朝着理论化、科学化和现代化的方向发展。作为专业的研究人员和教育工作者,学习和掌握一定的学前教育研究方法势在必行。

第一节 学前教育研究方法概述

一、方法与科学方法

(一) 定义

所谓方法,语义学的解释是"按照某种途径"(缘自希腊文的"沿着"和"道路"),指的是为了达到一定的目的而必须遵循的调节原则的说明。陈向明在《质的研究方法与社会科学研究》中提到:"从字面上讲指的是'一门逻各斯',即'关于沿着——道路——(正确地)进行的学问'。"我国《中文大词典》中注解为:行事之条理和判断方行之标准。方法作为一种思维方式和行为方式,是研究问题的一般程序和准则。方法不仅是一种技巧技术,也是一门艺术,其实质在于对规律的运用,遵循规律就成了方法。为了有效地进行学前教育研究,我们同样需要特定的研究方法。方法论则是关于认识世界和改造世界的方法的理论,是方法的体系。

人们在认识世界和改造世界的过程中,就方法而言,包括科学方法和非科学方法。在人们认识世界的历史中,非科学方法曾经起过一定的作用,帮助人们在特定的阶段获得需要的知识。非科学方法有什么样的表现呢?人们出于对某些权威人士的信任,可能会单纯依赖于这些权威对事物或现象的解释,从而忽略了科学的客观批判态度,成为一种盲从,是非科学方法的一种表现。人们有时候也会不加疑问地接受自己个人对事物或现象的自发的直觉。虽然直觉有一定的作用,在科学研究中我们不能完全摈弃直觉,但是仅仅依靠直觉是不够的,需要采用科学的方法。人们往往很重视逻辑推断的重要性,因为它是依赖纯假设的数学关系推断知识,是认识事物和现象的重要方式,然而单纯依赖于逻辑推断研究问题是无法正确地认识世界的,这就变成了一种不科学的方法。在研究工作中,我们要经常反思自己的工作,防止误入这些非科学方法的歧途。

那么,什么是科学方法?一般来说,科学方法的含义有广义和狭义之分。广义概念中的科学方法包括科学方法论和具体的科学方法。具体的科学方法与科学方法论是既有联系又有区别的不同概念,但两者是息息相关的。科学方法论是人们认识事物和进行研究工作的宏观指导,是科学的思想方法或思维方式。狭义概念中的科学方法是指科学思维或科学研究中解决问题的具体方法与手段,是科学思维方式的实践和应用,即广义概念中的具体的科学方法。科学研究需要科学方法,采用非科学方法的研究就不是科学研究。同时,科学方法是在科学实践中产生和发展起来的。在科学研究中发展的科学方法,是与科学态度和科学思维方法相关联的特有的思维方式和行为方式,是需要不断被验证和反思的。

本书将着重介绍学前教育研究中重要的研究方法。

(二) 科学方法的特征

科学方法区别于非科学方法的主要特征有：

1. 客观性

科学方法是为了获得真理性的认识，其研究对象和成果都是不以人的意志为转移的客观内容，科学方法也应当是符合客观规律的，而不是盲目信任权威的解释，也不是基于个人的直觉，或者单纯通过研究者的逻辑推断。

2. 预见性

科学方法的预见性要求研究应当具有计划性、严密性和系统性，选择最适宜的收集资料的手段和途径，并选择合适的分析方法。通过科学方法所获得的知识和结论应当是可以重复验证的，其他人可以在相同或相似的研究条件下，采用相同的方法，获得相同或相似的结果。

3. 准确性

运用科学方法意味着，研究中使用的收集资料和分析资料的工具依赖于严密的逻辑和现实的需要，原理、原则经得起反复推敲和检验，所得结果能更清楚、更准确地说明事物或现象之间的关系，并能有效促进现实问题的解决。

用科学方法研究问题，就是要以科学的态度，采用科学的思维方式，客观地、全面地看待事物，尽可能避免主观性的影响，去探索事物或现象的本来面目。我们需要了解科学方法的主要特征，并且把它放在实践工作中检验我们的研究方法。

二、科学研究与教育研究

(一) 定义

科学研究是指人们在科学理论的指导下，采用科学的方法，遵循一定的研究规范，探究客观事物的现象和规律，以获取科学知识和解决问题的实践过程。其核心是知识的拓展和问题的解决。它是人类获取科学知识的主要途径,在人类实践活动中占有重要的地位。教育研究就是人们在教育科学理论和其他相关科学理论的指导下,通过对教育领域内的各种现象和问题的解释、预测和控制,以促进教育科学理论体系的建立和发展,并且着眼于解决实际问题的实践过程。

由于科学研究是涉及科学的理论和方法,要探讨前人所未知的知识,解决前人未解决或尚待解决的问题,因此,它与人类其他实践活动相比,具有四个方面的显著特征:

1. 规范性

这一特征表明科学研究活动必须按照客观规律进行,使研究活动遵循一定的行为规范。它一般体现在确定研究问题的规范、收集和整理资料的规范、具体研究操作的规范、研究报告书写的规范等方面。研究者在研究过程中必须尊重客观事实,以客观性原则为依据,反对主观臆测或妄自论断。科学研究规范既以人类活动的一般规律为依据,也以不同类型研究的具体要求为依据。只有严格遵循科学研究的规范性,才有可能最大限度地排除研究中的各种无关干扰因素,提高研究的客观性、科学性水平,才有可能获得有效的、可靠的研究结论,才有可能得到更多人的承认。

2. 系统性

所谓系统,就是由相互作用和相互依赖的若干部分组成的具有特定功能的整体。就学前教育科学来说,它处于教育系统这个更大的系统之中,它本身也是一个复杂的完整系统,在这个大系统中又存在着许多小系统,比如,学前教育研究、学前教育概论、学前儿童发展心理学等。学前教育中出现的各种问题都是复杂的,既是一个由若干要素组成的综合体,又是某一更大系统的组成部分。对复杂的问题要用复杂的眼光观察,要重视事物或事件之间的联系。系统性特征就是要求研究者在观察和分析相关的问题时,注意其相关性、整体性、有序性和模型化的特点,对其中各种因素之间的各个方面的关系进行考察,追求研究活动的整体性。这一特征说明研究者在科学研究中要运用联系的、整体的眼光观察和分析问题,要求研究者在各种因素的普遍联系中探索规律,要求研究者充分认识研究活动的各个方面,并追求研究活动的整体功能。

3. 创造性

由于科学研究要探讨前人未知的内容,解决前人尚未解决或尚未完全解决的问题,因此它是一个创造性的过程。在这个过程中,应当拓展人们的知识和提高解决问题的能力,并且有可能促进新的、有价值的问题的产生。科学研究的创造性不仅表现在研究内容的创新上,而且表现在研究方法的创造性上。例如,在学前教育研究中,应努力使该领域的原有理论和实践知识体系有所增加或改进,其中包括其研究方法的创新,促进人们提高对该领域的认识和实践水平,有效地提高学前教育的质量。

4. 历史性

科学研究作为一种实践活动,并不是孤立地存在于人类历史的长河中,而是存在于一定的历史生态之中。正如著名科学家牛顿所说,如果他比别人看得远,是因为他站在巨人的肩膀上。科学研究需要和人类的其他活动相互联系、相互作用,就某一具体的科学研究来说,还要与他人的相关研究进行交流;还需要充分继承前人的研究成果,在前人已经达到的水平上进行探索和创新,同时也成为后人研究活动的基础。

教育研究也应具有上述一般特征,并应以这些特征来检验我们的教育研究实践。只有这样才能保证教育研究具有科学性,才能保证教育研究是合适的、有效的。威廉·维尔斯曼在《教育研究方法导论》中将教育研究的特征总结如下(编者对原文进行了总结):

(1) 教育研究是经验的。教育研究是以典型的经验主义方法为特征的。

(2)教育研究应是有系统的,在一个大的框架中遵循着科学的方法和步骤。但是,不同的研究类型在如何完成这些步骤上存在较大弹性。

(3)教育研究应是有效的。教育研究必须具有一定的效度。

(4)教育研究应是可靠的。教育研究必须具有一定的信度。

(5)教育研究的形式是多样的。

教育研究是一种活动或一个过程。教育研究的一般过程可以体现出教育研究的一般特征。

(二)教育研究的一般过程

教育研究是怎样进行的呢?这就涉及一个过程的问题。传统的研究设计模式通常采取一种线性结构,按照一定的前后步骤逐步展开研究活动。图 1-1 就是这样一个阶梯式的研究设计,上一级的工作必须在下一级的工作完成以后才能进行。

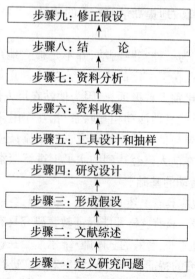

图 1-1　阶梯式研究设计模式

[资料来源:Miller&Crabtree,1992:9]

目前,一些研究设计模式认为,研究者要打破上述的线性结构,要把研究过程看做一个循环反复、不断演进的动态过程,研究活动中每一部分工作都不可能一次性完成,都会受到其他部分的影响。因此,我们不能呆板地认定教育研究活动是按照一个什么样的步骤按部就班地执行,但是教育研究活动包含了上述涉及的几个方面。参照科学研究的一般过程,教育研究一般包括以下几个具体方面:(1)确定研究的问题;(2)制定研究计划和工作计划;(3)收集研究资料;(4)整理和分析资料;(5)形成研究结论;(6)撰写研究报告。需要注意的是,学前教育研究作为教育研究的一种,一般也会涉及这几个方面。

1. 确定研究的问题

一般来说,研究一开始就要求提出合适的问题或对所研究的现象或问题有明确的认识,这是一个发现和提出研究问题的过程。研究问题的确定是整个研究过程中较为困难的步骤之一,因为这时研究工作还没有组织起来,而且这一环节关系到整个研究活动的展开情况。因此,研究问题不是在瞬间就可以定下来的,确定研究问题的过程实际上经过了一个从产生研究动机到勾画出研究大致轮廓的过程,这是一个反复验证和论证的过程。

研究问题从哪里来呢?一个研究问题总是来自一定的研究现象,因此我们在选择具体的研究问题之前,需要确定自己的研究现象。所谓"研究现象"是指研究者希望集中了解的人、事件、行为、过程、意义的总和,是研究者在研究中将要涉及的领域范围。我们可以从确定的研究现象中逐渐提升出一个比较具体、集中的焦点,从而提出自己的研究问题。当然提出问题有许多不同的途径,这只是一般的情况。研究者从多种途径获得了初步的问题,然后需要对这些可能的问题进行全面的了解。为什么要对这些问题进行全面的了解呢?这是一个反复思考研究问题的过程,通过这个过程,研究者分析初步选择的问题是否合适、是否可行。那么,如何了解这些有研究意向的问题呢？一般来说，可以带着这些问题广泛查阅文献，了解已有研究的内容、方法，形成一个文献综述，从而掌握这些问题研究的现有水平和被关注的程度，即他人已经做了哪些工作，它是否为人们目前普遍关注的问题。研究者也可以与他人讨论，或向相关人士(包括专业人员、熟悉问题的其他人等)咨询，并通过不断的思考，对所选择的问题有大致的了解。研究者还可以通过亲自实践，做一些准备性的研究，来考察研究的问题。当然，根据不同的情况，还存在不同的了解途径。

随着研究者对相关情况的掌握和思考的深入，原来朦胧的想法逐渐地清晰和集中，研究者需要明确地陈述所研究的问题，对研究中涉及的各种变量、常量和研究条件下操作性定义，还要提出研究假设。研究假设就是为了验证研究的有效性而提出的对某些未知事实的假定解释。威廉·维尔斯曼认为，研究假设是对问题的结果、两个或多个变量之间的关系或某些现象的性质的推测或提议。伯格和高尔认为研究假设应具备四条标准：说明两个或两个以上变量之间的期望关系；研究者应有该假设是否值得检验的明确的理由，这一理由是有理论的或事实的依据的；假设应是可检验的；假设应尽可能简洁明了。

2. 制定研究计划和工作计划

在这一阶段里，研究设计的主要工作是：最终完成研究课题的陈述和假设；确定该研究要使用的特定研究方法，研究活动的具体核心工作是收集和分析研究资料，因此，主要是收集和分析研究资料的方法(包括收集和分析资料的工具)；明确研究对象选择的问题，包括抽样的对象、方式、地点和样本分组等问题；规定研究实施的步骤与过程等。

另外，还需要制定完整全面的工作计划，帮助研究人员明确各自的职责，指导整个研究活动的开展。一般包括以下内容：研究活动的时间计划和进程安排；研究过程中各个步骤或环节的工作目标和内容;研究活动的人员安排、组织形式,以及研究经费的预算和分配等。

这一环节的工作同样需要科学理论的指导,体现科学方法的精神。一份清晰有效的研究计划和工作计划的制定,有利于保证研究活动开展的效率,有利于研究目标的达成。

3. 收集研究资料

收集研究资料就是按照某项研究的内容和目标,研究者使用一定的研究工具获取所需要的事实材料或数据。研究资料一般有数据资料、文字资料、实物资料等,针对不同的资料应采取不同的收集方法。收集研究资料的方法有多种,在学前教育研究中,主要有观察法、调查法、访谈法、实验法、测验法等。收集资料时要注意以下几个基本原则:

(1) 客观性原则,即研究者应当尊重事物的本来面目及其发展的客观规律性,收集客观资料,摒弃主观臆造的研究资料,也要防止研究者把自己的假设暗含在研究资料中。比如,在对儿童的行为进行观察记录时,不能把观察者自己的主观猜测加入到描述行为的语言中。有一个观察者在观察一个中班幼儿的游戏活动时,在不了解前因后果的情况下,把该幼儿的一个抛娃娃的行为记录为"他一定是发怒了,把娃娃用劲扔了出去",该幼儿抛娃娃行为的原因是不清楚的,观察者不能用自己认定的原因来解释该行为。

(2) 系统性原则,即收集研究资料时要根据研究对象和内容的系统性特征,整体、有序地考虑问题。研究活动本身就是一个系统,要研究的现象和问题也是一个小系统,在收集资料的过程中同样不能忽视系统性原则。

(3) 全面性原则,即不能放过研究中任何有意义的资料,全面、整体地考察研究对象的特点和属性。研究者所使用的研究工具(这里主要是收集资料的工具)一定是能够满足研究需要的工具,是一个能够充分收集到研究者需要资料的工具。而且,研究者在收集资料的过程中要尽可能全面地考察研究对象。比如,某一研究要调查某地区幼儿园游戏材料的提供情况,所设计的调查表就不能仅仅涉及幼儿园班级内的游戏材料,还应考虑室外游戏场所和公共活动室等的游戏材料。

(4) 伦理性原则,即在具体实施过程中,还应注意研究道德,尊重和保护研究活动中涉及的所有人员(包括研究活动的工作人员、研究对象等),尤其要尊重和保护儿童,不能侵犯他们的隐私权、名誉权等,不能强迫他们参与研究,允许他们了解研究的进展、结果等。

4. 整理和分析资料

研究者收集到的原始资料一般是零散的,不能直接拿来说明问题,还需要研究者运用科学的方法使之系统化和条理化,使之成为研究中有效的资料。整理研究资料的过程就是研究者根据研究需要,对研究活动中已收集到的各种资料进行科学的处理,使之系统化和条理化。分析研究资料的过程是研究者在对原始资料整理的基础上,对研究资料的性质和特点以及研究资料之间的相互关系进行具体分析,以发现各种教育现象之间的关系和探索一定的规律。

这一过程是研究者反思已经进行的研究活动,通过发现和解决问题进一步完善研究活动的过程。研究者在整理和分析时,对已有研究资料的可靠性和有用性进行分析和判断,排除无用的研究资料,再补充进新的有用的研究资料。这一阶段工作直接影响着研究结论的科学水平。研究者通过整理和分析资料,考察已有研究资料是否能够充分反映事物的本来面目,在多大程度上满足了研究者的需要。这就为形成研究结论打下了基础。

这一阶段的主要工作包括:把收集到的研究资料归类;依据一定的标准评定;列出总结表格(如总数、均数、次数分布图等);针对不同性质的资料,选择适当的分析方法,如对文字资料的分析,有比较与分类、分析和综合、归纳和演绎;等等。其中,当研究者需要对数据资料进行分析时,会涉及多种分析的方法,研究者需要具备一定的统计学知识,或者可以参阅有关教育统计方面的书籍,或者请教有关方面的专家,而且要具备使用各种统计方法的条件。当然,不是每一个研究活动都要用统计分析之类的方法,例如在质的研究中,研究者不一定需要使用统计分析,有时更强调对研究问题或事件的描述和解释,这时就强调研究者的分析工具要符合质的研究方法的特点。研究者要根据研究对象和研究内容的特点,根据所选择的研究方法的特点,选择适当的整理和分析研究资料的工具和方法。

5. 形成研究结论

在获得了必要的事实依据和理论依据资料后,研究者需要在此基础上形成能揭示客观事物的性质或客观规律的结论,这就是一个形成研究结论的过程。

形成结论通常要综合运用各种具体的思维方法,如分析、综合、比较、归纳、演绎、类比等。分析是将所研究的事物或现象的整体分解为各个部分、方面、要素和特性,并分别加以考察,从而认识事物本质的一种思维方法,包括定性分析和定量分析、因果分析和系统分析等不同的方式。综合是将有关事物的各个部分、方面、要素和特性联结成一个整体进行考察,从对整体的认识上来把握事物的本质的一种思维方法,一般是在分析的基础上进行的。比较是研究者依据一定的标准,确定事物或现象之间异同的一种思维方法,"同中求异,异中求同",包括单项比较和综合比较、横向比较和纵向比较、求同比较和求异比较等。归纳是从已有的众多事实或结论中,概括出一般性或普遍性结论的一种思维方法;演绎则是从已知的一般性或普遍性结论出发,推论出个别或特殊的结论的一种思维方法。

在此过程中,研究者要坚持科学性原则,全面而具体地把握问题。在形成研究结论时,应结合使用定性分析和定量分析等多种方法,综合考虑与研究有关的各种数据和影响因素;应对当时研究的背景环境、具体条件和特殊情景等作出明确的描述和解释,并适当地限定该研究结论可能推广的范围;应注意下结论时的措辞要恰当、得体,防止夸大经验性结论。各种分析资料的方式所得的结果在结论的阐述中也应有所区别,例如,仅用相关分析就不能得出关于因果关系的结论。

6. 撰写研究报告

教育研究报告就是对教育研究成果的表述,是对研究工作的目的、过程、成果等的概括和总结。这是研究者把整个研究过程中的有价值的信息公布于众的主要方式,也是与他人(即其读者群,有教育实践工作者、相关工作人员、其他研究者等)进行沟通和交流的主要渠道。在此过程中,研究者再次审视整个研究过程,总结研究经验和教训,以促进自身在今后的研究工作中不断提高研究水平。撰写研究报告要基于前面所做的工作,基于所收集和分析的资料,依据一定的写作规范,兼顾论文的客观性、正确性和可读性等要求。本书将在第八章详细介绍。

以上介绍了教育研究活动一般会涉及的几个方面,对学前教育研究也是适用的。我们已经在上文提到,研究过程在传统研究设计中已被描述为是有系统的、有秩序的线性过程,但千万不要认为它是呆板的,有些步骤之间是重叠的和变化的,整个研究活动处于动态变化之中。目前,有些学者在对传统的研究活动过程进行反思。陈向明在其《质的研究方法与社会科学研究》中提到:质的研究的设计是一个不断演化、循环、互动的过程,不仅设计中各个部分之间相互牵制,而且设计本身也与研究所处的整个社会文化情境相互影响、相互构成。因此,我们在思考研究设计方面的问题时,一定要采取开放的、流动的和形成性的态度和思路。可见,研究者应根据研究的具体情况,考虑研究过程的整体进程和细节问题,并可根据实际情况在研究过程中作一些调整和修正。

三、学前教育研究与学前教育研究方法

(一) 学前教育研究

1. 定义

在我国,学前教育是针对0~6岁儿童的全面发展所进行的教育,是基础教育的重要组成部分,是我国学校教育和终身教育的奠基阶段。学前教育研究就是研究者在学前教育科学理论和其他相关科学理论的指导下,采用科学的研究方法,去探讨该年龄阶段教育的各种现象和问题,揭示其规律,进而有效地改善和提高学前教育质量的一种实践过程。它旨在探讨学前教育的本质,揭示学前教育活动的规律,克服教育实践中存在的问题,丰富和发展学前教育的理论和实践。

2. 特点与原则

学前教育研究作为学前教育这一特殊领域的科学研究活动,具备一切科学研究活动的一般特征,同时,与其他领域的科学研究活动相比,它又有自己的特点:

(1) 研究对象的主体性

学前教育研究是要探讨学前教育的本质,揭示学前教育活动的规律。它的研究对象包括学前儿童、从事学前教育工作的教师、管理者以及其他有关人员。上述各类人员都是在学前教育领域里相对独立的主体性存在的人,他们或是以个体存在,或是以团体的形式存在。作为主体性存在的人就必定具有独特性、能动性和创造性等特性,因此,他们都有自己的需要、愿望和情感,有与众不同的个性特点,不是被动的而是主动积极的。他们也是作为社会的人存在的,有自己的权利和义务,有自己生活的生态环境。总而言之,研究者必须充分考虑研究对象的主体性,保证研究工作不会伤害而是保护研究对象的权益,行之有效地促进研究对象的身心全

面发展。

(2) 研究内容的广泛性

学前教育是一种多层次、多方面的复杂的社会实践活动,如教育对象包括 0 周岁到 6、7 周岁的各年龄阶段的婴幼儿,教育内容包括语言、科学、艺术、健康、社会等众多领域,教育方法也是多种多样的,教育活动是一个包含丰富信息的过程,还有学前教育结构和管理等多方面的内容。因此,学前教育研究就其内容来说,是广泛而复杂的,主要有:学前教育活动的本质,学前教育和社会发展的其他方面之间的关系,学前教育和学前儿童身心发展之间的关系,学前教育的任务和目标,学前教育的内容和方法,学前教育的管理,幼小衔接,幼儿教师的专业素质和专业成长,中外学前教育的历史和现状等。

(3) 研究背景的开放性

学前教育本身是一个开放的系统,它和社会的政治、经济、文化等方面是紧密联系在一起的。首先,学前教育领域的很多问题是和社会其他方面的问题密切相关的,甚至直接反映了社会问题。例如,学前教育发展中的规模和速度问题是社会经济文化水平的直接体现,学前教育课程内容往往是某一时期社会现状的反映,目前处于讨论之中的幼儿园改制问题也和中国的整体国情紧密相关,幼儿教师的工资待遇问题也不单单是学前教育的问题。其次,学前儿童的身心发展受到多方面因素的影响,学前教育机构只是其中的一个重要方面,还有家庭、社区等因素的影响。学前儿童的发展是在一个多层次、多方位、多特性的生态环境系统中进行的。因此,在进行学前教育研究时,不能脱离当时的社会大背景,要在整个社会大生态环境之中看待学前教育的问题。

在分析了学前教育研究的诸多特点后,我们还要注意它的原则的特殊之处。我们要在学前教育研究领域里具体地看待教育研究的一般原则,规范性是学前教育研究的规范性,系统性是学前教育研究的系统性,创造性要求是立足于学前教育研究的创造,历史性是立足于学前教育研究的历史。它除了遵循上文提及的科学研究的一般原则外,还要考虑该领域的特点,重视教育性和伦理性原则。教育性原则是指研究者应以提高学前教育质量为宗旨,有效地发现和解决学前教育领域的理论和实践问题,使学前教育对人的发展的促进作用有所提高。伦理性原则是从人文关怀的角度出发,尊重和保护研究中涉及到的所有人员(尤其是幼儿)的利益,避免给他们带来身心上的伤害,这一原则在学前教育研究中应受到特别重视。

3. 类型

人们按照事物的复杂程度来确立分类系统。学前教育是一项复杂的社会活动,不同的研究就有不同的目的、内容、方法等。这里将其研究活动按以下标准划分。

基础研究和应用研究 这是按照研究目的的不同而作的划分。基础研究,即基本理论研究,是以建立和发展某一学科的理论体系为目的的研究。其研究的内容往往是概括性很强的基本理论和基本规律,如对教育观、儿童观和教师观的研究,对幼儿园课程理论的研究等。应用研究则是将基础研究的理论成果应用于特定的实践活动,以寻求有效的途径和方法来解决教育活动现存的问题为目的的研究,其成果对教育实践具有直接指导作用。如对幼儿入园适应问题的研究,对幼儿园环境创设问题的研究,对儿童焦虑问题的研究等。

横向研究和纵向研究 这是根据研究时间的取向不同而作的划分。横向研究是研究者就某一教育现象或问题在同一时间内对某一年龄组或几个年龄组的儿童的行为表现进行考察和比较的研究。它注重考察和分析某个特定年龄阶段的儿童或儿童在某个特定年龄阶段上的行为的性质、特点和变化。它的优点是在较短时间里能形成研究结论,缺陷在于不能反映发展的连续性和转折点,不能全面地反映问题。纵向研究是指在一个相对较长的时间里对学前教育中的某一教育现象或问题进行系统的定期追踪研究。它比较注重对事物产生和发展变化的全过程进行系统的考察,能系统详细地认识事物变化的过程和量变质变的规律。但是,因为研究周期长,研究对象容易缺失,没有横向研究开展得普遍。

个案研究和成组研究　根据研究对象数量的多少,可将学前教育研究分为个案研究和成组研究。个案研究是研究者选取一个特殊个体或典型案例进行全面深入的考察的研究。例如,《王小刚为什么不上学?》就是一个典型的个案研究。有人根据个案研究中收集资料的侧重点不同,将其分为追溯性个案研究、现状性个案研究和追踪性个案研究。因其对同类个体或案例的代表性差,研究的结果往往不具有普遍意义。成组研究是研究者选取较多的研究对象组成若干被试组,对被试组中的每个个体都进行系统考察的研究。

观察研究、调查研究、实验研究、文献研究和测验研究　这是根据收集研究资料的手段不同而作的划分。观察研究,是通过直接观察自然发生的现象与过程,收集反映客观现象实际情况的材料;调查研究,是通过不同的间接手段收集反映客观现实的材料;实验研究是对研究现象进行一定的人工控制,操纵某些条件,在实验控制之下观察个体的行为反映,以探讨现象之间的因果关系;文献研究,是运用文献资料进行研究,对已有的前人的研究进行分析研究而导出一个综合性的结论;测验研究,是通过对儿童进行某些测验,收集有关资料并整理、分析,得出研究结论。

描述性研究、相关研究、比较研究和内容分析　这是根据对资料分析的不同而作的划分。描述性研究,是对自然呈现的现象进行描述与总结;相关研究,是探讨某两个变量之间的相互关联关系;比较研究是根据一定的标准,对某类现象在不同情况下的表现进行比较分析;内容分析,是对于明显的传播内容作客观而有系统的量化,并加以描述。

个性研究、认知研究、语言研究和课程研究等　这是根据研究内容涉及的领域不同而作的划分。个性研究,是对学前儿童个性特点及培养途径的研究;认知研究,是探讨学前儿童认知发展规律及教育提高措施的研究;语言研究,研究学前儿童发音、词汇、语言表达等方面的特征、规律以及如何通过教育促进其发展;课程研究,是对学前教育机构课程的目标、内容、实施和评价等的研究;等等。

实验室研究和生态场域研究　这是根据研究场所的不同而作的划分。实验室研究是通过对实验条件的控制来考察儿童发展的一种方法。早期的实验研究的目的通常只是通过经典条件反射技术和操作条件反射技术揭示儿童某些特定的行为反应的形成。实验室研究方法由于可以对无关变量进行严格的控制,因此研究的内部效度和科学性通常较高。同时,研究者可以对变量间的因果关系进行推论,从而对儿童发展的机制进行深入的解释性研究。然而,正如著名生态学家布朗芬·布伦纳所说的,它是在尽可能短暂的时间内由陌生的成人在陌生的情境中研究儿童陌生的行为,这种研究方法缺少生态效度,对理解自然情境中的儿童发展和教育的价值有影响。在实验室条件下,儿童与实验者缺乏真实生活条件下的复杂的情感关系,缺乏丰富的环境因素。20世纪70年代以来兴起的生态化运动深刻影响了儿童研究的方法,在一定程度上克服了传统儿童研究的弊端,促进了人们对儿童的理解。生态场域的学前教育研究强调儿童和儿童的教育都是处于若干系统组成的真实环境中,并与环境发生积极的相互作用,因此,研究的场所要扩展到现实教育活动的现场中来。儿童直接体验的是家庭和学校环境,它们是微观系统。依次还有中间系统、外层系统和宏观系统。对幼儿来说,家庭与幼儿园及邻里、同伴、群体之间的联系属于中间系统层次。对幼儿有影响的环境外层系统包括父母的工作场所、自己的兄弟姐妹上学的班级、父母的朋友群、当地学校董事会的活动,等等。宏观系统是指微观系统、中间系统和外层系统中的一些共同的因素,表现所在社会的信念和思想体系。例如,某一社会、某一文化区域、某一国家的思想观念体系等。宏观系统的变化会影响到外层系统,并进而影响到儿童的中间系统和微观系统。因此,对儿童发展的研究不应仅停留在微观系统上,而应在各个系统的相互联系中来考察儿童的发展。对学前儿童教育的方方面面也要在生态系统中来考察。

  质的研究、定性研究和量的研究 这是根据研究的理论范式的传统的不同而作的划分。"定性研究"主要基于形而上学的、思辨的传统,认为存在绝对的真理和客观的现实,更多的是一种研究者个人观点和感受的阐发,通常结合社会当下的时弊和需要对有关问题进行论说或提供建议。关于什么是"质的研究",陈向明给出的初步结论是:质的研究是以研究者本人作为研究工具,在自然情境下采用多种资料收集方法对社会现象进行整体性研究,使用归纳法分析资料和形成理论,通过与研究对象互动对其行为和意义建构获得解释性理解的一种活动。"量的研究"是一种对事物可以量化的部分进行测量和分析,以检验研究者自己关于该事物的某些理论假设的研究方法。

  另外,人种学研究在教育领域的运用正日益增多。人种学研究通常和人种学相联系,人种学是在广义的文化概念下对特定的文化情境作深入、解析性的描述。威廉·维尔斯曼认为,就教育的情况来说,我们将人种学定义为:提供对特定情况下教育的制度、过程和现象的科学描述的过程。人种学大量依赖对所研究现象或问题的观察、描述、定性判断或解释。它发生在自然情境之中,重视对过程的考察,旨在获得整体画面。人种学研究常常没有坚实的理论基础,在研究着手之前很少有具体的假设。

  以上从不同的角度对学前教育研究活动进行了分类,这种分类也是相对而言的。对各种类型的研究活动的分析和比较,有助于我们在研究活动中灵活地选择和创造性地运用研究方法,提高研究活动的质量。

(二)学前教育研究方法

1. 定义

在我们构建学前教育科学理论体系过程中,采用什么方法才可以发现学前教育的规律呢?学前教育研究方法正是在科学的理论思想指导下,有组织、有计划、有系统地进行学前教育科学研究和构建学前教育理论体系的方式。它专门探讨学前教育研究活动的规律,阐明学前教育研究在方式方法和程序上的规范。科学的研究方法将有助于我们创造性地开展学前教育研究工作,有助于我们增强对理论的判断能力和应用能力。

2. 研究对象和内容

作为一门独立的学科,学前教育研究方法有其独有的概念体系和理论体系,而它的概念体系和理论体系取决于它的研究对象。那么,什么是学前教育研究方法的研究对象呢?

作为一门学科,学前教育研究方法就是专门探讨学前教育研究活动的规律,阐明学前教育研究活动在方式方法和程序上的规范。所谓规律是指事物在运动和发展过程中自身所具有的本质的、必然的、稳定的联系。对规律的认识和把握是人们在实践活动中通过不断探索或专门的科学研究所获得的认识成果。人类的实践活动反复证明,人们在实践中按规律办事,就会使工作获得成效;反之,对事物的发展规律缺乏认识,盲目地开展工作,或不按规律办事,就容易导致失败。学前教育研究是一项复杂的社会实践活动,既包含研究活动的目的、内容、对象、方式方法等内部要素之间的关系,还包含研究活动与教育活动、管理活动等外部要素之间的关系。要提高学前教育研究的效益,学前教育工作者和研究者必须对其研究活动的内部要素和外部要素之间的必然联系有科学的认识,就必须掌握基本的学前教育研究方法。

学前教育研究方法的研究内容,即所涉及的主要课题是:

(1) 学前教育研究的基本原理、基本过程、结构模式,以及研究程序、方法、手段和应遵循的逻辑或方法论规则。

(2) 现代学前教育研究方法体系的建立,各类方法的含义、理论基础、操作步骤、适用范围以及使用时应考虑的条件。在此基础上揭示各方法之间的相互联系、相互渗透的辩证关系及其机制。

(3) 学前教育研究方法的历史发展、现状和趋势,新方法的内容、特点以及在学前教育研究中的应用等。

3．学科性质

学前教育研究方法是学前教育科学理论体系的一个有机组成部分,是学前教育科学的一个分支学科。

首先,一门学科的发展,不仅表现在理论上的意义,而且表现在其研究方法上的突破与创新。学前教育科学体系不仅包括系统化的知识体系,还包括发现和表述这些理论和知识的研究方法体系。

其次,这门学科探讨的方法体系不仅用于探索未知的学前教育规律,也经常使用于广大学前教育工作者的日常工作中。学前教育是一个复杂的、多方面的、多层次的系统,教师是在特定的情境之下进行教育工作的,要在工作中不断地观察儿童、了解儿童,不断地发现和解决教育实践中的问题。这一过程需要教师运用学前教育研究方法。因此,学前教育研究方法不仅是研究方法,而且也是教育工作方法。这些都说明学前教育研究方法是一门实践性很强的学科,作为广大的学前教育工作者来说,主要是运用它来发现和解决问题。

4．方法简介

在学前教育研究活动中,研究者要使用一定的研究方法。本书将介绍下面几种主要的研究方法。

(1) 观察法

本书中主要讲的是教育观察法。教育观察法是研究者凭借自身的感觉器官和其他辅助工具,有目的、有计划地考察学生或教育现象等研究对象的一种研究方法。

(2) 调查法

调查研究是通过对事实的考察、现状的了解、材料的收集来认识教育问题或探讨教育现象之间联系的研究方法。调查研究通常按一定的程序,从全体研究对象中抽取一部分样本进行研究,并以访谈、问卷、测验等间接手段获取资料,然后概括全体对象的特征。

(3) 实验法

实验法是通过对某些影响实验结果的无关因素加以控制,有系统地操纵某些实验条件,然后观测与这些实验条件相伴随而产生的不同的现象变化,从而确定条件与现象之间因果关系的一种研究方法。而教育研究方法是研究者按照研究目的,合理地控制或创造一定的条件,人为地变革研究对象,从而验证假设探讨教育现象因果关系的一种研究方法。教育实验,或许是变化某个条件而使其余条件保持恒定,或许是让多个条件同时变化,分析这些条件的影响以及它们之间可能发生的相互作用。

(4) 行动研究法

行动研究起源于二战后的美国,最早是由社会心理学家库尔特·勒温于1946年提出的。20世纪50年代,行动研究进入了美国教育研究领域,后来由于实证主义在社会科学领域的兴盛,行动研究曾于一段时间处于低迷状态,直到20世纪70年代才重新开始为人们所认识,特别是在教育研究领域。《国际教育百科全书》把它定义为:由教育情境的参与者为提高对所从事的教育实践的理性认识,为加深对教育实践活动及其依赖的背景的理解所进行的反思研究。行动研究的主体是教育情境的参与者,可以是教师也可以是教育情境中的其他人。在这种情境里,教师不再是被动的研究客体,而是积极进行建设与反思的研究主体。行动研究的客体是教育实践活动及其依赖的背景。这种教育实践活动和背景是在某个情境中的,是具体的而不是抽象的。行动研究是通过反思这种形式来进行的,它区别于实验研究等其他形式。一般来说,行动研究法注重实践者的积极参与,及时反馈研究信息,并且强调研究过程的民主化和可变性。

第二节 学前教育研究方法的历史进程

学前教育研究方法同样经历了一个孕育、发展和成熟的过程,它始终伴随着学前教育发展的全过程。恩格斯在《自然辩证法》中讲到:熟知人的思维的历史发展过程,熟知各个不同的时代所出现的关于外在世界的普遍联系的见解,对理论自然科学来说是必要的,因为这为理论自然科学本身所建立起来的理论提供了一个准则。这一论述不仅对理论自然科学,而且对各门科学的研究都具有普遍的指导意义。考察学前教育研究方法的历史发展,将有助于我们把握其基本概念以及建构其理论体系。

考察科学研究方法的历史发展,同样需要有科学方法论的指导。从教育整个历史发展的大背景来看,从学前教育的历史发展来看,学前教育研究方法大体上沿着这样的线索前进:从古代、近代到现代,从经验与定性分析到定量分析与实验研究,再到现代应用系统论和强调生态效度的学前教育研究方法。下面将在教育研究的发展线索中回顾学前教育研究方法的发展。

一、直觉观察时期

自从有了人类,就有了对幼儿的教育;有了对幼儿的教育,人类就开始观察和解释相关的现象和问题。人们对学前儿童身心发展和教育问题的研究很早就开始萌露端倪了。但直到16世纪,在近代科学产生之前,学前教育研究都处于萌发阶段,深受思辨研究的影响,主要是在朴素唯物论的基础上进行直觉水平的自然观察和经验总结。这一时期,总体的科学认识水平低下,人们将世界看做一个混沌的整体,教育没有从哲学中分化出来,更不用说学前教育了。人们把教育当做一个整体,从总体上进行观察和研究,因此,这一时期偏重对整体的研究而忽视对部分的研究,偏重综合而忽视分析。例如,我国的孔子、孟子、荀子、颜之推、朱熹、王守仁等,西方的苏格拉底、柏拉图、亚里士多德、昆体良等,他们都是集哲学家、思想家、教育家为一身的人,这也反映了他们的学术特点。人们关于方法的知识也融于其中,对方法的追求是笼统的、模糊的和直觉的,主要使用两种基本方法:一种是自然观察,也就是在自然的状态下对儿童的身心发展和教育活动进行观察,在此基础上提出自己的主张,或者通过对观察到的事实进行独立的思考,从而形成自己的观点或判断;一种是经验总结,这是人们对自己的学前教育实践活动进行反思,从中提炼出带有一定普遍性的经验。例如,我国南北朝时期的颜之推(531~约590)所著的《颜氏家训》就是对当时人们的儿童教育经验的集大成者。

二、以分析为主的方法论时期

这是从以夸美纽斯的《大教学论》的出现为标志的近代教育科学产生到20世纪初"新进步主义"教育运动的兴起,以经验论和唯理论两个派别的形成以及实践中重思辨、逻辑和分析为基本特征的教育研究方法论时期。这一时期涌现出多位学前教育思想家,除此之外,还有许多哲学家和思想家从自己的哲学思想、社会思想或宗教思想出发,通过理论演绎或类比推理的方法对儿童与儿童教育的有关问题进行了研究。学前教育研究方法也在这样的背景之下向前发展。

伴随着近代自然科学的发展,自然科学逐渐从自然哲学中分离出来,相继产生了包括实验方法、分析、比较、归纳和演绎等逻辑方法,各种数学方法在内的科学方法。其中,实验方法的产生是人类方法史上的一个重大变革。在文艺复兴时期,英国哲学家培根在《新工具》中强调,真正的科学应该是实验与理性紧密结合的产物。他是英国唯物主义和整个现代实验科学的真正始祖,提出了经验论的归纳法。这是一种寻求现象之间因果关系的归纳方法,由不同事物中归纳出更具普遍性的共同法则,然后在新的情况下加以运用和检验。夸美纽斯正是以经验论为研究教育现象的方法论基础,提出了"感觉—记忆—理解—判断"的教学程序,并十分强调直观教学的作用,从而形成了他的教育理论体系。西方理性主义的创始人笛卡儿提出了演绎法,强调理性才是知识的惟一可靠来源,应当以定量演绎和数学演绎为主,科学知识体系应建立在理性的直觉和演绎法的基础上。德国哲学家康德进一步主张教育要成为科学,就必须进行教育实验,大力提倡开办教育实验学校。在上述思想的影响下,形成了颇具声势的实验运动。比较著名的有瑞士著名教育家裴斯泰洛齐进行的教育实验探索,先后有"新庄"实验学校、斯坦茨和伊佛东的孤儿院;德国教育家福禄贝尔的"德国多科教育实验学院"和他的幼儿园;英国空想社会主义者欧文建立的"新和谐村"实验学校。19世纪心理实验运动的兴起进一步推动了教育实验的研究。1879年,心理学家冯特在德国莱比锡建立了第一个心理实验室,从此开始了人的心理实验研究(包括儿童)。1882年,德国生理和心理学家普莱尔的《儿童心理》出版,标志着儿童心理学的正式建立。从心理学的角度研究儿童和关于儿童的教育,极大地推动了学前教育研究方法的科学化进程。

  这一时期的发展比前一时期更进一步,反映了人类在认识儿童与有关儿童教育的问题上趋于科学化、系统化,也为后来形成独立的体系奠定了基础。

三、教育研究成为独立学科时期

20世纪初以来,随着自然科学、社会科学等研究方法的蓬勃发展,同时基于学前教育理论和实践的日益发展,学前教育研究充分发展起来,进入了一个方法多样化、系统化的时期,学前教育研究方法逐渐向独立的学科这个方向发展。

人们在学前教育领域引进了自然科学研究和社会科学研究的众多方法,包括归纳法、实验法、统计法、测量等方法,调查法、文献法、历史法、比较法、传记法等。1904年,美国心理学家桑代克出版了《心理和社会测量理论导论》,将测验法引入教育研究,还专门讨论了"学前教育测验"问题。高尔顿、皮尔逊、桑代克等对教育研究中的量化研究作出了重要贡献。自然科学中使用的经过设计并伴随严格的条件控制的实验方法,也在20世纪初经生理学、心理学而引入教育研究。而且人们还借用以定量分析为主的方法对教育研究中传统的观察法和经验总结法进行了发展,使之更精确、更可靠,且更具有科学方法的色彩。

这一时期,研究者根据教育现象的本质特征和教育活动的特殊形态,对上述各种来源的科学方法进行吸收和改造,使之更符合教育研究的需要,并逐渐演变成相对稳定的教育科学研究方法,"教育科学研究方法"也逐渐发展成为一门学科。上述各种研究方法也在学前教育研究中得到了广泛的应用。

四、20世纪50年代以来的发展概况

从20世纪50年代开始,科学的发展呈现出一种相互渗透、相互融合的趋势,不同的学科在理论内容上相互渗入。

第一,在研究方法上出现了更多的相互移用和引进,使科学研究的整体性和综合性增强,而作为一般方法论的系统科学的产生,更促进了综合性思维方法的发展。人们对各种研究方法的优点和

局限有了更多的认识,逐渐把多种研究方法结合起来使用,从多角度去思考问题。例如,人们把定性分析和定量分析的方法结合起来使用,把质的研究方法和量的研究方法结合起来使用,把社会学里的人种学研究方法引入学前教育研究。

第二,科学技术的发展促进了研究方法的现代化进程。主要表现在研究中各种技术设备和手段的现代化。目前,学前教育研究中已大量采用了录音、录像、照相等手段,还有诸如多功能观察室之类的研究设备,为研究者进行观察、调查、实验提供了便利,能够帮助研究者更客观、更准确地收集和分析研究资料。值得注意的是,计算机在教育研究中的运用,使大样本、多变量、多层次的研究成为可能。计算机可以在短时间内处理大量的数据资料,使研究资料的整理和分析更为简便,如分析儿童语言发展的 CLAN 软件、SPSS 软件(社会科学统计软件包)。

第三,随着人们认识水平的提高,学前教育研究要解决的问题日益复杂化,这也要求学前教育研究的方法和手段日趋复杂和精密。在这种形势的影响下,学前教育研究方法也日益向着系统化的方向发展。

第四,20世纪70年代以来,生态化运动促进了生态学与教育学的融合,出现了教育生态学,尤其是人类发展生态学影响了人们研究儿童与儿童教育的方法,研究方法趋向于生态化、现场化。生态场域的学前教育研究强调儿童和儿童的教育都是处于若干系统组成的真实环境中,并与环境发生积极的相互作用,因此,研究的场所要扩展到现实教育活动的现场中来,在真实的自然和社会生态环境中开展教育研究活动。

以上对学前教育研究的发展与趋势作了简单的介绍,可以说学前教育研究的方法与人类认识水平、与一般方法体系的发展是分不开的。人类的认识水平是不断进步的,学前教育研究方法应及时吸收和引进先进的成果,在自身体系的完善中,更好地促进学前教育科学的发展,为促进人们对儿童和儿童教育的认识作出应有的贡献。

第三节　学习学前教育研究方法的意义和要求

一、学习的意义

科学研究都存在一个方法的问题,而且科学越发展越强调方法的重要性。作为一门独立的学科,学前教育科学需要相应的研究方法体系。在我国,为提高学前教育的理论和实践水平,正呼唤着建立中国特色的学前教育研究方法体系。每一位学前教育工作者都应当有发展的眼光,讲科学、讲方法,学习和掌握学前教育研究方法,这对自身的专业成长、对提高学前教育的质量有着十分重要的意义。

1. 学习和掌握学前教育研究方法有助于丰富和发展我国的学前教育理论体系

一门学科的发展,不仅表现在理论上的进步,而且表现在研究方法上的突破与创新。科学史告诉我们,每一项重要研究成果的取得总是伴随着科学方法的突破与创新;研究方法每前进一步,必定带来学科的发展。学前教育科学的发展必然产生一定的学前教育研究方法,后者的进步又反过来推动了该学科的新发展。因此,没有学前教育研究方法上的进步,就没有学前教育理论上的突破。

我国的学前教育科学仍是一门不成熟的、有待完善的学科,作为其理论体系组成部分之一的科研方法还不能有效地指导丰富多彩的教育实践,不能有效地解决出现的实践问题,导致了学前教育效益有限的局面。在当代科学技术发达的西方国家中,学前教育领域的研究方法正日益发展和完善,成为一门系统的学科,与儿童心理学、教育学、社会学、生态学、教育统计学等多种学科相互渗透,为提高该领域的科学研究水平提供了强有力的工具。然而,在我国这门学科的发展历史是短暂的,亟待大力发展和完善。要丰富和发展我国的学前教育科学,就必须依靠广大的学前教育理论工作者和实践工作者开展广泛而有效的研究活动,那么,学前教育工作者学习和掌握一定的学前教育研究方法就显得十分重要和迫切了。

2. 学习和掌握学前教育研究方法有助于提高学前教育工作者的科研能力

学前教育机构的教师、管理者,大学等研究机构的教授等专业研究人员,以及其他的相关工作人员,都可能是学前教育研究活动的参与者。他们,尤其是专门的学前教育工作者,不仅有学习这门学科的外在要求,还有学习的内在要求。

随着学前教育改革广泛而深入的发展,随着人们对方法问题的重视,学前教育工作者越来越清楚地认识到教育研究在提高学前教育质量中的重要作用,产生了前所未有的科研热情。经过长期的教育实践,许多充满热情的学前教育工作者从事了大量艰苦的工作,但是研究活动的效益不高,鲜有研究成果能真正得到国际学术界的认可,而且在学前教育研究方面走了一些弯路。这些发人深省的现状的根本原因在于学前教育研究方法的落后,这已成为我国学者日益关注的现实问题。学前教育工作者学习和掌握一定的科研方法,有利于保证我们在科学的理论思想的指导下,运用科学的方法,充分发挥自己的智慧进行创造性的研究工作,并对学前教育的理论和实践成果进行必要的反思,致力于理论体系的丰富和实践问题的解决。作为专业的研究人员,在指导实践方面发挥着关键作用,应避免走弯路。因此,强调学习和掌握科学的研究方法,并适时引进国外先进的教育科研方法,是提高我国学前教育工作者的科研能力,发展我国学前教育事业的当务之急,也是具有长远意义的重要措施。

幼儿教师是学前教育研究活动的重要参与者,学习和掌握学前教育研究方法是其专业发展的重要内容。随着世界范围内学前教育改革的深入发展,幼儿教师专业化发展成为学前教育发展的必然趋势。幼儿教师可以并且应当成为研究者。因此,学习和掌握学前教育研究方法,具备一定的科学研究素质和能力,已成为他们的当务之急,并逐渐转化为一种自觉的要求。

3. 学习和掌握学前教育研究方法有助于解决实践领域的问题,提高学前教育实践活动的质量

学前教育实践活动质量的提高依赖于理论水平的提高,依赖于理论和实践之间相互转化的效益,依赖于幼儿教师素质的提高。正是基于这样的学习,所有学前教育研究活动的参与者才有可能获得良好的科研意识和科研能力,理论工作者和实践工作者之间才有可能加强沟通,在合作和交流中促进理论对实践的指导,提升理论和实践之间相互转化的效益。对于学前教育的实践工作者来说,学习这门课程有助于他们具备适应和解决不断变化的实践工作的能力,克服以往"学的是一套,实践中遇到的是另一套"的困境;有助于培养他们专业合作与交流的能力,克服以往在研究活动中只是作为被动、封闭的角色的困境;有助于他们在专业经验和专业知识之间进行转换,消除以往实践工作者付出艰辛劳动积累了大量有价值的经验却得不到提升和系统化的现象。只有经过这样的学习和训练,才能促进他们有效地运用科学的方法分析和解决碰到的实际问题,进一步了解儿童,了解关于儿童的教育,增强教育工作的效果,使儿童的身心发展获得更可靠的保障。

二、学习的要求

如前所述,科研方法不仅涉及到众多学科的知识,需要相应的知识准备,而且操作性强,只有在应用中才能掌握学前教育研究方

法。学习者在学习这门课程时要注意以下几点:

1. 首先要了解这门学科的性质,明确学习这门学科的意义

学习者必须对所要学习的内容有初步的了解,并在此基础上明确自己为什么要学习这门学科。只有从思想上认识到学习它的重要意义,才能调动学习的动机,有利于维持和提高学习者的学习积极性。

2. 学习者需要一定的知识和能力的准备

学前教育研究方法涉及许多相关学科的知识,例如,哲学、社会学、学前儿童教育学、学前儿童心理学、学与教的心理学、学前儿童卫生学、教育统计学等。对这些相关学科的学习和了解有助于学习者理解和掌握科研方法。因此,学习者在学习本学科之前,乃至在学习的过程中,应不断扩大知识面,加强对上述学科内容的学习,以促进本学科和其他学科的学习。同时,科学研究需要研究者具备逻辑严密的思维能力,包括一定的判断力、分析能力、归纳和抽象能力等能力。

3. 掌握这门学科的基本知识

作为一门独立的学科,学前教育研究方法包含了大量的概念和理论。首先要从总体上把握学前教育研究的基本步骤、程序。各种学前教育研究方法是应用于学前教育科学研究活动之中的,贯穿在研究的各个步骤之中。对各种研究方法的学习和掌握正是为了开展有效的、完整的学前教育研究活动。其次,要理清各种方法的具体含义和使用步骤。学习者应注意:某一种方法的定义、关键点、特征;使用某种方法的作用、意义;方法使用的条件、步骤和效果等具体实施的知识和技能。

4. 加强理论联系实际,在实践中掌握和运用各种研究方法,并能创造性地解决问题

学前教育研究方法是一门应用性极强的学科,是进行学前教育研究的工具。我们不能指望学习者仅仅通过文字的学习就能完

全彻底地掌握它,而必须通过实际的运用,在运用中理解各种方法的含义,并体会它们的用途,在运用中检验自己对各种方法的掌握程度,在运用中进一步熟练掌握各种方法。方法的掌握和运用的过程就是理论和实践相互转化的过程,脱离了运用,方法的学习就没有了意义。科学研究的过程是一个具有创造性的过程,不仅是研究内容的创新,而且包含了研究方法的创造性使用。研究方法具有一般的规律,但是方法使用的条件是不断变化的,研究者只有创造性地使用各种研究方法,才可能创造性地解决问题。从理论上掌握学前教育研究方法,这是学习这门课程的知识准备,是完整学习的开始。只有在学前教育研究的实践中恰到好处地运用各种研究方法,顺利地开展科研活动,并创造性地解决问题,才意味着较为全面地掌握了这门课程。

思 考 题

1. 概念解释:方法、科学方法、教育研究、学前教育研究、学前教育研究方法、质的研究、量的研究。
2. 科学方法区别于非科学方法的主要特征有哪些?
3. 科学研究有哪些显著特征?
4. 如何看待教育研究活动的传统设计模式?
5. 教育研究一般涉及哪些方面的工作?
6. 收集研究资料应遵循哪些基本原则?如何遵循?
7. 你对"幼儿教师能不能进行学前教育研究"有什么看法?
8. 学前教育研究方法有哪些主要方法?
9. 学前教育研究有哪些基本类型?它们分别有什么特点?
10. 学前教育研究的特点主要体现在哪些方面?
11. 学前教育研究应遵循哪些原则?
12. 学前教育研究方法的研究对象是什么?主要研究内容有哪些?

13. 学前教育研究方法经历了怎样的发展历程？目前的发展有哪些主要趋势？

14. 为什么要学习学前教育研究方法这门课？应如何学习？

第二章 基本概念

第一节 抽 样

一、抽样的定义

抽样是指从一个总体中选取一部分作为研究对象。从中抽取研究对象的这个总体又称为母体或全域,是一定时空范围内研究对象的全部总和;抽样总体中的单个成员是抽样单位,抽取出来的那一部分叫做样本,是能够代表总体的一定数量的研究对象;由来自同一个总体的无数组样本数据而获得的该总体的某种特征,称为参数。例如,从某一幼儿园264名男幼儿的家长中抽取70名作为某项调查的对象,其中,264名男幼儿的家长是母体或全域,70名男幼儿的家长是样本。

二、抽样的原因

有时,一项研究活动可以包含整个总体的所有个体,但是在教育研究中这往往是不容易做到的:一方面,受时间和工作精力等研究条件的限制,研究者不可能在一定的时间内同时对数量众多的总体进行研究;另一方面,这也是教育研究的特性所决定的。学前教育研究是有目的、有计划地认识学前教育的现象和问题,探索其中的教育规律的活动,具有很强的探索性。为了揭示学前教育现象和过程的规律,选取的研究对象必须符合每一次研究的目的,必须具有典型的代表意义。因此,在选择研究对象时,适宜的抽样就显得十分必要。善于进行科学的抽样,也是科学研究素质的一个重要方面。

当我们不可能把总体中的所有成员都作为研究对象时,需要选择有代表性的研究对象,以使研究结论具有推断意义或普遍意义。抽样,是以概率论的大数定律作为理论基础的,是根据部分样本的实际资料对全部总体的数量特征作出推论估计。由于是按随机原则从全部研究对象中抽取样本单位,而且抽样推断的误差可以事先计算并加以控制,从而保证了研究结果的准确性和可靠性。抽样的好处是适应一定的研究成本,即一定的人力、物力、财力和研究水平等,又使研究力量相对集中,有可能把研究工作进行得深入细致,从而提高研究的有效程度和可靠程度。

三、抽样的要求

为了保证抽样的有效性,一般要考虑以下几个方面的要求。

(一)对研究对象总体的界限的考虑

抽样是在一定的研究对象总体中进行的,因此,首先必须确定研究对象总体的界限。如何确定研究对象总体的界限呢?研究者计划在什么范围内进行研究,以及研究结果的推论范围是什么,这些都将决定在什么范围内抽样。研究的目的和研究的内容决定总体的内涵。例如,"华东地区城市幼儿入园情况的调查研究",总体是华东地区所有城市幼儿;"弱智儿童智能特点的研究",总体是所有的弱智儿童;"江苏省农村幼儿园改制情况的调查研究",总体是江苏省所有的农村幼儿园。

(二)对样本代表性的考虑

从总体中选取的那部分研究对象应基本具备总体的性质或特点,使样本能够在较大程度上代表总体的性质或特点。样本的代表性正是由部分推断整体这一做法的理论依据,它将影响到研究结论的推断程度。

(三) 对样本大小的考虑

样本的大小是用来描述所选择样本的数量的。样本的大小可能会影响到研究结果的可靠性。在一项研究中,影响确定样本大小的因素是多方面的,一般要考虑以下几方面:

(1) 研究的类型。对于有些研究类型来说,有可能不能从所有的样本成员中获得数据。例如,利用邮寄的方法发送调查问卷,收回问卷的概率较小。当样本成员不应答或不合作的可能性很大时,就应当多选择一些样本以供备用。

(2) 预定分析的精确程度,允许误差的大小。样本的大小关系到研究的统计分析的精确度。黑克尔和奥尼尔研究了特定条件下样本大小的确定性。他们发现:一般来说,增大样本容量会提高统计的精确度。但是,不要总认为把样本容量增到最大就是最理想的,因为这样会使工作量过大同时又浪费数据。对于某项研究而言,由于收集大样本的资料所花费的时间太长以至于研究结果失去了及时性。增大样本容量并不是达到充分代表性的必要条件。抽样方法的随机特征是决定代表性大小的关键性因素。

(3) 研究的资源和成本。这里包括研究者的研究能力、人力、物力、财力等现实性因素。

(四) 对抽样方法的考虑

不同的抽样方法也影响了研究者可能选择多大容量的样本。这将在下面具体论及。

这些要求是紧密相连的,研究者在进行抽样时,要全面考虑这些要求,并根据研究的实际情况确定抽样的各个细节问题。

四、抽样的方法

抽样的方法是多种多样的,应当根据研究的具体要求选择合适的抽样方法。一个样本要么是随机的,要么是不随机的,并不是所有的学前教育研究都可能选取随机样本,有时也会用到非随机抽样或非概率抽样。

随机抽样也叫概率抽样,是指在抽取样本时,研究者严格遵循随机性原则的抽样方法。这种抽样方法是通过某种随机化过程,以保证总体中每一抽样单位被抽取的概率非零,即每个成员都有被选择成为样本的机会。当研究者需要抽取随机样本时,随机抽样一般包括这样几种情况:

1. 单纯随机抽样法

使用单纯随机抽样法意味着总体中的每一个个体有同等的机会被抽取。一般可以使用《随机数码表》这类抽样工具。例如,要从某地区1 000名男幼儿中抽取80名作为研究对象时,可以把全部男幼儿的人名编号,利用《随机数码表》抽取。如何决定从何处开始抽取呢?可以采用抽签等方法,分别确定抽取的起始点是哪一行中的哪一块的第几行的第几个数字。然后,根据总体的数目是四位数,从起始点开始以四个数字为一个号,依次取样。凡是属于1 000之内的号码都作为抽取对象;不属于1 000之内的号码自然就跳过了;凡是中选的号码,再次遇到时就要跳过而不在选,直到抽取满80人为止。在总体较小时,也可以把全部研究对象的名字写在卡片上,采取抽签或者抓阄的办法进行抽取。

单纯随机抽样的方法可以使总体中每个样本成员被抽取的概率是相等的,但是也有局限性。当总体很大而样本数量很小时,这种抽样方法所获得的样本的代表性较差,例如,在上一例中,在同一地区的各个幼儿园被抽到的幼儿人数是不同的,在同一幼儿园的同一年龄班中各个班级被抽到的幼儿人数也是不同的。这就有可能造成一些误差,影响研究结果的分析。

2. 系统抽样法

系统抽样法又叫做等距抽样法,是一种变相的随机抽样方法。先将总体的全部成员按照某种顺序排列编号,然后,用总体的数量

(N)除以样本的数量(n)求出抽取间隔(m),再随机选定一个常数 x,要求 x<m,最后把 x、x+m、x+2m…x+(n-1)m 等对应的样本成员抽取出来,组成该研究的样本。例如,某一研究需要从某幼儿园三个大班的 96 名幼儿中抽取 24 人为研究对象,其中甲、乙、丙三班各有 30、32、34 人。先将所有幼儿编号,则甲班号码为 1~30,乙班号码为 31~62,丙班号码为 63~96。然后,由公式求出抽取间隔:m=M/n=96/24=4,即在每 4 个号码中抽取 1 人。再用单纯随机抽样方法决定常数 x 的数值,即决定每 4 个人中第几个为抽取对象。假定 x=3,则编号为 3、7、11、15、19…95[即 x、x+m、x+2m…x+(n-1)m]等 24 人为研究对象。这种抽样方法可以解决单纯随机抽样法可能造成的各层次、各部分被抽取的样本成员数量分布不均衡的问题,并且使总体中每个个体的被抽取机会更均等,在实际应用中往往比较合理。

3. 分层抽样法

分层抽样法,又称分类抽样,是把总体按一定的标准进行分类或分层,然后按类、层抽选出与其比重成比例的样本成员。例如,在总体为 1 000 名幼儿(男幼儿 510 名,女幼儿 490 名)中,440 名农村男幼儿,380 名农村女幼儿,其余为城市幼儿。现要抽取不同性别的 5 岁农村幼儿和城市幼儿 200 人为研究对象。根据男女城市幼儿与农村幼儿在总体中所占的比例,可以计算出,应当在该地区农村幼儿中抽取 88 名男幼儿,76 名女幼儿,在该地区城市幼儿中抽取 14 名男幼儿,22 名女幼儿。根据这个计算结果,可采取单纯随机抽样法或系统抽样法,在各层中抽取样本成员,组成样本。这种方法可以使样本中各类、各层样本成员的构成与总体中的构成趋于相同,从而保证样本的代表性。一般来说,分层抽样包括按比例抽样和非比例分层抽样,前者就如上例,后者应用在一些比较性研究中。

4．多级抽样法

当研究对象的总体较之样本容量来说非常大时,应当使用多级抽样法(或称群集抽样),以保证样本的代表性。例如,某些全国性的调查研究,甚至是全球的、跨国的研究中,都需要采用这种方法。先要抽取一定的区域,如省、市、区,再抽取一定的随机样本。

多级抽样法与分层抽样法是不同的,前者只是借助于一级级的抽取作为最后抽取的过渡,而后者是在各级各层中抽取出最终的样本成员。

5．整群抽样法

当简单地从总体中直接进行随机抽样不切合实际时,通常就以群为单位进行抽样。例如,在学前教育研究中的幼儿园、年龄班、幼儿。例如,我国的 IEA 学前项目的研究对象总体是全国各类地区和各经济、地理、文化等环境中的幼儿园内、外学龄前儿童。该调查先选定具有代表性的 11 个省(市),再从其中一级级抽取 4~6 岁城市和农村的幼儿,考虑到师幼配合等问题,就不能打乱正常的教学集体。整群抽样法就是一种以群为单位选择样本的方法。一个群通常包含两个或两个以上的个体。总体中的每一个成员只是被看做包含在总体内的一个群中,在总体成员自然成群分布的情况下运用整群抽样法就特别方便。例如,在学前教育研究中,一个班级常常被看做一个群,甚至一所幼儿园也被看做一个群。

同时,我们应当注意,随机抽样不能适合于所有的教育研究情境,因此,有时需要用到非概率抽样。非概率抽样是指研究者不用严格遵循随机性原则而进行的抽样。非概率抽样不能保证每一个单位被抽取的概率非零,但是也不能算出被抽概率。非概率抽样一般可以出现这样几种样本情况:

(1) 方便样本。这是研究者根据研究条件,选择方便可得的任何抽样单位所形成的样本。

(2)目的样本。这是研究者根据主观判断选择抽样单位。它的逻辑基础是样本个体对所研究的情况信息掌握得多且丰富,它没有假设总体成员都是具有对等的研究信息的,而是确信所选样本是丰富信息的提供者。

(3)配额样本。这是研究者根据总体的构成比例来选择各类抽样单位。有很多原因可以解释上述情况,有时是研究的客观条件决定了无法展开大面积的研究,只能选择一个合适的幼儿园或一个合适的班级,甚至几个或一个幼儿,不作扩展研究结果;有时是研究者观念的影响,可能认为进行有目的的选择样本更有利于研究意义的实现,如采用人种学研究时就是把精力放在具体情况的描述上,而不是用在结果的归纳和大范围的推广上。基于非概率抽样获得的研究结论在推广范围上应慎重对待。

总之,要从研究条件和研究需要出发选择合适的抽样方法。科学的抽样是学前教育研究的重要环节,是保证研究的有效性的重要因素。

五、抽样误差与抽样偏差

抽样误差,又叫做随机误差,是由随机抽样方法的先天局限造成的。当随机样本被用来代替总体时,由于随机波动的原因,抽样误差总是存在的。即使是有代表性的样本,当重复测量某一属性时,其结果也可能只是相似的,总有一定程度的波动,不会完全一致。因而,这种随机误差实际上是无法避免和控制的。但是,抽样偏差就不同了。当一个样本不能代表它所要代表的总体时,偏差就产生了。导致偏差的原因是多方面的,只要使用了非随机抽样方法,或者随机抽样时使用的总体源有偏差时,抽样偏差就会发生。

第二节 变 量

一、变量的定义

在具体的教育研究中,往往涉及常量和变量的问题。常量是一项研究中所有个体都具有的特征或条件。变量是随着条件或情景的变化而在质和量的方面起变化的个体的某些特征或方面。例如,与儿童身心发展特点有关的变量有身高、体重、智力、创造力、意志、表达能力、思维能力、社会性等,影响儿童身心发展的变量有幼儿家长的知识水平与教养方式、教师的态度和教学水平、幼儿园的质量、家庭的经济水平与社会地位等。在学前教育研究中,所指的研究变量一般特指研究者感兴趣的,或者是与研究对象有关的那些随着条件和情景的变化而在质量上起变化的某些特征。如果一项研究是想比较两种不同的舞蹈教学方法对中班幼儿舞蹈学习成绩的影响,那么,中班是一个常量,每个幼儿在两种教学方法实施后所测量到的成绩是变量。因为每个研究对象都是中班的幼儿,中班这个年龄特征对每个研究对象来说都是相同的,它是这项研究中不变的条件,而研究对象经测量所获得的成绩是不同的。在这样的研究中还有一个变量,即教学方法,它可以用多种价值标准来衡量,这里包括两种教学方法。

二、变量的分类

在众多变量中,明确区分各种变量的类型将有助于研究者更好地把握自己的研究活动,提高研究活动的科学性。在不同的研究中,将涉及不同类型的变量;同一变量描述在不同的研究情境中也可能属于不同类型或性质的变量。例如,在对某一幼儿园中班幼儿的绘画技能的研究中,幼儿性别是一个有机变量(即用来表示研究中个体的先天特征的变量),当该研究转变为研究该幼儿园中班男女幼儿的绘画技能时,幼儿性别就成为自变量。

变量依据其相互关系可以分为自变量、因变量和控制变量。

在学前教育研究中,人们广泛采用的变量描述语是自变量和因变量,这是一对非常重要的变量。因变量是随着自变量的变化而变化的,是研究中需要观测的指标。在学前教育研究中,一般是指研究对象所具有的可以进行测量的某些方面或因素,如上述舞蹈教学例子中测量出的幼儿学习舞蹈的成绩。自变量,也称研究变量,是能引起因变量发生变化的变量。一般是由研究者主动操纵而变化的变量,是能独立地变化并引起因变量变化的条件、因素或条件的组合。例如,研究者在学习内容、教学方法、练习次数等方面的变化操纵。但有时候,自变量并不是研究者所能操纵的,而是研究对象本身的另一些特性,如个体的性别、年龄、气质、智力等。它们在作为变量时,研究者只能选择而无法控制。还有的研究中,研究者甚至难以决定哪些是自变量,哪些是因变量,因为两者之间的关系无法确定。例如,"观看暴力电视节目"与"儿童侵犯性行为"之间的关系,究竟是暴力电视节目引起了儿童的侵犯性行为,还是其他什么原因,尚不清楚。在这样的研究中,一般倾向于研究两者之间的相关关系,而不是求得两者之间的因果关系的结论。下面是一些自变量和因变量的例子。

例1　不同材料对幼儿某一概念理解的影响研究。
　　　自变量：材料的种类,如图片、语音、文字等。
　　　因变量：幼儿理解该概念所需的时间、速度等指标。
例2　男、女幼儿教师职业态度的研究。
　　　自变量：教师的性别,男、女。
　　　因变量：职业态度的各项分类指标。
例3　在语言教育活动中,不同教学风格的幼儿教师与幼儿互动的研究。

自变量：不同教学风格，放任型、专制型与民主型。

因变量：由观察记录而测量出的师幼互动的各项指标的分数。

控制变量是与特定研究目标无关的非研究变量，也叫无关变量，是研究者在研究过程中可以控制的。无关变量的来源是复杂的，可以是研究对象的差异和变化，可以是研究者自身的某些因素，可以是研究设计不当或实施不当，也可以是分析资料的方法不当。

另外，还有一些用来描述变量的用语，例如，有机变量是用来表示研究中个体的某些先天特征，包括性别、智力等；中间变量是可推断其存在的变量，但它不能够被控制或测量，其影响只能从研究的自变量和因变量的关系中推断出来；物理变量是可以用物理术语定义的变量，如光的强度、刺激时间等；非物理变量是以认知或行为过程定义的变量，如依恋感、焦虑感、创造力、坚持性等。

当然，如上文所分析的，任何特定的研究都不会只局限于一个自变量、因变量和控制变量。威廉·维尔斯曼曾经举了这样一个例子：一个大城市学校系统的教学督导正被一部分5~8年级学生的数学成绩差这一问题所困扰。他需要在三种教学方法中选择一种来提高这些学生的数学成绩，于是要做一项研究找出一种适合的教学方法。假定在五年级数学成绩的例子中包括五个学校，学生按以前的成绩进行高、中、低分组，男女性别也包括进去，而且确定他们之间的差异。另一个自变量——材料（即教材）类型，假如有两类材料被引进研究中，进行更为广泛的成绩研究以观察同一组中的阅读成绩和拼写成绩。这些成绩的分数也是因变量，这不是因为存在有两种或更多种的测量成绩，而是因为这些分数因成绩种类的不同而改变并且受自变量的影响，这时可能存在的中间变量就包括学生学习的风格和教师教学的风格。这是一个比较复杂的例子，所有变量如图2-1。（注意：这里的控制变量是自变量。）

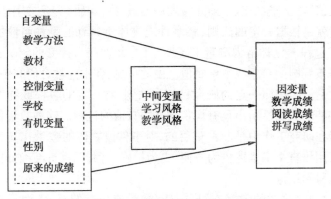

图 2-1　五年级成绩研究中的变量类型

研究者在考虑研究计划时,首先要对该研究中自变量和因变量将呈现何种关系进行初步的判断。要根据研究目的确定研究的变量,考虑研究变量的性质和相互关系。它们一般是以下几种关系:一种是相关关系,包括正相关、负相关和零相关;一种是因果关系,即某一种现象是另一种现象出现的原因;一种是预测关系,即依据已知的客观事实、科学理论、科学方法,能探索和推测未来的发展趋势。

第三节　测　量

一、测量的定义

在人类文明史上,人们不断运用测量这个手段来认识和发展自己。1918 年,美国心理学家桑代克提出,客观存在的任何事物,都存在于一定的数或量之中,因而都可能被测量。这一认识促进了教育与心理测量领域的拓展。那么,测量是什么?在《现代汉语词典》中,测量是"用仪器确定空间、时间、温度、速度、功能等的有关数值"。王坚红在《学前儿童发展与教育科学研究方法》中认为，测量就是根据一定的法则，将事件或物体所具有的某种属性数量化的过程。克林格为测量下了明了的、并被广为接受的定义：测量是按规则给对象或事件赋值。由此可见，在学前教育研究中，测量就是一个按照一定的研究目的和法则，对一定的事件或物体的某些特征或属性给出具有规定意义的数值的过程。这种数量化的过程在研究工作中是非常重要的，对事件或物体的数量化描述将比仅用语言文字描述更为方便，更为精确，有利于进行准确分析和作出科学结论。

1、2、3之类的数字本身并没有数量或质量的意义，而只是一般符号，除非它们按照一定的规则被赋予了意义。特定测量的规则是用来指导我们进行测量和给予数值的，它既要依据测量的一般法则，也要依据研究对象的特性。

二、测量量表的种类

在测量中，我们要借助于一定的测量量表。量表可以从不同角度划分，这里介绍威廉·维尔斯曼在《教育研究方法导论》中所述的划分。他根据数值中包含的信息量区分了四种不同水平的测量量表。

最简单的量表是称名量表，它没有什么顺序，只是对个体进行简单的分类，划分不分次序的类别。所测的一切只是分成两个或更多的类别，而这些类别只表明某一或某几特征的不同。例如，个体的性别就是在称名量表中要测量的变量；不同的年龄班（小、中、大班）也可以是称名量表中要测量的变量。

第二种是顺序量表，它是有顺序的量表，在于指出所测量的范畴的不同，并能够按照一定的顺序排列。尽管测量值的顺序被确定了，但还不能确定个体测量值之间距离的可比关系，例如，在测量个体对幼儿园的态度中，个体表现出对幼儿园高度赞许的态度，或是中性的态度,或是批评的态度,我们不仅知道了个体对幼儿园态度的类型,还对差异进行了排序。

第三种是等距量表,它不仅分出了顺序,还确定了等距的单位,在量表中表现为数量上的等距变化。例如,我们对幼儿的阅读进行测量,其中三个幼儿的分数分别是100、105、110,可认为前两者5分的差距与后两者5分的差距是相等的,这样测量的变量组成的量表就是一个等距量表。

第四种是比率量表,它代表测量的最高水平,除了具有以上三种量表所具备的所有特性,还具有一个真正的零点,即测得的信息一点也没有。比率量表是可以表示倍数关系并可以作加减乘除四则运算的惟一类型量表。测量时所要遵守的法则是:量表上的比率应能代表事件人物心理差异的比率。不能追求绝对的测量水平,要正确看待测量的结果。

尽管上述对量表的叙述是足够明了的,但是对一个量表功能的归类却是不容易的。我们不能把归于其中的一种资料当做另一种量表,应正确地归类。例如,不能说智力测验得分为120分幼儿的聪明程度是得分为60分幼儿的两倍。量表中的数值与实际事件或物体的属性并不能十全十美地对应起来,因此,不能过分追求绝对的测量水平,应科学地看待测量的结果。

人们经过实践发现,以上几种量表对实际的测量活动具有很好的指导意义,但是还不能把教育变量中涉及人的心理品质、行为等微妙特征区分出来。于是,又引进了第五种量表类型,即模糊量表。王坚红在《学前儿童发展与教育科学研究方法》中介绍了这种类型,主要内容如下:它对现象进行模糊描述。教育与心理学现象中存在许多中间的过渡状态,不能按照"非此即彼"的原则进行分类。如道德水平,不能按照好与坏来简单区分,通常人们把它描述为"很高"、"高"、"不太高"、"不高"等,这一指标本身就包含了若干模糊性。模糊量表就是用模糊数学来描述此类现象,确定其属于某一状态的程度,用一个数值来表示。这个数值是模糊数值。只要有上述模糊现象存在,模糊量表就有其存在的必要性。

三、测量的基本类型

按照测量的参照体系,测量有常模参照测量与标准参照测量两种。常模参照测量就是将某一测量对象的分数与其他人的分数(即常模)进行比较对照,从而分析出该个体的分数在该研究总体中的相对地位。其中,附有常模对照表的测量工具称为标准化量表,常模参照测量均使用此类量表,并具有统一的施行过程与评分标准。标准参照测量就是将测量对象的分数与预先制定好的标准进行对照,旨在证实该个体是否达到了一定的预期水平。这种测量的重点是将个体分为两个群体,即达到标准者与未达到标准者。其中,最重要的也是最有困难的工作是标准参照系的建立。用于幼儿的标准参照测量,常常假定早期儿童的某些发展水平,通过测量发现发展迟缓儿童的特殊需要,以便有针对性地进行教育和帮助。

按照测量的内容,测量又可以分为智力测验、才能测验、成就测验、个性测验、言语测验、创造力测验等。

四、测量误差

测量误差是使用各种测量工具进行测量时所造成的误差。这种误差是由测量工作中的缺点造成的,它和测量目的无关,测量中出现的结果不一致的情况是无系统的、随机的。测量工作的准确性与测量结果的可靠性直接影响研究结论的准确性和可靠性。那么,如何减少测量误差呢?应当注意避免以下几种情况:测量工具(包括量表、问卷、调查表等)本身就是不明确和不准确的;测量的过程缺乏标准化,缺乏统一的指导语和程序;所选择的个体的测量经验和练习经验不同;等等。

五、教育与心理测量的特点

教育与心理测量是测量在教育和心理学研究领域中的运用，受这两个领域本身特点的影响，具有区别于在自然科学应用中的独特特征。

首先，教育与心理测量往往是间接的。教育和心理学研究针对的是活生生的人，人的发展的各个方面不能像物理测量那样直截了当地用很精确的量尺来测，也不能仅仅用一堆数据来表示，往往需要在能表现人的智力、情感、性格、意志、能力的具体情境和活动中进行间接测量。

其次，教育与心理测量具有社会现象特有的社会性。在教育学和心理学的视野中，人是作为社会和个体两个层面而存在的，人们会把儿童个体放在社会群体中加以考察。因此，教育与心理测量的内容、评定标准等与社会的发展水平和对人的要求息息相关。例如，在对幼儿智力水平的测量中，40年前与今天人们采用的测验内容和标准是不同的，代表了不同时代背景下社会的发展水平。社会总体水平提高了，人们对于人的看法，对于智力的看法，甚至对于智力测验的看法都发生了很大的变化。

此外，教育与心理测量的结果往往具有近似性，不是绝对准确的和不变的。这一领域的测量如上分析，不可能是绝对精确的和客观的。这类测量的标准往往受研究中主试的主观影响。因为不同的主试对同一对象的标准尺度往往不一致，甚至同一主试对同一对象在不同时刻的测量所用的标准也可能不同。这种影响使得教育与心理测量的结果可能会有较大的出入，所以，研究者在进行测量时要注意尽量减少这种影响，需要统一变量的操作性定义、测量的步骤和指导用语等。

第四节 操作性定义

在所有研究中,所研究的变量和条件必须有可供操作的定义。在进行具体研究时,我们往往涉及一些相关的概念或变量。这些概念或变量常常是难以表达清楚的,并不能直接告诉我们需要收集什么样的资料或进行什么样的测量。在进行研究设计时,我们有必要对研究中出现的变量或有关条件规定相应的操作性定义。

一、操作性定义的定义

操作性定义是相对于抽象定义而言的。抽象定义是对概念或命题共同本质的概括。例如,"睡眠充足"是指根据人的年龄及生理、心理状况,在一天内睡眠一定小时后,其精神处于较好的觉醒状态,能维持正常的活动与学习。相对而言,在相关研究中,我们必须用具体的、可观察的或可测量的事物、事件、现象对变量或有关条件作可供直接操作的定义。那么,在研究幼儿睡眠情况的设计中,"睡眠充足"可以定义为:在 24 小时内连续睡眠 9~10 个小时,幼儿处于较好的觉醒状态,能维持正常的活动与学习。可见,操作性定义,就是研究者按照特定研究中对变量进行测量时所要进行的必要操作过程下变量定义,包括对必须测定的活动及操作过程作详细说明。操作性定义在本质上就是关于如何或用什么方法测量变量的描述。操作性定义是一种规定,对需要定义的变量的操作或特征确定具体内容。

二、操作性定义的要求

研究者根据不同研究的具体条件和要求给研究中的变量下操作性定义,但任何操作性定义都要依据概念的抽象定义,使操作性定义符合抽象定义的实际含义,并能够说明抽象定义。如果该操作性定义所依据的抽象定义是不能被别人接受的,那么,它也是难以被别人承认的,因此,所依据的抽象定义必须是合适的,被他人普遍承认的。只有合适的操作性定义才有可能被人们承认,才有可能被再次使用以得到验证。所以在研究报告中,通常应写明研究所涉及的变量的抽象定义和操作性定义,以利于读者判断,并了解研究的具体内容和过程。

操作性定义包括具体的情境、相应量化的内容和活动化的操作过程。例如,心理学家用白鼠进行"饥饿对学习的影响"的实验时,先要决定什么样的条件算是"饥饿",就要给"饥饿"下定义。在心理学中,"饥饿"是一种感觉,那么,这种感觉在具体的研究中如何评定呢?研究对象是白鼠,并不能告诉我们它是否饥饿,以及饥饿的程度如何。于是,研究者采用了食物剥夺法,以"一定时限内(如24小时内)不给食物"这个必要的操作给"饥饿"下定义。又如,在一项研究幼儿挫折感的研究设计中,挫折感的抽象定义是:当达到目标的过程中遇到障碍时产生的情绪感受或反应。依据这一抽象定义,研究者规定:在游戏室中,让幼儿玩一个十分有趣的新玩具,1分钟后,告诉他这个玩具必须放在桌上不能动,此时幼儿的反应是挫折感反应。其中,研究者认定这种操作过程会引起理想的挫折感反应,游戏室和新玩具是规定的具体情境的内容,1分钟及幼儿可观察的表现是量化的内容,这些都是可以直接操作的。

下面是几个抽象定义与操作性定义的例子,仅供参考:

例1 冲突感

抽象定义——冲突感是指两种相反欲望共存时,或欲望与实际成就之间产生矛盾时的不愉快感觉。

操作性定义——在测量过程中,当着一个幼儿的面对另一幼儿的某项行为进行赞赏,并且要求这个幼儿也产生同样的行为,而这一行为对于该幼儿来说是无法做到的。这时该幼儿产生冲突感。

例2　移动

抽象定义——移动：移，挪动；迁移。

操作性定义——在某一研究中,教师的移动是指教育教学活动中教师在水平方向上位置的变化,具有多面性,包括移动的起始处和终止处、速度、距离、方向、节奏和情绪等；包括身首方向一致的移动、身首方向不一致的移动；包括前进、后退和侧移；包括移动过程中的走、跑、跳和蹲行等。

例3　自信心

抽象定义——自信心是一个人对自身力量的认识和充分估计。

操作性定义——研究者拿出幼儿没见过的积木,要求他在规定时间(如30分钟)内搭出几种图形。此时幼儿表现出肯定、放松的表情,愿意从事该项活动,或者说"行"、"好吧"。

例4　家长对孩子的关心程度

抽象定义——家长对孩子的关心程度是指家长将孩子的身心发展与成长需要经常放在心上的程度。

操作性定义——家长每周与孩子一起游戏或进行其他亲子活动的时间；用于为孩子购买书籍、玩具等的费用；家长主动与老师交流孩子发展问题的次数等。以上时间、费用和次数所占比例越高,则表示家长对孩子的关心程度越高。

三、操作性定义的作用

操作性定义有助于研究者精确而客观地测量变量,使结果更为可靠。它使研究者思路清晰、准确,使测量活动具体化、活动化。它是对研究者的共同指导语,可以增进研究者之间的相互沟通,减少来源于研究者之间差异的误差。一个变量可能不只有一个操作性定义,在一项研究中规定相应的操作性定义,能使研究者确认同样的研究主题和问题研究之间的相似点和差异。它还可以用于重复的研究,为后来的研究者提供具体的做法,并能增强研究结果的可解释性。

第五节 效度与信度

一、效度

(一) 内在效度与外在效度

不管什么形式的研究,也不管研究指向哪个目标,我们都期待研究是有效的,这就涉及一个重要的概念:效度。什么是研究的效度呢?我们说某件事是有效的,也就是希望它是基于事实或证据,是"能够被证明的"。在学前教育研究中,探讨研究的效度具有同样的含义,是指研究结果的正确性,即其研究结果能够正确揭示研究对象某方面属性的程度。它是研究设计质量的评价标准。具体地说,效度同时包含了两个概念:内在效度和外在效度。

1. 内在效度

内在效度是研究结果能被有把握精确解释的范围,是特定研究中自变量与因变量之间存在的因果关系的程度。这在实验研究中尤为重要,它是实验研究中必须具备的最基本的效度。它表示自变量与因变量之间的逻辑关系,说明因变量的变化的确是由自变量引起的,以及该研究控制其他变量的程度。内在效度的获得,依赖于明确区分研究中变量和有关条件的抽象定义和操作性定义,依赖于严格的无关因素控制,保证自变量作用的发挥,得出正确的研究结论。

研究的内在效度越高,研究的价值也越高。在学前教育研究中,影响研究的内在效度的因素主要有:

(1) 超出研究者所能控制范围的特定外在事物对研究对象产生的各种影响。例如,在一个调查教师的态度与幼儿的焦虑程度之间关系的研究中,幼儿可能由于家庭生活的原因或其他生理原因导致了焦虑的发生,如果没有被发现和控制,将可能影响研究结果的分析。

(2) 儿童的自然生长与成熟引起的个体身心各方面的变化。这些变化可能与自变量混淆而影响对因变量变化结果的解释,而且很难从自变量中区分出来。例如,某一公司要调查儿童在持续收看了他们制作的一档少儿科普节目后,科技知识是否有明显提高,无论是用问卷调查的形式,还是用实验的形式,都无法控制其他无关变量,因为在这段时间内儿童可能通过参观科技馆、参加幼儿园的科学活动等途径增长了科技知识。

(3) 测验效应与练习效应。个体参加过测验的经验,或者经过一定练习,都可能影响到个体在研究中的表现。例如,有些幼儿园的幼儿经常参加各种测试,这本身也是一种练习,他们在如何回答题目、如何作出适当反应方面比没有相关经验的幼儿要老练。

(4) 研究者在研究过程中所使用的工具和方法的一致性。这里包含许多因素,如是否使用同样的观察和记录方法,是否使用统一的评判标准等,这与研究中研究者的情绪状况(如严格程度的变化、细致程度的变化等)有关,与研究者之间的差异有关。

(5) 抽样的适宜程度。如果在选择研究对象时,没有随机取样和随机分组,研究对象在各个方面就是有偏差的、不相等的,会引起研究对象之间的系统性误差,从而得出错误结论。

(6) 在一个持续的研究中,所选择的研究对象的更换、淘汰或中途退出可能会对研究结果产生显著影响。

(7) 回归效应,即在教育实验有前、后测情境下出现的一种效应现象,一种趋于平均数的常态回归。个体在前测中成绩过于优或过于劣,则在后测中成绩自然向总体平均数值靠拢,总会在重复测量中向平均分数偏移。例如,在一次测验中,平均分为88分,最高分的幼儿第一次成绩为98分,第二次为94分,最低分的幼儿第一次成绩为76分,第二次为83分。这种变化就是回归效应,不加分析,容易导致错误结论。

2. 外在效度

研究的外在效度关系到研究结果能被推广的范围,是研究结果能被正确地应用到其他非实验情境、其他变量条件以及其他总体中去的程度。它主要包括两类:一是总体效度,是研究结果从特定的研究样本推广到更大的群体中去的范围;二是生态效度,是指研究结果从研究者规定的特定条件推广到其他教育情境中去的范围。

影响研究的外在效度的因素主要是样本的代表性。例如,在城市中各方面水平较高的幼儿园进行幼儿语言能力的研究,其结论就不能轻易推广到其他地区的幼儿总体,因为该研究中选择的研究对象只能代表经济、文化和教育水平较好的这个地区的幼儿,他们与农村或边远地区等条件相对落后地区的幼儿的语言能力存在很大差异。研究中,研究者严格规定了研究条件,在自然状态下,其研究结果不一定能够重复获得。所以,研究结果不一定能推广到许多不同的人群和条件中去。

(二) 内在效度与外在效度的关系

内在效度与外在效度既相互关联,又相互矛盾。旨在提高内在效度的企图可能会降低外在效度,反之亦然。因为在非常具体的情境下,变量的外延缩小,结论的推断能力也越小;但是如果追求结论的推广范围而扩大变量的外延,在普遍的情况下研究自变量与因变量的关系,就难以控制一些可能混淆变量的因素,降低研究的内在效度。因此,研究者需要寻找一种平衡,使研究结果既有合理的解释,又具有某种程度的推广价值。

(三) 系统误差

与研究的效度有关的误差是系统误差。系统误差是指由与研究目的无关的因素所引起的有规律性的误差,持续地使测量或研究结果向某一方向产生偏差。引起系统误差的原因很多,大致有以下几个方面：

(1) 所抽取的样本不具有代表性。研究者抽取到的样本可能是一种偏态样本,其中的某些个体在某些方面的能力水平偏高或偏低,使用这样的样本所获得的研究资料容易使平均水平偏高或偏低。

(2) 研究者自身的各种因素或研究设计等问题。研究者的年龄、性别、爱好、性格、经验、与研究对象的关系等因素都会影响测量结果持续地偏向一定的方向；如果研究者用来收集资料的问卷、量表等设计不当,甚至操作不当,也会导致结果偏向一方。

(3) 来自研究对象方面的原因。例如,上文提到的测验经验或练习经验；"好被试"心理,即竭力顺从研究者对结果的期望,努力推断并设法迎合这种期望；也可能恰恰相反,"反期望而行",所选择的研究对象出于某种原因,故意扰乱研究者收集资料,使研究者难以判断资料的性质。当然,只要研究者在研究中做好准备工作,周全地考虑问题,严格把握研究过程的各个环节,系统误差可以得到很好的控制。产生系统误差的原因很多,上述只是其中的一部分,研究者可以从研究活动的各个方面去反思其出现的原因。

二、信度

(一) 定义

信度,是研究结果的可靠性与稳定性,指研究的方法、条件和结果是否可以重复,是否具有前后一贯性。王坚红在《学前儿童发展与教育科学研究方法》中提出,这种可靠性与稳定性可以从不同的角度来评价,如在相同情景条件下所测结果的一致程度；不同研究者用同种测量同时测得的结果的一致程度;同一研究者用同一种测量在不同时间内测得结果的一致程度;同一被试在不同时间内对同一种测量的反应的稳定程度;等等。

(二) 内在信度与外在信度

研究结果的信度可分为内在信度与外在信度。内在信度是指在给定的相同条件下,收集、分析和解释资料在多大程度上保持一致。如果存在多个人收集资料,内在信度的问题就集中在收集人之间是否能达成一致;如果对教师行为进行研究,使用在活动中观察的方法收集资料,内在信度的问题就是:几个观察者在观察同一个教师时,能达成一致意见吗?这些都在说明研究中研究者之间的协同程度。外在信度是关于一个研究者能否在相同或相似的背景下重复研究。一项研究是可靠的,那么,一个使用同样方法、相同条件的研究者应该可以得到与先前研究相同的结果。

三、效度与信度的关系

效度与信度既有区别又有联系。效度表示研究的正确性和有效性,信度表示研究的可靠性与稳定性。信度是效度的必要条件。一项研究不可能没有信度而具有效度,如果一项研究是不可靠的,我们就不可能有信心去解释研究结果并将它推广到其他人群和条件中去。但是,反之则不然。在研究中,信度高,效度可能不高;信度高,效度也可能高;信度不高,效度也不高。两者从本质上共同构成了研究的有效性(见表 2-1)。

表 2-1　效度和信度的关系

	效度高	效度不高
信度高	✓	✓
信度不高	×	✓

在实际工作中,我们应当正确考虑研究的效度和信度问题。目前,有些研究者在进行研究时更加强调某一具体研究中参与人员的发展或具体问题的有效解决,这时研究的可推广范围就十分有限。而且,研究者希望其研究结果可以与其他研究者或阅读者产生对话。有时候有些研究的效度和信度会受到研究条件的影响。我们应当根据研究的具体情况客观地考虑研究的效度和信度问题。

思 考 题

1. 概念解释:抽样、样本、随机抽样、非概率抽样、变量、自变量、因变量、测量、抽样误差、测量误差、系统误差、操作性定义、效度、内在效度、外在效度、信度。

2. 抽样的基本方法有哪些?各有什么特点?

3. 教育与心理测量具有哪些特点?

4. 什么是测量误差?为了尽量减小测量误差,应当避免哪些情况的发生?

5. 什么是操作性定义?操作性定义有什么作用?要求能够在具体的研究活动中下操作性定义。

6. 什么是自变量和因变量?要求能够在具体的研究活动中分析它们的自变量与因变量分别是什么。

7. 科学研究中为什么要考虑效度和信度?两者之间的关系如何?

8. 针对具体的研究情景,能正确地讨论它的效度和信度。

第三章 研究问题的确定

第一节 概 述

一、什么是研究问题的确定

问题是人们在学习和工作中遇到的疑难和矛盾,反映了人们对客观事物或现象认识的不足。例如,新老师面临着"如何适应幼儿教师岗位的工作"、"如何成长为一名熟练教师"等问题;幼儿园园长在日常管理工作中可能会遇到"如何组织本园教师进行在职培训"、"如何对教师的工作进行评价"等问题。正是各种各样的问题激发了人们的思考和探索,推动了科学研究活动的开展。

在学前教育领域中,无论是理论还是实践,都存在着许多人们尚未认识或正在认识的现象和规律,它们都是问题。但是,并不是所有的问题都能进入学前教育研究的范畴。因为,在众多的问题之中,有些问题是个人认识上的局限,其他人也许已经认识和解决了,就不必再进行专门的研究活动了。一般意义上的问题只是表明人们在认识上产生矛盾的大致内容和方向,并非是明确、具体的。研究的问题,即人们通常说的研究课题,是研究者在专业学习或实践活动中经过反复思考、验证,从众多理论或实践问题中挑选出来,并作为某一项研究活动所要具体解决的问题。研究课题必须是从人们发现并尚未被解决的问题中产生,它的确定需要一定规范的操作步骤,需要经过研究工作者的反复思考,并陈述为符合一定规范的命题形式。

确定研究问题的过程是研究者发现和提出研究问题的过程。这一过程需要研究者通过多种途径选择研究的问题,然后经过反复思考、论证,对所研究的问题进行具体的陈述。最终确定的研究问题应当是明确、具体的,并且符合各种专业规范,如"两种文化中幼儿艺术教育的比较研究"、"关于某市小班幼儿入园适应情况的调查研究"、"本园新教师焦虑原因的调查研究"等。

二、为什么要确定研究问题

在学前教育研究中,问题是至关重要的。能根据实际情况确定一个有研究价值、有实际效益的研究课题,即正确的选题,对学前教育研究的发展具有积极的意义。具体来说,正确选题的意义在于以下几个方面:

(一)研究问题的确定是学前教育研究的重要环节

科学研究过程是科学地认识客观事物的过程。一般来说,它包括以下四个阶段:发现问题、了解情况、深入思考和实践验证。科学研究始于问题,研究问题的确定是学前教育研究的起始环节。只有发现和承认了问题,才能激发思维过程的展开,才能根据问题广泛地收集资料,才能进行深入的分析和思考。能否善于提出问题正是进行科学研究的关键,它决定该研究可能有什么样的价值,决定研究将以什么样的方式展开。参照科学研究的一般过程,学前教育研究也应当从发现问题和提出问题开始,即从如何确定研究的问题开始。选题不当常常导致研究失败或者研究效益低下。众多科学家都把问题的提出看得弥足珍贵,因为解决一个问题也许仅是一个数学上的或试验上的技能而已,而提出新的问题、新的可能性,从新的角度去看待旧的问题,都需要有创造性和想像力,而且标志着科学的真正进步。同时,我们也应当看到,一方面科学研究可以解决问题;另一方面,科学研究也可以引出更多、更有意义的问题。可以说,学前教育科学发展的历史就是它所研究问题发展的历史,是问题不断展开和深入的历史。

在学前教育领域,存在着不少人们尚未认识或正在认识的现象和问题。一名学前教育工作者在教育实践活动中可能会产生这样的问题:幼儿教师应该怎样进行教育研究?怎样纠正幼儿的不良行为?怎样才能让幼儿真正参与到环境创设中来?怎样培养教师的语言艺术?如何把握音乐活动中幼儿的心理节奏?问题的产生反映了人们在认识上的不足,而不足引起了人们认识的需要。正是这样那样的问题激发了学前教育工作者的思考和探索,从发现的问题中挑选出具有可行性的、有价值的问题作为研究课题,从而开启了研究活动的进程,推动了学前教育研究活动的开展。

(二)所确定研究的问题直接影响着学前教育研究活动的方向和内容

确定什么样的研究问题对研究活动的各个方面都有着直接的影响。它不仅决定研究者现在和今后研究工作的主攻方向、目标与研究内容,而且在一定程度上规定了某项研究可能采取的方法与途径。学前教育是一个多层次、多方向的复杂的社会实践活动,需要人们不断认识的问题是方方面面的。但是我们也应当认识到,并非每个问题都能成为研究的对象。在确定研究的问题这一环节中,研究者进行了选择,最终进入研究活动的问题是该研究活动要解决的问题,问题的背后是研究者需要具体探索的学前教育领域的某种现象或规律,这就是研究者选择的研究内容。而且在确定的过程中,研究者必须考虑要采用的收集和分析研究资料的方法。例如,研究者选择了"幼儿教师的提问策略对中班幼儿学习的影响的调查研究",就必须探索有哪些不同的提问策略、它们对中班幼儿学习有什么影响、幼儿教师应如何进行适当的提问等内容,而且已经确定了在这个研究中研究者主要使用的研究方法可能是观察法、问卷法、访谈法等。这些都说明了研究问题的确定对整个研究活动的影响,所以,有经验的研究者都非常重视研究问题的确定。

广大学前教育研究工作者选择的不同研究问题综合在一起,就反映了一定时期我国学前教育研究的主要内容和方向。研究者确定研究问题的质量直接影响了一定时期学前教育研究的整体面貌。裴娣娜在《教育研究方法》导论中分析了我国教育研究在选题问题上走过的一些弯路,是值得学前教育研究者注意的。她认为具体表现为:在理论研究与应用研究的关系上,较偏重理论的思辨性研究,对大量的教育实践问题不够关心,提供给实际工作者的知识和方法不一定切合教育发展的实际,缺少透彻的问题说明和系统的理论建树。而应用研究则表现出急功近利的倾向,缺乏理论知识且处于较低水平。在一般与重点的关系上,由于"唯上"倾向,往往抓不住当前重点的前沿课题,导致一个时期一个热门话题,存在较大的不平衡性。在选题的学习与独创关系上,或者热衷于引进国外的理论与观点,或者热衷于效法别人的经验,忙于学习、移植和模仿,把研究搞成了运动,表面上似乎轰轰烈烈,实际上却严重抑制了自己的主动性、创造性。学前教育研究的内容和方向应当符合一定时期我国学前教育的实际情况和需要,强调理论和实践的紧密结合,立足于有效地解决问题,同时,也应当体现研究者的个性和特点。

(三)正确的选题有助于研究者提高自己的专业素质和研究能力

确定一个好的研究问题需要研究者具有从若干理论和实践问题中进行独立判断的能力,具有反复思考和论证一个问题的能力,具有正确陈述研究问题的能力。这个过程是研究者的洞察力、判断力、分析能力和表达能力等综合参与的过程,是衡量研究者研究水平的一个重要标志。而且在这一过程中,研究者自身的研究素质得到了发展。在确定研究问题的环节中,研究者必须掌握与所研究问题相关的理论和经验,进行大量的、有针对性的文献查阅工作,了解本专题研究的历史、现状和趋势,了解他人使用过的研究方法和研究资料,这样的过程给研究者带来了丰富的知识和经验。再者,在了解研究问题的有关情况的过程中,研究者需要对收集的各种资料进行思考和判断,从而锻炼一定的思维能力和研究精神,如分析和综合能力、独立判断的能力、敢于质疑的态度、严谨求实的研究精神等。在实践中,我们发现,有的幼儿教育工作者在长期的教育实践中积累了丰富的专业经验,但是,往往不善于把它们转化为条理化、系统化的专业知识,不善于从经验中发现和解决问题;有些研究者容易跟着所谓的热点问题走,盲目确定研究问题,有些研究者在确定研究问题时不符合专业规范,如专业术语使用不当,问题陈述不明确、不清晰。为了提高学前教育工作者,尤其是幼儿教师的专业素质,就应当重视在这个环节上培养他们的专业素质。这需要学前教育研究者深入认识确定好的研究问题的重要性,更要掌握确定研究问题的基本知识,具备确定好的研究问题的科研素质。

研究者正确地确定研究的问题,对学前教育研究和自身的成长都有着十分重要的意义。任何一项科学研究活动都要重视研究问题的确定,走好这关键的第一步。

第二节 确定研究问题的原则

确定研究问题的过程是一个创造性的过程,不同类型和内容的研究问题确定的过程也是不同的。在长期的学前教育研究实践中,人们总结出一些相关的规律性的经验和知识,对研究者确定研究问题有着重要的指导意义。

一、所确定的研究问题必须是有价值的

研究者经过挑选和反复思考的研究问题应当是具有较大研究价值的课题。在确定研究问题的过程中,一个重要的工作就是对所选择的研究问题进行研究价值的分析和评价。一个有意义的研究问题的价值是多方面的,研究者应当对它的价值作全面的分析。

一方面要考虑所研究的问题是否具有理论意义或实践意义,即从学术价值和社会价值两方面进行分析。学术价值是指该研究问题是否有助于深化人们对该领域的认识,是否有助于发展相关理论等。从社会价值的角度分析就是考察该研究课题是否关注了人们在实践活动中迫切要解决的问题,是否能促进人们有效地解决实际问题等。这些价值分析不能脱离一定时期学前教育领域的实际情况,要用历史的、生态的眼光进行评判。不同时期,在学前教育的理论和实践领域里,存在着不同的需要解决的问题,有些研究问题严重阻碍了学前教育的发展,有些研究问题可以促进学前教育的理论和实践实现飞跃,这些研究问题都是具有较大价值的研究课题。例如,近年来,新一轮的幼儿园课程改革引发了我国学前教育领域的重大变革,包括对儿童观、教师专业素质、环境问题等的重新思考,这些都可以成为有重大价值的研究问题。

另一方面,也是我们容易忽视的,就是确定的研究问题应是对研究者自身具有价值的,即有助于研究者自身知识的增长,研究能力的提高,能解决自己发现和需要解决的问题;研究的问题是自己感兴趣的等。

二、所确定的研究问题应是可行的

研究问题应当具有可行性,即研究的问题是能被研究的,存在现实可能性。一般来说,必须具备以下三个方面的条件:

首先,必须具备相应的客观条件。研究者要考虑所要研究的问题需要具备什么样的人力、物资设备、测量工具、研究对象总体等因素。只有当这些相应的客观条件具备时,该研究课题才有可能进行。

其次,必须具备相应的主观条件,即研究者本人的专业知识、理论修养、实践经验和研究能力等。也就是说,要权衡自己的能力,选择可以发挥自身专业知识和经验储备优势的研究问题。有些研究课题有着十分重要的研究价值,但是在一定时期或相对于一定研究者的水平来说,缺乏基本的研究条件,它们也是不可行的。

最后,研究者要善于把握实际,依据有关理论、研究工具及条件等的发展成熟程度,适时提出研究课题。正如贝弗里奇所说,如何辨别有希望的线索,是研究艺术的精华所在。所以,研究者应当具有独立思考判断的能力,不随波逐流,这才最有可能发掘有新意的研究问题。

可行性原则要求所确定的研究问题,必须是具体、明确的;所确定的研究问题必须为整个研究活动指明方向。它们应当是可操作的、针对性强的,界限清楚,范围宜小。

三、所确定的研究问题应是有创新性的

研究者所确定的研究问题应当是该领域中他人未曾解决或尚未完全解决的,而且要有时代的特点。杨爱华认为,在科研活动中,创新是多方面、多层次的,我们应从广泛的范围去理解和把握,它既可以研究人们还没有涉及的全新的问题或全新的领域,也可以从新的角度或新的侧面去探讨已被研究过的"老"问题;既可以建立一个新的理论体系,也可以确立一个新的概念,发现一种新的方法;既可以在研究内容中进行新的探索,也可以在研究方法上进行变化。

要使所研究的问题具有创新性,研究者首先要对有关领域的实践成果和理论成果有充分的了解,及时把握研究的发展动态,在此基础上寻找新发展和新突破。其次,研究者也应当从不同的角度看问题,重新审视那些已经被研究过的问题,从中发现新的研究问题。

四、所确定的研究问题应符合科学性原则

科学性原则主要是指研究者所要研究的问题必须有正确的理论思想指导,其理论依据和事实依据应是合理的、充分的。

首先,所确定的研究问题要有一定的事实依据,即实践基础。研究课题在很大程度上来源于实践活动,是被实践活动反复证明的,而不是凭空捏造的。

其次,还表现为要以科学的理论为指导。如果研究活动缺乏科学理论的指导,就缺乏可靠性和科学性,容易走弯路。如果所确定的研究问题明显违背了被实践反复证明的科学理论,它就不可能导向正确的结论,也难以达到预期的效果。例如,某幼儿教师根据班上部分幼儿对同班一名智残幼儿有戏谑和欺侮行为的情况,就提出"幼儿偏见"的研究课题。这是一个理论依据明显不足的例子,因为偏见是一个人表现出的对人和事的不公正的看法和态度,其形成的基础是个体已经形成了独立的相关观念和稳定的态度,而幼儿的生活经验贫乏,认识水平相对低下,还不能形成独立自主的观念和态度,也不太可能对客观事物产生偏见。所以,研究者必须不断提高自己的理论修养,能对实践中发现的问题进行独立的思考和判断,选择合适的研究课题。

上述几条原则是相互联系、相互区别的,研究者应当全面综合地考虑,以保证确定有价值的研究问题。这个过程不是一蹴而就的,它需要研究者在一定的科学理论指导下,坚持各项原则,从实际出发,通过对事实依据的分析和考察,善于发现和抓住有意义的研究问题;不仅要深入研究理论知识,而且要对学前教育的实际情

况进行考察;不仅要有问题意识,而且要了解和掌握确定研究问题的有关知识和能力。

我们在明确这些确定研究问题的原则时,要注意上述原则,同时也应了解人们在这个环节上容易出现的误区。裴娣娜提出,在教育研究中经常出现选题不当的情况有:一是范围太大,无从下手;二是主攻目标不十分清楚;三是问题太小,范围太窄,意义不大;四是在现有的条件下课题太难,资料缺乏;五是经验感想之谈,不是科研题目。这些都是我们在实际科研活动中应当时常反省的,必须遵循科学选择科研课题的原则,从而避免低效无用的研究问题。

第三节 研究问题确定的过程与方法

研究一开始就要求提出合适的问题或对所研究的现象有明确的认识,研究问题的确定是研究过程中较为困难的步骤之一,因为这时研究工作还没有组织起来。研究问题不是在瞬间就可以定下来的,确定研究问题的过程实际上经过了一个从产生研究动机到勾画出研究大致轮廓的过程,是对提出的初步研究假设进行不断检验的过程。一般来说,这一过程有以下几个步骤(见图3-1)。

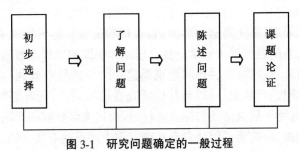

图 3-1 研究问题确定的一般过程

一、初步选定研究问题

选择研究问题有不同的途径,即研究问题的来源途径是十分广泛的,可以从以下三个方面进行总结。

(一)从学前教育实践中表现出的问题中寻找值得研究的问题

学前教育实践活动中反映出的各种问题是学前教育研究课题的重要来源。研究的目的在于知识的拓展和问题的解决,学前教育研究应当关注实践活动需要解决的问题,这些问题的解决既是教育实践进步的保证,也是教师专业理论知识丰富的保证。世界处于变化之中,儿童是不断变化发展的,学前教育领域的一切活动也是不断变化发展的。变化之中必然存在矛盾,也就是人们需要解决的问题。例如,我国幼儿园改制的问题,儿童社会性发展的问题,幼儿环境教育的问题,幼儿教师专业化发展的问题,幼儿园教育目标的整合问题,等等,都是需要解决的问题。我们可以从这样的问题中选择合适的研究课题。

那么,如何从纷繁复杂的问题中选择研究问题呢?

首先,研究者可以从某一时期影响学前教育的关键问题中选择合适的问题进行研究。什么才是关键问题呢?如上述这些问题,它们应是一定时期内,人们在学前教育理论和实践工作中遇到的认识矛盾,是需要迫切解决的,否则学前教育的发展就会停滞,而且这些问题的解决对学前教育理论和实践的发展有着重要的影响。通常来说,这些关键问题也是这一时期的热点问题。选择这样的问题进行研究,可以与其他研究者进行讨论,相互影响、相互促进,有助于研究活动的深入进行,从而扩大该研究的影响。

其次,研究者可以从自身实践工作中发现的有意义的、有兴趣的问题中选择研究课题。学前教育工作者在日常工作中要注意培养问题意识,留心观察、认真思考;培养自己总结、提升教育经验的能力,并善于从中提炼值得研究的问题;从自身的需要提出问题,并在这些问题中分析比较,选择出符合研究课题要求的问题。其中,幼儿教师在实践工作中积累起来的丰富经验是学前教育研究的宝贵资源,若能将其进行收集整理,对其中的有效成分进行科学论证,往往会从中发现对实践活动起指导作用的规律,也可以检验已有的理论或相关的研究结论,以便于发现新问题或对已有研究重新思考。例如,可以对优秀幼儿教师教育行为的研究;对优秀幼儿教师与幼儿互动的特点的研究;有一位幼儿教师将实践中如何在音乐活动中进行空间移动的经验进行了总结、提升,成为研究教师有效教育策略的重要视角;有位幼儿教师在带小班时,发现幼儿入园的适应情况是不同的,就以"对本班幼儿入园适应情况的观察研究"为题进行了研究,等等。

(二) 从专业理论的学习和思考中发现研究问题

学前教育经过长时间的发展,已经形成了包括众多学科的学科群,包含了丰富的学前教育理论知识。这些重要的认识成果都是学前教育工作者学习的重要内容,而且需要不断地完善和发展。因此,我们可以在学习专业知识时,进行深入的思考,并用现在的实践活动重新检验这些知识,这是一个可能发现问题的过程。

1. 为证实某种理论观点而选择研究课题

学前教育的理论体系处于日趋成熟和完善的阶段,其中有些理论或结论是人们从相关学科移植或演绎过来的,未必经过系统的、科学的检验。研究者可以对这些不完善的内容进行验证性的研究,也可以对与自己的实践经验产生冲突的问题进行研究。这本身就是学前教育科学发展的需要。例如,在我国的幼儿园教育中,通常将幼儿按年龄大小分为小、中、大班,以班级形式组织教育活动和进行管理。有人提出如果将不同年龄的幼儿进行混合编班,更能充分利用不同年龄幼儿之间的相互影响来促进幼儿的发展。这一问题就可以成为研究的问题。

国外学前教育理论中有些重要的、有价值的东西,引进到中国的学前教育中,必然存在一个本土化的过程。学前教育工作者对于这些理论需要进行分析和评价,使之成为适合中国教育实际的理论。可以对某些学派理论进行系统研究,包括杜威、布鲁纳、奥斯贝尔、斯金纳、维果斯基等人的教学理论,或者西方的课程理论、游戏理论、艺术教育理论等。可以研究国外重要的学前教育思想如何在中国,甚至如何在一个地区、一个幼儿园应用,如瑞吉欧项目活动的中国化研究。

2. 从不同理论观点的争论中发现研究的问题

学前教育领域存在着很多有争议性的问题,即对同一教育现象或教育问题,不同的人或不同的理论派别会提出各自不同的观点。这些问题常常是比较关键的问题,也可能成为研究热点。例如,早期识字教育是否适宜,儿童美术教育中是技能技巧重要还是审美情感重要,幼儿能否读诗读经,教学游戏化与游戏教学化之争,等等。这些有争议的问题来源于实际工作中,有一定的事实依据和理论依据,通过掌握这些争论的历史、现状,可以发现新的研究内容和研究视角。

3. 寻找有关理论的薄弱点和空白点

任何一个学科的发展必然存在着一些薄弱点和空白点,这是学科发展趋向完善的必然结果。这主要有两个方面的原因:一是现代科学发展的总趋势是交叉和融合,各学科之间的交叉领域涌现出大量值得研究的新问题,学前教育也不例外。如与学前教育领域直接相关的是人类生态学,它启发人们注重新的研究内容和方法,如对学前教育的环境问题进行更深入的研究。二是受社会实践的影响,一些研究问题的另一些方面被人们忽略,呈现出薄弱和不足。如过去在对幼儿园课程的研究中,较多地关注课程的概念、目标、内容等方面,相对忽视课程评价的问题。又如过去人们较多地关注幼儿的情况,相对忽视幼儿教师职业幸福的问题。研究者如果在学习和工作中善于发现这些薄弱环节和不足之处,并能提出这些问题,也能成为选择研究问题的重要途径。

(三) 在研究过程中发现新的课题

这是发现研究问题的重要途径。科学研究过程是人的认识不断深化和扩展的过程,也是新的情况不断出现的过程。研究者有可能发现一些与研究课题相关的问题,可以进一步明确使之成为研究的问题。

首先,研究者可以在查阅文献的时候去发现问题。在查阅文献的时候,注意判断已有研究随着时间的推移呈现出的不足之处,也可以关注各种观点之间的争论。

其次,研究者在研究过程中注重所能收集到的资料,不放过任何有意义的"特殊现象",也可能发现新的值得研究的问题。研究者在研究中观察到的或收集到的资料不一定都与该研究有关,但可能引发新的研究,我们不能轻易放弃这些资料。

除了这些主要的途径外,研究者还可以从国家领导机关制定的课题指南或规划中进行选题,可以从科学发展和进步提供的新的认识角度来提出问题,可以从其他学科的研究中得到启发。研究者应当根据自己的情况灵活地掌握和运用这些途径,并进一步发现新的有效的途径。

二、对初步选定的问题进行初步的探索

初步选定了研究问题之后,研究者需要对这个问题进行初步的探索。研究者应围绕选择的研究问题,对研究的对象、内容、方法以及研究价值和可行性进行必要的探索。探索的方法主要是查阅相关的文献、与他人(包括专家、合作者、实践工作者等)进行讨论,甚至根据需要可以进行初期预备性的观察和实验。通过初步的探索,研究者对该研究活动有了初步的思考和计划,有利于研究者反思已有的研究工作,及时发现所选课题是否合适,若不合适,

可以重新确定研究的问题。

这里重点介绍一下查阅文献的方法，即文献法。文献法是指通过查阅、整理、分析文献资料，了解某一研究的相关信息，探索某一研究问题的方法。文献泛指运用文字、图形、符号、音像等手段记录人类知识的一切有价值的典籍，包括手稿、书籍、报刊、文物、影片、录音录像、幻灯片、微缩胶片和各种形式的电脑软件等。在学前教育研究中，文献应是记载了关于学前教育的各种知识和信息的，对学前教育研究有价值的，包括有关的书籍、报刊杂志、档案、录像、幻灯片、手稿、文物以及儿童的作品等。根据加工程度的不同，文献可以分为三个等级：

（1）一次文献。包括专著、论文、调查报告、档案材料等以作者本人的实践为依据而创作的原始文献，是直接记录事情经过、研究成果的文献，有很高的直接参考和借鉴使用价值，但是它是分散的、不系统的文献。

（2）二次文献。它是对原始文献加工整理后，系统化、条理化的检索性文献，一般包括书目、索引、题录、提要和文摘等。它比较简明和全面，是检索工具的重要组成部分。

（3）三次文献。它是利用二次文献对某一范围内的一次文献进行广泛深入的分析研究后，综合浓缩而成的参考性文献，一般包括动态综述、专题综述、进展报告、数据手册、年度百科大全和专题研究报告等。

从许多文献中准确而迅速地查找出某一研究需要的文献，不仅是一个研究资料查找收集的过程，也是一个分析问题和发现问题的过程。这一过程一般包括以下几个步骤：

首先，要分析特定的研究问题，明确文献检索的要求和范围。查阅文献必须依据自己关注的问题，有明确的目的和任务，寻找与该问题有直接联系的或相关的文献资料。然后，进入搜索阶段。一般来说，先查有关领域的主要索引、文摘、动态之类的简易且概括性强的资料,按照年份顺次查阅。

其次,按图索骥,寻找一些综述文章阅读,了解该领域研究的大致情况,要注意其中提及的资料来源。再进行阅读和选择,直至查阅到最有价值的文献资料。有些文献资料,如幼儿作品之类的,需要研究者在平时注意收集,也可以通过他人寻找。研究者还可以使用目录卡片和资料索引这样的手工检索工具,也可以运用计算机进行检索。

最后,研究者还需要对已收集到的文献进行加工。包括剔除假材料、重复的材料或者已被证明不科学的材料;从具体研究需要出发,保留那些全面、完整、深刻和正确地阐明所要研究问题的有关资料,以及包含新观点、新方法的材料,对孤证材料要特别慎重。另外,在收索到的文献数量和种类繁多的时候,应当对它们进行分类编排。

研究者在全面收集和广泛阅读的基础上,通过整理、归纳、分析等工作,就一定范围内的文献资料的主要内容撰写文献综述。文献综述不是对文献资料涉及的内容进行简单的拼接,而是在阅读的基础上对查阅的各种文献资料进行概括和评价。一般来说,文献综述包含问题的提出部分,即概括问题的性质、特点和研究的意义等;对主要研究成果的概括和评价部分,即说明文献查阅的年限和内容范围、该专题研究的历史发展和主要成果等;对研究趋势的预测部分,即分析该专题研究的发展趋势和今后应该努力的方向,并明确提出目前应当解决的主要问题。这个过程可以帮助研究者全面深入地了解某一研究问题已经取得的研究成果和已经达到的研究水平,了解它的发展动态,也可以发现研究中可能存在的问题。

(具体范例参见本章附例1。)

三、对所选的问题进行陈述

研究者初步选定的研究问题主要是表明研究的大致内容和方向,是笼统的、不明确的,可以先粗略陈述一下。在这一步骤里,将会解决这一问题,使研究的问题明确化、具体化。通常的情况是,一个研究问题需要反复几次论证,才能成为有效研究的恰当表述形式。

威廉·维尔斯曼认为:问题陈述应该指明总体的中心议题和问题的前后背景。也就是说,在陈述研究问题时应包括两个方面的内容:研究的具体内容和适用范围。研究课题的内容范围是指研究的具体内容和所涉及的领域范围。一般来说,要考虑研究的各种条件,遵循上述各种原则,所限定的范围不能过大,否则研究缺乏深度和可靠性;也不能过小,否则就失去研究的意义。课题的适用范围主要是指研究者所规定的研究结论的应用范围,包括地域范围和被试的年龄范围、性别范围等。例如,"关于中国幼儿智力发展状况的研究",这一问题的陈述展示了该研究的内容范围是智力发展,包括智力的各个因素(记忆力、想像力、思维能力、语言能力等)发展的水平和特点;适用范围是中国幼儿。在对课题具体化时,就要根据研究者当前开展研究的主、客观条件对上述两个范围进行限定。可以将"中国"缩小为"中国西部农村地区",可以将"幼儿智力发展"缩小为"4~5岁幼儿想像力的发展",整个课题就可以陈述为"中国西部农村地区4~5岁幼儿想像力发展状况的调查研究"。

陈述研究的问题时可采用叙述或描述的形式,也可以采用问题的形式。具体采用哪种形式在很大程度上取决于个人的爱好,也会受研究问题特点的影响。如果某种问题的形式有助于研究,那就应该采用。其实,问题陈述的形式并不重要,重要的是陈述应当精确和无可质疑,有利于研究工作的开展。在对研究的问题进行陈述时,除了要注意具体和精确外,还要避免冗长,强调简洁明了。

四、对选定的研究问题进行论证,并撰写课题论证报告

课题论证是对确定研究课题的过程中各个环节的研究工作进行反思和总结,对选定的问题进行分析、预测和评价,以避免其盲目性。进行课题论证也是一种研究,能充分展示研究者的科研态度和科研能力,是研究者研究素质的一个重要方面。在这个过程中,研究者向他人报告该研究的具体内容,与相关人员交流关于该研究的信息,争取课题立项和经费资助,为研究活动的继续进行提供信息和经费保证。这一过程同时也是对前期研究活动的反思,发挥着承上启下的作用。课题论证报告的完成是确定研究课题这一环节结束的标志,即进一步完善了课题方案,落实了研究活动的一些重要条件。

课题论证主要回答以下问题:

1. 该研究问题的性质和类型。

2. 该课题研究的价值、目的和意义。即阐述为什么要进行该项研究。通常会从该研究可能对丰富和发展学前教育理论产生什么作用,对学前教育实践工作起到什么作用,对学前教育研究方法的发展起到什么作用等角度进行说明。在阐述中,应当避免大而空的论述,对可能产生的作用进行具体到位的阐述。

3. 该研究课题以往的研究水平和发展动向。这是对该课题国内外已进行的研究状况的分析,在此基础上,说明该课题研究将在哪些方面有新的突破和发展。

4. 对该课题开展研究活动的可行性的分析。这一部分包括该课题的理论依据和事实依据,研究活动开展的其他客观和主观条件,如人员结构、研究能力、研究经验、任务分配、物质设备及经

费预算等。

5. 该课题研究的策略、步骤和成果形式。包括明确研究内容的重点、难点，提出相应的解决方法，该课题研究的主要步骤和程序，研究中主要使用的研究方法，预期的研究成果公布的形式等。

以上五点是对课题进行论证的主要内容，研究者应在对前面研究工作总结的基础上，写出简洁明了、明确具体的论证报告。该报告不仅用于争取课题立项和经费资助，也可用于发表论文的开篇或学位论文的前言部分。

这是确定研究问题的一般过程，研究者要根据具体的研究活动妥善处理这个过程。我们从中可以看出，在确定研究问题的过程中，研究者也在经历一个不断循环的、动态的过程，正如我们在上文对研究活动过程的分析一样，我们在任何一个环节上都要把研究活动看做一个动态的过程。

（具体范例参见本章附例2。）

思 考 题

1. 概念解释：研究课题、文献法。
2. 正确选题的意义是什么？
3. 研究者在确定研究问题时要遵循哪些原则？
4. 研究问题确定的过程一般可以分为哪几个基本步骤？
5. 我们可以从哪里寻找到研究问题呢？
6. 结合你的经验谈谈如何对初步选择的研究问题进行了解。
7. 尝试选择一个问题，撰写文献综述。
8. 试选择一个适合你研究的学前教育研究课题，并写出课题论证报告。

附例 1

文献综述及反省实例

"幼儿园自主性游戏的研究"文献综述

崔薇薇 程令方 沈 云 王品刚 周嘉禾

当代教育领域探讨主体问题是从 1989 年两位著名教育专家王道俊先生、郭文安先生发表的《让学生真正成为教育的主体》(《教育研究》1989 年第 9 期)开始而正式拉开序幕的。

20 世纪 90 年代以来,教育领域愈来愈重视尊重人的主体性。在幼儿教育中,强调幼儿主体性的游戏成为幼教理论工作者和实践工作者共同关注的热点。我们在查阅了近年来部分"幼儿园自主性游戏研究"文献的基础上,再结合讨论,试图探讨幼儿自主性游戏的研究现状,并且提出一些有待研究的问题。

一、自主性游戏的内涵

20 世纪 90 年代前期、中期对自主性游戏无明确而详尽的界说,多为讨论游戏中幼儿主体性地位以及呼吁尊重幼儿的主体性。近来人们开始明确提出自主性游戏及其相关内容。

什么是自主性游戏?人们取得了一定的共识:

(1) 从幼儿的角度,自主性游戏是从幼儿在一定的游戏环境中自愿发起、自由选择、自主展开、自由交流的活动过程。这种看法着重指幼儿自己进行的、教师较少干预的游戏。

(2) 从教师的角度,自主性游戏是教师在了解幼儿已有经验的基础上,引导幼儿共同参与游戏环境的创设,为幼儿提供丰富的游戏环境及均等的游戏机会,让幼儿按自己的方式进行游戏,在与材料和伙伴的相互作用中,共同分享游戏带来的快乐与学习彼此的经验,从而促进幼儿主动性、独立性、创造性的发展。这种观点着重于在一种不断生成的过程中促进幼儿主体性的发展。

这两种典型说法,其核心是相似的,都强调了幼儿在游戏中的自主选择,但前者的表述容易使一般幼教工作者在理解上产生偏差——认为自主性游戏是一种"放羊式"的游戏。所以,我们认为后一种说法可能表达得更科学,更利于具体指导实践工作。

二、自主性游戏的特点

第一,与纯自然情境游戏(无成人干预)相比,自主性游戏在不妨碍幼儿自主游戏的前提下,增加了自觉的教育因素,即发挥教师潜在的教育帮助,增加了活动中不断生成新的教育因素的机会,消除或减少纯自然情境中对幼儿不利的因素,从而促进了愉悦性与教育性的统一。

第二,与通常意义上的教师主导游戏相比,自主性游戏具有如下特点:

(1)归还了幼儿被"善意"剥夺的自由选择的权利,强调尊重、发展幼儿的主体性。

(2)教师在自主性游戏的设计、指导等各个环节,都善意地设法让幼儿尽可能多地参与,教师的干预更多的是隐性的。

(3)强调生成性,淡化预设性。以往游戏中教师过分"忠实"于自己的预设目标,无论是游戏过程,还是游戏评价都依此而定。在自主性游戏中,则重视幼儿的需要,放宽幼儿发挥自主性的空间,让幼儿真实地参与评价。

(4)教师的指导策略更加科学,从导演式转变到更多地进行隐性指导。教师身负多重角色,首先是问题的了解、发现者,然后才是指导者、促进者。

三、自主性游戏中教师与幼儿的地位

对于教师与幼儿关系的讨论,长期以来倍受注目。大致有五种代表性的观点:(1) 教师主体,幼儿客体;(2) 幼儿主体,教师主导;(3) 教师与幼儿互为主客体;(4) 幼儿与教师为不对称的主客体关系;(5) 双主体性说。

这些观点的变化体现出人们儿童观、教师观的变化。从先前的教师中心论发展到儿童中心论,再到力图更加全面、完整地讨论两者的地位,并开始使讨论师、幼地位的方式趋向于多元化。

四、应继续研究的问题(见下图)

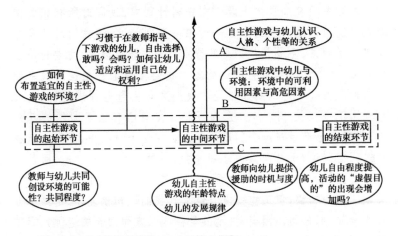

[资料来源:《早期教育》,2001 年第 1 期]

关于怎样做以上所引文献综述的反省材料?
文章作者对做这个文献综述过程的描述:
这篇文献综述是我们小组在学习研究方法这门课程时的期末作业。我们首先根据每个人的兴趣自愿组成了这个小组,小组的

每个人都对游戏感兴趣。在确定了游戏这个大的方向后,我们开始从各个方面关注游戏的信息,包括和专门做游戏研究的指导老师讨论,翻阅学前教育的主要杂志,在幼儿园观察游戏等。我们对各方面的信息进行了交流后,选择了当时很多人在讨论的"自主性游戏"。之后,开始依据"自主性游戏"这个主题收集资料,主要查阅了1990年至2000年学前教育的核心期刊(这是我们选择的查阅范围)。我们每个人负责一到两种期刊,选择了从2000年的已有杂志向1990年的倒查的方法,然后再碰头讨论各自查阅的结果。因为一般十年内某一问题的讨论有明显的变化,有一定的代表性,倒查可以帮助我们节约时间,新的期刊里一般会包含以前人们关于游戏研究的信息,比如在文章后的参考资料注释里会标明前面的相关研究成果的来源。在查阅过程中,我们对所有相关文章做了简要记录。经过查阅—讨论—查阅—讨论,我们对已有信息进行了归纳,主要是他们是怎样定义自主性游戏的、主要讨论了什么问题、哪些问题是有争议的等。我们在讨论自主性游戏中教师与幼儿的关系时遇到了难题。我们又与指导老师进行讨论,继续查阅了一些关于师幼关系的资料。在对已有信息归纳的基础上,我们开始产生对每个问题的观点。在这个过程中,我们小组成员之间有争论,于是向其他小组求援,并继续和老师讨论,而且进入幼儿园找到了有经验的老师与之交流。终于,我们完成了这篇文献综述的初稿,但工作并没有结束。我们把初稿复印、送给本专业的老师、部分幼儿园老师(尤其是在这个方面擅长的老师)、同学等,请他们阅读,就文章结构、语句、观点等给我们反馈。之后,我们又结合这些反馈意见重新讨论。经历了几次修改后,我们以规范的形式写出了文章。这是我们做这个文献综述的经历,每个人有不同的情况,针对不同的主题和文献类型选择不同的查阅方法。

附例 2

课题论证报告实例

两种文化中幼儿艺术教育的比较研究

（全国教育科学规划重点研究课题申请、评审书）

数据表

课题名称	两种文化中幼儿艺术教育的比较研究				
主题词	幼儿艺术教育比较				
课题类型	D	1. 重大课题　A. 国家重点　B. 一般课题 C. 青年基金　D. 教委重点　E. 青年专项			
学科分类	基础教育	研究类型	D	A. 基础理论　B. 应用研究 C. 调查研究　D. 综合研究	
负责人姓名		性别		民族	出生年月
行政职务		专业职务			研究专长
最后学历		最后学位			担任导师
所在省(自治区、直辖市)					
工作单位			联系电话	单位：	
通信地址				邮政编码	

续表

	姓名	性别	出生年月	专业职务	研究专长	学历	学位	工作单位
主要参加者								

第一推荐人姓名		专业职务		工作单位	
第二推荐人姓名		专业职务		工作单位	
预期的主要成果	A D	A.专著 B.译著 C.论文 D.研究报告 E.工具书 F.电脑软件 G.其他			
申请经费 （单位：万元）		5万元	预期完成时间	2000年3月30日	

课题论证

1. 对研究课题的论证：本课题研究的基本内容、重点和难点，国内外同类课题研究状况，本课题的理论意义和实践意义。

   艺术活动(文学、音乐、美术)的特点是形象、生动，这与幼儿思维和情绪特点相吻合，对幼儿有很强的吸引力和独特的教育作用，在世界各国幼儿教育中艺术教育都占有很大比重，倍受重视。艺术活动进行得如何，牵动着整个幼儿教育的质量，故此，艺术教育上的突破即是幼儿教育的突破。

续表

世界各国的幼儿艺术教育各有传统的优势,也各有偏颇与不足。当前的主要问题是:就我国来讲,儿童的艺术教育受传统和习惯的影响,既有知识的传授和摹仿一直是教学的中心手段,儿童只是学习现成的艺术形式,缺乏利用媒介特征表达经验和情感的尝试,一旦离开了样本,便无从下手。在国外,以儿童为中心的教育,由于师资难以胜任,走向了过度自由放任的道路。完全仰仗自发,儿童很难将自然表现与艺术表现相区别,发展艺术创造力。多年来,国内外的艺术教育工作者深感各自教育的弊端,力求走一条新路。

在近年来的国际交流中,我们北京师范大学教育系学前教研室与澳大利亚昆士兰理工大学学前系走到了一起。对方的幼儿艺术教育的力量很强,很有特色,从1993年两校开始接触,经过历时两年多的酝酿,意在两国间进行幼儿艺术教育的比较研究,解决上述国内外幼儿艺术教育中存在的实质性问题,培养幼儿的创造力,既强调幼儿自发的艺术倾向,又强调外部环境对调动和发展幼儿艺术能力的作用,既强调幼儿个人经验,又强调人类艺术遗产对幼儿审美和创造的催化作用与双向平衡的幼儿艺术教育实践和理论体系。

研究拟分两步走。第一步,在中国和澳大利亚双方大城市(北京、悉尼、布里斯班)、农村(山东、Gympie)、偏远农村(广西、Gunnamulla)各选好、中、差三个幼儿园,以一年为周期,采取直接观察和调查的方法取得幼儿艺术教育过程和结果的资料。通过比较,发现两种文化中幼儿艺术教育的特征和倾向、环境影响与幼儿艺术能力发展之间的关系,评判两国幼儿艺术教育的得失。

第二步,依据比较所得结论,设计适宜幼儿艺术创造力发展的教育方案,付诸实验,检验确认合理有效之后进行总结,阐明新方案的主要内容和理论依据,编写相应的高师学前教材和幼儿园教材。

本课题研究难点有二:其一是方法。具体有两个环节,即资料的收集和效果分析评定,需要有精心的科学设计,以提高研究的客观可靠性,保证研究的价值和意义。其二是方案设计。需以其切实可行和创造性克服原有的教育弊端,走出新路,实现研究目标。

本课题研究的优势在于它是由两国学者和教育实际工作者共同参加的双边立体合作的研究,非单向孤立的研究。同时,它将以第一手材料为依据,展开定性、定量分析,而不是以第二手文字材料为主的书斋式研究。比较的目标是建设性的,不局限于"知"的范围。因此,它能使我们更确切地了解两国幼儿艺术教育的得失,取长补短,建设具有中国特色的幼儿艺术教育,并对国际幼儿艺术教育作出贡献。

续表

2. 对课题实施和完成条件的论证：负责人的研究水平、组织能力和时间保证；参加者的研究水平和时间保证；资料设备，科研手段；课题组人员分工。

　　本课题研究负责人祝士媛教授从事幼儿教育工作43年,其中在高师从事教学、科研36年。专长幼儿文学和语言教育,出版专著9部,是国内有影响的幼教和幼儿文学及语言教育专家,1993年被国家教委聘为国家教委艺术教育委员会委员。
　　祝士媛教授曾担任北京师范大学教育系学前教研室主任11年,担任中国学前教育研究会秘书长16年,现任世界学前教育组织中国委员会主席,有丰富的工作经验和组织能力,曾成功地组织了全国4次学术研讨会、4次幼儿教育国际研讨会,且祝士媛教授多次参加国际会议和出国访问交流,在国内外幼教界具有较高的知名度。
　　祝士媛教授自1996年起不再担任教研室主任,除教学和社会兼职以外,能有1/3时间从事研究工作,且本课题研究方向与其从事教学方向相一致,完成课题研究具有时间保证。
　　本课题研究者包括高师专门从事幼儿艺术教育教学的研究人员、教育实际工作者。高师人员至少可以拿出除教学和日常事务以外的1/3工作时间,集中或分散使用。且这项研究与他们平时的教学内容相关,时间上有充分的保证。基层工作者只需调整一下工作重点,即可完成研究任务,并且他们均愿意积极参与。高师研究人员均有多年从事幼儿艺术教育教学和科研的经历,较好地掌握了艺术教育的理论和科研方法,又有国际合作交流的经验。基层工作者皆素质优良。
　　北京师范大学拥有丰富的研究资料,可资利用。教育系拥有研究所需的计算机及打印、复印、照相、录像设备。
　　本研究采用观察、调查、作品分析和教育实验手段。
　　研究人员的分工如下：
　　（略）

　　注：有关预期研究成果、经费预算等项略。
　　［资料来源：张燕、邢利娅《学前教育科学研究方法》,北京师范大学出版社1999年,第325～328页］

第四章 观察法

观察是人类认识世界的最基本的方法之一。观察也是教育科研中被广泛使用的一种研究方法,其他研究方法的实施中也少不了观察。观察法尤其适合于对幼儿行为的研究,裴斯塔洛齐早在18世纪下半叶就开始用观察法记录他3岁半儿子的发展情况;陈鹤琴自儿子一鸣出生起就观察他的发展,记录了808天的日记,并于1925年发表了《儿童心理之研究》一书。

爱因斯坦说过:你能不能观察到眼前的现象取决于你运用什么样的理论,理论决定着你到底能观察到什么。所以,观察不仅是我们的感觉器官直接感知事物的过程,而且是我们大脑积极思维的过程。

第一节 概 述

一、观察法的概念

教育观察法是研究者凭借自身的感觉器官和其他辅助工具,有目的、有计划地考察学生或教育现象等研究对象的一种研究方法。

这种研究方法具有直接性、情感性、重复性和目的与计划性的特点。直接性即指观察者与观察对象的直接接触与联系;情感性指观察者往往容易受到个人的感情色彩和"先入为主"成见的影响;重复性是说,观察者对研究对象的认识需要经过多次详细观察,才能避免表面化和片面化。目的与计划性是指观察法不同于日常教学的观察,日常教学的观察大多以随机性、即时性的观察为主,而观察法的核心任务是针对特殊选择的需要,发现一些具体的情况,回答特定范围的问题。所以,观察法需要事先进行研究设计,突出目的性与计划性。

观察法包含三个要素:观察的手段、观察的对象和观察对象的状态。作为观察研究的手段,要求敏锐、仔细、准确。研究者要具备一定的理论知识和较宽的视野,能够从多角度看问题,以及借助各种现代技术手段,提高观察的精确性、系统性、全面性。观察的对象包含两方面:教育活动中的人和教育活动。观察对象的状态应该维持在一种"真实状态",不致因为受到外界的影响、干预或控制,而处于一种特殊的身心状态,保证真实状态下的观察结果。

观察法的优点是:简便易行、资料可靠性较强。观察法具有一定的局限性。例如,观察受到时间和空间的约束和限制,同时观察的样本数小(样本容量小),观察的材料是表面性的和感性的等。所以,受局限性的影响,使观察难免带有片面性和偶然性。

二、观察法的类型

(一)直接观察与间接观察

直接观察指观察者靠自身的感觉器官进行观察,在现场获得研究对象的资料。直接观察比较简便,但人的视野与精力有限,记录难以精确全面,而且有时由于时间、空间的限制,难以获得有关资料,这就需要间接观察的帮助了。

间接观察指借助于某一中介来进行的观察。它可以用仪器设备来代替观察者,记录当时发生的现象,由研究者事后研究分析,这种观察适于客观记录和多角度的观察,但使用仪器往往比较麻烦。间接观察还可以用观察行为的结果来代替观察行为本身,这是由于有时行为发生的时间和空间跨度过大,观察者难以完整地观察行为本身,便可以观察行为留在物质上的痕迹,以推测行为。"腐蚀测量"和"累积测量"就是从物质痕迹上获得信息的间接观察法。腐蚀测量就是观察物品用旧的程度来进行推测。比如,在研究幼儿的阅读兴趣时,我们可以设计一张观察表,派专人连续观察记录,得出结论;我们还可以通过观察图书角各种图书的破损程度来推测哪些图书最受幼儿的欢迎,从而间接地观察幼儿的阅读兴趣。累积测量就是对事物积存的程度进行观察。比如,要观察一个幼儿园某一天幼儿午睡入睡情况,我们可以观察在上床时间如12点以后的一段时间内,该园用水量的变化来判断幼儿是否很快入睡,因为睡不着的幼儿会频繁地上厕所、洗手,用水量必然激增。

(二) 参与性观察与非参与性观察

参与性观察是观察者参与到被观察者的活动中去,在直接密切的相互接触和直接体验中观察他们的言行。这种观察的情景比较自然。由于观察者直接参与活动,对观察对象的活动就有比较深入的体验和理解,有助于理解观察对象背后的心理活动和动机,使观察比较深入。而正是因为其直接参与,使观察者具有双重身份,既是研究者又是参与者,这就要求研究者在参与活动的同时,必须保持研究所必需的心理和空间距离。很多时候由于研究者的投入参与而致使自己的研究失去了应有的客观性,这是参与性研究者应注意的问题。

非参与性观察是研究者不直接介入被观察者的活动,观察者通常置身于被观察的活动之外,作为旁观者了解事情的发展动态。非参与性观察者可以保持一定的距离对研究对象进行比较"冷静客观"的观察,操作起来比较容易。但是,观察的情景是人为制造的,被研究者知道自己在被观察,可能比参与性研究更容易产生"研究者效应",比如,有客人、老师在场时,幼儿,特别是中、大班的幼儿会表现出特别的听话合作,老师也会表现得更有耐心,更"好"一点,这就有可能使研究者得不到客观可靠的资料。另外,研究者很难对研究的现象进行深入的探究,而无法像参与性观察那样可随时向被观察者提问。

（三）结构性观察和非结构性观察

结构性观察对于观察的内容、程序、记录方法都进行了比较细致的设计和考虑,观察时基本上按照设计的步骤与项目进行,对观察的记录结果也适于进行定量化处理。

非结构性观察对研究问题采取弹性的态度,事先没有严格的设计,只有一个粗略的观察思路,比较灵活、机动,能够抓住观察过程中发现的现象而不必受设计的框框的限制,但是难以进行定量化处理。记录内容较多,有时会有烦琐之感,但对以后作深入的分析是很有必要的。

一般在研究的初期,主要是非结构性观察,以便发现研究的现象,帮助确定主题观察方法与项目;而在研究的后期,为了深入对某些项目进行观察分析,应设计一些结构性观察。

（四）全面观察与抽样观察

全面观察是对一定场景中发生和出现的各种现象进行观察和记录;它涉及的范围广泛,比较容易把握现象之间的联系,但是由于观察的视野有限,往往对观察者要求很高。抽样观察是对观察现象的场景、时间、人、活动等因素进行取样,再对样本进行观察;它涉及的范围比较小,便于进行深入细致的观察,操作也比较容易;它对观察者的要求主要体现在取样上,取样应有代表性。比如,一位研究者想对幼儿控制他人的语言进行研究。她到幼儿园选择了一个班,采用全面观察的方法,用了一个星期对所有幼儿的语言及背景进行了观察记录,在所有的幼儿中发现了6名幼儿控制他人的语言比较多,于是在接下来的两个月中,她采用抽样观察的方法集中对这6名幼儿进行了观察记录。

（五）定期观察与追踪观察

定期观察是非连续性的、按一定时间间隔做观察。比如,对某个学生的行为观察,规定每周一观察一次,这就是定期观察。追踪观察是对某个对象或者某种现象进行比较长时期的观察,从而获得发展性的资料。

第二节 非结构性观察

在第一节中我们谈到,非结构性观察对研究问题采取弹性的态度,在观察中既无事先确定的观察项目,也无既定不变的、详细的观察提纲,只有一个粗略的观察思路,比较灵活、机动,能够抓住观察过程中发现的现象而不必受设计的框框的限制。但这并不意味着非结构性观察就不需要事先"想一想",在实施过程中可以"随心所欲",它也需要有一个设计、实施与结果整理的过程。

一、非结构性观察的设计

(一)制定观察计划

在观察正式开始以前,我们应根据研究的问题和目的制定一个观察计划。一般来说,一份观察计划大致包括如下几方面(陈向明,2001)。

1. 观察的内容、对象和范围:我想观察什么(包括人、事情、内容的范围)?为什么要观察这些内容?通过观察这些内容我想回答什么问题?

2. 地点:我打算在什么地方进行观察?这地方有什么特点?为什么这地方对我的观察研究很重要?我自己将在什么地方进行观察?这个位置对我的观察有什么影响?

3. 观察的时刻、时间长度和次数:我打算在什么时间进行观察?一次观察多长时间?我准备对每一个人(群)或地点进行多少次观察?为什么选择这样的时间、长度和次数?

4. 方式、手段:我打算用什么方式进行观察?观察时是否使用辅助设备?用或不用这些设备有何利弊?是否准备在现场进行笔录?是否需要事先设计一些符号以方便记录?

5. 效度:观察中可能出现哪些影响效度的问题?我打算如何处理这些问题?我计划采取什么措施获得比较准确的观察资料?

6. 伦理道德问题:我如何使自己的观察尽量不影响被观察者的活动?如果需要的话,我如何帮助他们解决实际困难?这么做会对我的研究产生什么影响?

(二)设计观察提纲

观察计划制定以后,我们还要制定出更加具体的观察提纲,为观察提供一个大致的框架和方向。在实际观察中,我们应该根据具体情况进行调整。观察提纲至少应回答以下六个方面的问题:

1. 谁?(有谁在场?他们是什么人?他们的角色、地位和身份是什么?有多少人在场?这是一个什么样的群体?在场的这些人在群体中各自扮演的是什么角色?谁是群体的负责人?谁是追随者?)

2. 什么?(发生了什么事情?在场的人有什么行为表现?他们说/做了些什么?他们说话做事时使用了什么样的语调和形体动作?他们之间的互动是怎么开始的?哪些行为是常规?哪些行为是特殊表现?不同的参与者之间在行为上有什么差异?他们的行为是如何产生和发展的?)

3. 何时?(有关行为和事件是在什么时候发生的?持续了多久?频率如何?)

4. 何地?(有关行为和事件发生在哪里?这个地点有何特色?)

5. 如何?(有关事情是如何发生的?事情的各个方面存在什么样的关系?)

6. 为什么?(促使事情发生的原因是什么?相关人员的目的、动机和态度是什么?)

这六个方面只是一个提示,在具体的观察活动中,我们应根据自己的研究内容设计不同的观察内容和观察提纲。

例如,有一位美国博士生的论文研究题目是"从中国的幼儿教育看中国社会变迁与全球化之间的关系"。她计划在北京一个中国家庭里住一年,对这个家庭以及其他20个家庭进行观察,了解家长教育自己孩子的方式。家庭按经济收入分成富裕家庭和贫困家庭,孩子的年龄在6~10岁不等。在这个研究设计中,她提出了很多观察问题,其中包括:

(1) 有关"谁"的问题:这些家庭里各有多少人?他们是谁?家中有几个孩子?孩子多大年龄?父母、祖父母与孩子之间是什么关系?孩子平时和谁一起玩耍?

(2) 有关"什么"的问题:孩子平时穿什么衣服?吃什么食品?玩什么玩具?看什么电视节目?读什么课外书?家庭经济情况如何?孩子一个月有多少零花钱?

(3) 有关"何时"的问题:孩子什么时候穿新衣服?什么年龄玩什么玩具?什么时候上麦当劳,平均一个月去几次?家长在什么情况下给孩子零花钱?

(4) 有关"何地"的问题:孩子在哪里上学?在哪里娱乐?在哪里消费?

(5) 有关"如何"的问题:孩子是如何从事上述活动的?孩子的活动选择是如何作出来的?谁决定他们可以这么做而不能那么做?孩子自己有多大的自主权?

(6) 有关"为什么"的问题:孩子为什么这么做而不那么做?家长对此有何看法?孩子自己对此有何看法?家长为什么要孩子这么做?家长有什么具体和长远的打算?家长如何看待自己孩子的教育问题?

[资料来源:陈向明《教师如何作质的研究》,教育科学出版社2001年]

二、观察的实施

(一) 位置的选择

位置的选择包括两个因素:方位和距离。方位是指观察者如何面对被观察者;距离是指观察者和被观察者之间的远近。

距离的标准是:第一,保证被观察的现象能够清晰地落在观察者的视野内;第二,保证被观察者保持常态,不受干扰。

(二) 观察的记录

一般来说,研究者在非结构性观察中要尽可能详细地对观察对象作原原本本的记录。

非结构性观察的记录规格不像结构性观察那么统一、固定,因人而异,因研究的具体情境而定。一条原则是:清楚,有条理,便于今后查找。通常的做法是在记录的第一页的上方写上观察者的姓名、观察内容的标题、地点、时间、本笔记的标号、此套笔记的名称,然后在笔记的每一页上标上本笔记的标号和页码。

观察伊始,我们可以先给观察现场画一张地图,内容包括物质环境(如室内布置、设备设施等)和人文环境(如学生的位置、教师的活动范围等),还可以记录研究者本人来到现场的第一反应。

在一节"椅子上的体育课"中,研究者观察到,任课老师的活动环节的设计、语言、体态都可以体现出这位老师事先从理论到实践的精心考虑,而且也大多符合幼儿身心发展的特点,可是这节课就是上得不顺利,这是为什么呢?观察者的环境地图显示,所有的幼儿都按矩阵站列,而老师的活动范围以及幼儿的示范都在四个角上!老师的讲解及幼儿的示范无法让所有的幼儿清楚地看到,效果当然不理想了。

实地记录纸张的页面至少应该分成三部分:时间;研究者观

察到的事件;观察者个人的感受、解释或疑问,可以在事后对被观察者进行询问(见表4-1)。于是,也有人加上了第四部分:教师的解释。

表4-1 实地观察记录表

时间	观察到的事件	观察者的解释和疑问
9:10~9:15	老师向幼儿出示了一个将一张纸的两个短边对粘成两个角的帽子状的东西,和幼儿讨论了一下贴上装饰可以变成鲨鱼、小鸟等,装饰用的眼睛、翅膀可以用对折彩纸的方法剪出一样的图形,便让幼儿开始做小鸟、鲨鱼了。	老师为什么不让幼儿讨论"帽子"的做法呢?是她想让幼儿自己探索吗?还是这对幼儿来说很容易呢?
9:15~9:25	一个女孩花了5分钟发现了做法,做出了"帽子",她旁边的两个孩子请她帮忙。另一张桌子上的一个男孩用不同的方法做了相似的"帽子"。其他22个孩子不是在叠来叠去,找不到门道,就是做起了其他东西。	看来做这样一个看上去简单的"帽子"对幼儿来说是个很大的困难。老师在设计时是怎么考虑的呢?在课堂进行过程中老师有没有注意到这一点?她为什么没有改变原来的设计呢?

叙兹曼和斯特劳斯(1973)提出一种现场观察记录的格式,把记录分为四部分:第一,实地笔记,用来记录观察者看到和听到的事实性内容;第二,个人笔记,用来记录观察者个人在观察时的感受和想法;第三,方法笔记,用来记录观察者所使用的方法及其作用;第四,理论笔记,用来记录观察者对观察资料进行的初步理论分析(见表4-2)。

表 4-2 实地观察记录表

实地笔记	个人笔记	方法笔记	理论笔记
教师出示一只用挂历纸做的纸塑猫和一张挂历纸。问幼儿:"猫是用这一张纸做成的,那谁知道这张纸要分成几份才能做成这只猫呢?"	我对老师的这个问题有点摸不着头脑。"几份"是什么意思呢?是不是她们班的幼儿对此很熟悉的呢?	下课后要向该老师询问。	老师的指示语言应该清楚到位。
在沉默片刻后,有幼儿回答二份、三份、五份、六份,等等。	看来孩子也是迷惑的。是对"份"不理解呢?还是空间概念本来就不够呢?	我不能肯定是什么原因,需要与别的老师讨论。	大班的幼儿对空间概念的掌握是一个什么样的状况?

三、非结构性观察法的类型

(一) 实况详录法

实况详录法是指观察者在一段时间内(如一堂课、半天或一个星期)持续地、尽可能详细地记录观察对象所有的行为表现,包括观察对象自己的言行以及与他人的互动。观察者使用实况详录法的目的是无选择地记录全部细节,获得对这些行为详细的、客观的描述,而不加以主观的筛选、推断和评价。

实况详录法可以提供详尽丰富的有关儿童行为及其发生环境等的背景资料,并可以长久地保留。而且一次记录可以为多种目的的研究提供资料,十分经济。比如,一项对儿童在幼儿园内的自发音乐活动的研究,要探讨引发幼儿自发音乐活动的内、外因素。研究者采用实况详录法——连续一周观察某大班的全日活动,并作了详细记录。这种记录方法为此研究提供了详尽的幼儿自发音乐活动的次数、时间长短、发生时的具体环境、材料、人际互动、幼儿的精神、情绪状态等。当这项研究结束后，记录的材料还可以提供给师幼互动的研究者，提供给幼儿之间对话的研究者，等等。

由于对详细记录的要求较高，一般笔录较为困难，需要与现代观察技术相结合。如果记录时间较长，应由几个观察者轮流记录，需要花费较多的时间进行人力记录和处理资料。而且，短时间的实录资料并不能反映观察对象行为的代表性，只有大量的资料才能获得有关某些行为有代表性的样本。比如，我们在半天的时间里观察到一幼儿举手次数为一次，但我们不能得出该幼儿"不喜欢发言"的结论，因为有可能他那天身体不好，情绪不高，等等。

（二）日记描述法

日记描述法又称儿童传记法，即对同一个或同一组儿童长期跟踪、反复观察，以日记的形式描述性地记录儿童的行为表现。日记描述一般分为两种类型，一种是综合性日记，常记录婴幼儿各方面发展过程中具有里程碑意义的新出现的动作或行为现象；另一种是主题日记，主要记录儿童语言、认知、社会情绪等特定方面的新进展，如皮亚杰对自己孩子的认知发展日记描述。

日记描述法是对儿童研究的最古老的方法。它方便易行，能记录详细而长期的资料，便于反复利用，并可以与常模对照。日记描述法往往用于对个别对象的日常观察，所以只能说明少数儿童的特点与情况，缺乏代表性。运用日记描述法还需耗费大量的时间与精力，要求观察记录者长期进行，持之以恒。

下面是我国著名幼教专家陈鹤琴用日记法记录儿子陈一鸣心理发展的实例。

第69星期（第478天）

智慧的发展：今天他玩的一个木球滚到椅子下面，他就跪下去拿，不过椅子的档把他挡住了，他拿不着就喊起来，叫人来拿，但是没人去帮他,后来他爬到没有档的一面拿到了。这里可以证明他的智慧已经发展得很高了。从前他拿不着东西就喊叫,并不能想出第二个方法来对付它,现在一个方法不成就想出第二个来,第二个不成又想出第三个来,当儿童智慧已经发展到这样地步的时候,做父母的不应当事事为他代做,以免阻止他智慧的发展。

第97星期(第679天)

小肌肉动作的发展:① 他用右手把摇鼓的柄拔出来,又插进去,这个摇鼓洞的直径不过两分长。② 平常睡眠以前在床上玩彩色的方块(约1立方寸)共18块,刚巧可放在一个方匣子里,他从前最喜欢搭成宝塔,现在喜欢将方块放到匣子里面;倘若他不能放进去,就叫人帮助。今天他能够放进13块了,其余3块他叫人帮他放进去的,他放进去的方法差不多是有一定的次序,先放靠自己这边4块,后放对边4块,再放靠自己这边上面一层4块,又放对边上面一层4块。这里可以证明他能有一种"顺序"的概念,也可以说他小肌肉的动作发展得已经很强了。

(三) 轶事记录法

轶事记录法是教师常用的一种方法。它不限于观察与记录儿童显著的新行为或言语反映,还可以记录观察者认为有价值、有意义的任何可表现儿童个性或某方面发展的情景。因此,所观察记录的可以是典型行为或异常行为。

下面是一位一年级教师的轶事记录实例。

日期:1980年9月11日　儿童:班米拉

刚刚下课才一会儿,沙沙就尖叫起来。一条无毒的小蛇正在她桌上爬着。全班哗然,过了一阵总算安静下来了。班米拉用纸做了一个口袋,主动提出让他把蛇弄出去。我同意了。放学后我把班米拉留下,问是不是他在沙沙桌上放了蛇。他说:"难道你也不喜欢蛇吗？"我重复了一遍我的问题。他开始抽泣，嘴里不停地咕哝着关于喜欢不喜欢蛇的事，说是奇怪怎么会有人喜欢蛇，有人又不喜欢。等班米拉停止哭泣时，我告诉他，如果他想谈谈蛇的话，以后我可以找个时间专门和他讨论蛇。他点头说"好吧"，就离开了。

（解释：今天的行为对于班米拉来说，是一种异常行为。在我过去对他的印象中，他总是对同学们很友好，他与沙沙的关系尤其很不错。是不是可能由于他实际上是想与沙沙共享这一令人惊喜的发现而这么做的呢？尽管他的这种愿望是不可能实现的。我很奇怪他在哪儿弄到了这条蛇。全班为此热闹了好一阵子。）

[资料来源：王坚红《学前儿童发展与教育科学研究方法》，人民教育出版社1999年，第91～92页]

四、观察中的自我反思

在观察中，我们除了对看到和听到的事实进行描述外，还应该反思自己是如何看到和听到这些"事实"的，也就是"我看到和听到的这些事实是事实吗"？我们需要不停地询问自己："我的思维方式、我的观察角度、记录时使用的语言会对观察有什么影响？我在观察中是否违背了伦理道德问题？我自己对研究问题的假设、个人生活经历、宗教信仰、性别、社会地位、受教育程度等对观察可能会产生什么样的影响？"

（一）对推论的反省

观察是我们主动建构的过程，是我们头脑中的意识与感觉材料互相作用的结果。任何观察活动都离不开观察者的思考，都必须经过观察者推论的过滤。所以，我们特别要注意将自己的推论与观察到的事情分开，这就要求我们在观察时有意识地对自己的推论进行反省。要完全做到这一点是十分困难的，但确立这一意识可使我们的观察活动更加客观。

例如,一位研究者一天在观察晨间活动时记录道:"在跳找朋友的舞蹈时,一个小女孩表现得很奇怪,面部表情呆呆的。有两个男孩跳到她面前都被她拒绝了,直到老师过来与她耳语,鼓励了她一下,她才不情愿地与一个正好跳到她面前的女孩跳了一遍。这个小女孩的发展好像有点问题,特别是在与人交往方面。"对该研究者的推论反省一下,会发现并不一定是事实。小女孩不高兴与别人跳舞,有可能是她人际交往能力发展不好,但也有可能她那天身体不舒服,又说不出来;也有可能早晨与爸爸妈妈闹别扭了,还带着情绪呢;还有没有可能是她认为自己的舞跳得不好,而不好意思与别人跳呢;又或者她不喜欢与男孩跳舞?如果该研究者能有意识地对自己的推论反省的话,她会记下自己的疑问,过后与带班老师甚至与那个小女孩交流一下。

另外,在对观察现象作出自己的推论、评价和解释时,我们要注意自己是否因为某种偏见而影响了我们推论和评价的公正性和客观性。一般来说,我们可能会产生三种主观偏见:理论性偏见、角色性偏见和期待性偏见。

理论性偏见是指观察者因受某种理论观念的影响而对观察到的现象作出不符合客观事实的评判与解释的现象。比如,一位老师持有的观点是"老师的活动安排应该丰富,不能使幼儿出现等待现象",那么在观察到幼儿有等待现象时,她可能会对带班老师的活动安排作出消极评价,这有可能就是一种理论性偏见。但是,如果她不急于作出评价,而是在个人笔记部分记下自己的疑问,过后向带班老师询问,发现带班老师就是针对班上幼儿没有等待的耐心和无法自我调节等待的过程这一现象而故意安排的,这样,她就能消除自己的理论性偏见。

角色性偏见是指观察者因受社会对某类研究对象的"角色定位"的影响而对观察到的研究对象的行为作出不客观的评判与解

释的现象。比如,社会的性别角色定位让人们觉得"男孩子应该玩点打仗、踢球等游戏,女孩子一般喜欢过家家、小舞台"。那么,如果一位怀有这样的偏见的研究者在观察到一个小男孩总是积极参与到过家家中,他就很有可能作出有失偏颇的评价。

期待性偏见是指观察者因受对研究对象期望值较高(低)的影响,而在观察时对研究对象的行为作出与事实不符的评判与解释的现象。期待性偏见比较容易出现在研究者对被观察者有一定的了解的情况下。比如,同一个行为出现在两个幼儿身上,一个是班上最受老师宠爱的"小公主",另一个是时常让老师头疼的"淘气包",老师在观察时很可能会出现期待性偏见而作出不同的评价。

(二) 对叙述角度的反省

在事实性笔记中,观察者应该保持第三人称的角度,对"客观"事实进行如实的记载。如果我们对观察到的事实有疑惑,应该放到"个人笔记部分",而不应该放到"事实部分",否则会给读者一种错觉,好像这也是我们看到的"事实"。还是举上面的晨间活动对一个拒绝与别人跳舞的小女孩的观察记录的例子。事实上,"表现得很奇怪"、"鼓励了她一下"、"不情愿"、"正好跳到她面前的女孩"、"这个小女孩的发展好像有点问题,特别是在与人交往方面"。这些都是观察者的感觉或猜测。可是与事实放在一起,很容易使别人误解。修改一下,可以这样写(见表4-3)。

表4-3 反省性观察表

实地笔记	个人笔记	方法笔记	理论笔记
8:50 　孩子们开始跳找朋友的舞了。	他们都很开心。	这是我从小朋友们的脸上看出来的。	小朋友们好像很喜欢这种社交性的舞蹈。

续表

实地笔记	个人笔记	方法笔记	理论笔记
8:55 一个小女孩一个人跳着,动作有点跟不上节拍,眼神有点发呆,脸上没有笑容。刚才她已经拒绝了两个男孩的跳舞邀请。	这个小女孩在一群孩子中显得有点奇怪。她为什么不开心?为什么不愿意与那两个男孩子跳舞?是不是她不愿意与别人交往?	这是我的第一感觉,需要向老师询问原因。	
8:56 带班老师走到小女孩跟前,与她耳语一番。	也许老师是去鼓励她的。	我没有听到老师的话,只是根据老师脸上的表情和常理猜测的。需要证实。	老师的作用就在于时刻关注小朋友的情况,并及时给予帮助。
8:57 另一个小女孩跳到这个小女孩面前,她俩跳了起来,脸上有了笑容。一遍之后,音乐停了。	那个小女孩是正好跳到她面前,老师的作用使她接受了别人?还是那个小女孩原来就是她喜欢的呢?我认为两者都有作用。	小女孩脸上的笑容让我感到她这时是高兴的,我猜测有老师的作用,也有另外一个小女孩的原因。	小朋友在这种社交活动中的参与情绪受什么影响:前情绪?社交技能?社交对象?权威的鼓励?

另外,因为我们从事的是学前教育工作,在这一"我们自己的领域"里进行观察研究时,可能会出现这样一种视角混淆现象,即我们自认为是局内人,对所观察到的一些事实会有一些先入为主的知识和解释,因此有可能会不自觉地将自己这些知识和解释与看到的"事实"混杂在一起记录。比如,在麦当劳记录一次大班的活动。观察者记录道:"老师让幼儿在位置上报告记录结果,自己在小黑板上用图形做记录,这是因为场地的原因。"你看,"这是因为场地的原因"就是在利用自己的个人经验对现象进行解释了。

我们最好把这段记录分别列到实地笔记和个人笔记中。

五、观察资料的整理分析

(一) 对记录的整理

对记录的整理就是对记录进行修补。例如,改掉明显错误的地方,补充遗漏的资料等。初步整理的目的是使观察记录完整、清楚、准确。

观察资料整理分析的一般步骤:

第一步,是对资料的初步整理,以确保资料的准确性和完整性;第二步,对原始资料的再次整理,进行编码、分类;第三步,在整体把握观察事件的基础上,确定分析单位和进一步分析的分析工具与框架;第四步,借助于确立的概念和分析工具,对原始资料进行量化处理(行为的分布统计和差异检验)、定性分析和建构理论。

(二) 分类与编码

编码是用分析的概念或者数字、符号对记录的文字进行标注。编码要根据研究的课题来设计。常见的编码有:过程编码,指对事物过程和状态的编码,其编码名称主要是时期、阶段、步骤等。活动编码,即对经常发生的活动或者行为按照一定的种类进行的编码。策略编码,是对人们完成一定任务所用方法、策略的编码,比如对学生的学习策略可以用"浅层次策略"、"深层次策略"来标注。

分类是在编码的基础上,把同一类编码的资料归拢在一起,装在文件夹里,然后在每一个编码题目的下面,标出资料所在的页码、行数等,并把各处的资料编上序号。

第三节 结构性观察

结构性观察有一套明晰而严密的确定目标、对象和记录、计量系统。结构性观察在正式进入观察现场前的步骤或者说必须做的三件事是:确定观察项目、选定观察对象、规定记录方法。

一、确定观察项目

作为结构性观察,事先就要确定所要观察的行为,即目标行为或观察项目。观察项目不应是空泛的概念,而应把研究问题从概括到具体逐层考虑,直至转化为操作性定义,每一观察项目都应该是具体的、并且是外显的可以被观察得到的。我们来看美国学者弗兰得斯提出的课堂师生互动观察项目系统这一例子(见表4-4)。

表 4-4 课堂师生互动观察表

教师的语言	间接影响	1	接纳情感:以平和的方式接纳与清理学生的积极或消极的态度、语气,包括预料到并唤起学生的情感。	回应
		2	表扬或鼓励:表扬或鼓励学生的行动或行为,包括开玩笑以消解紧张,而这种玩笑不伤害第三者;点头同意,或者说"是吗"或"继续下去"。	
		3	接受或利用学生的想法:清理、发展或拓展学生的看法。但若教师所言更多的是自己的看法,则归入范畴5。	
		4	提问:基于教师的看法提出内容或程序方面的问题,以期学生回答。	
	直接影响	5	讲授:示明内容或程序方面的各种事实或观点;表示自己的看法,作出自己的解释,或引证权威(不是学生)的观点。	启动
		6	指令:给予指示、命令或要求,以期学生遵从。	
		7	批评学生或维护权威:明言正告,以使学生的不可接受的行为变为可接受的行为;责骂学生;阐明自己所采取的行为之理由;强调自身的绝对权威。	
学生的语言		8	反应性说话:为了回应的学生说话。由教师引发交往,或要求学生阐述,或营造情境。	
		9	主动性说话:由学生主动说话。学生表明自己的看法;引出一个新的话题;自由拓展自己的观点或思想方法,比如提出一些有创见的问题;超越现存的结构。	
沉默			沉默或混乱:暂时中止谈话,短时间的沉默,或短时间的混乱,使得观察者无法了解交谈的内容。	

[资料来源：吴康宁《课堂教学社会学研究中的现场观察》，《教育研究与实验》，1998年第1期]

我们可以看到，上表的观察项目有三个层次，比如从"表扬或鼓励"到"表扬或鼓励学生的行动或行为"，再具体到"包括开玩笑以消除紧张，而这种玩笑不伤害第三者；点头同意，或者说'是吗'或'继续下去'"这样的可操作性定义。

但有时即使事先确定了观察项目，由于项目边界的模糊性，不同的观察者甚至同一观察者在不同的时间也会有可能对同一观察项目作出不同的判定。例如，我们在研究幼儿攻击性行为时，有一项操作性定义是"故意推倒别人的积木"，但是在游戏过程中故意推倒别人的积木，与游戏结束时，出于快点收拾好积木可以得到老师的表扬的目的而推倒旁边小朋友的积木，则应有不同的判定。所以，我们要在事先对行为的范围及意义作出明确的界定。

在观察中，我们应根据不同的研究目的设定不同的观察项目。例如，对晨间体育活动的观察。如果我们想研究幼儿对上肢活动和下肢活动有无偏好，设定的观察项目要包括上肢活动和下肢活动分别的活动人次和活动时间；如果我们想研究选择晨间体育活动中幼儿自发形成的群体状况，则设定的观察项目主要是经常性的参与某种活动的孩子的名单以及他们的协调情况。

下面是南京师范大学吴康宁等根据两个不同的观察目标分别拟订的课堂观察项目清单(见表4-5、表4-6)。

表4-5　师生课堂个体言语交往行为观察项目清单

教师														学生					
提问			答复			要求			评价			其他	回答		提问		异议		其他
方法	结论	事实	开放	中间	封闭	建议	放任	指令	肯定	两可	否定		主动	被动	求案	寻由	有	无	

表 4-6　教师课堂口头言语互动行为(指向学生个体的)观察项目清单

提问类型			互动过程			个性化			反馈			情感性			节奏			言语风格			发展性		
判断性	描述性	论证性	15秒以下	15至30秒	30秒以上	接受	拒绝	中性	正反馈	负反馈	无反馈	肯定	否定	中性	快	慢	适中	专制	民主	放任	引导	控制	中性

二、选定观察对象

根据我们不同的观察目的,观察对象也不一样。从观察幼儿的角度来说,一般有两种情况。

第一种情况是把活动中出现的观察项目行为的幼儿都作为观察对象,也就是说,某幼儿是否成为观察对象,取决于他有没有出现观察项目中所列出的行为。

第二种情况是将具有某种特点属性的某些幼儿定为观察对象。比如,某一项研究是要研究"动手能力好的幼儿"与"动手能力差的幼儿"在区角游戏选择上的差异,那么就要依据"动手能力"把这两类幼儿确定下来。

三、规定记录方法

在结构性观察中,根据不同的观察目标,我们可以从不同的方面来记录观察项目所列的目标行为的表现。

(一) 时间取样法

时间取样法是以一定的时间间隔为取样标准来观察预先确定的行为是否出现以及出现次数的一种观察方法。它不必详尽地描述被观察者的行为表现,只需在预先确定的时间段内观察、记录确定的行为发生与否、发生的次数,以及持续的时间。

时间取样法最著名的早期研究者帕顿开展过一项观察研究,研究学前儿童在游戏中的社会参与状况。她根据儿童在游戏中的参与程度将游戏分为六种类型,并对每一类型赋予操作性定义(见表 4-7),并设计了观察记录表(见表 4-8)。

表 4-7 六种游戏操作性定义

游戏类型	操 作 性 定 义
无所事事	儿童没有做游戏,只是碰巧观望暂时引起他们兴趣的事情,如没有可注视的就玩弄自己的身体,或走来走去,爬上爬下,东张西望。
旁观	儿童基本上观看其他儿童的游戏,有时凑上来与正在做游戏的儿童说话,提问题,出主意,但自己并没有直接参加游戏。
单独	儿童独自一人游戏,只专注于自己的活动,根本不注意别人在干什么。
平行	儿童能在同一处玩,但各自玩各自的游戏,既不影响他人,也不受他人影响,互不干涉。
联合	儿童在一起玩同样的或类似的游戏,相互追随,但没有组织与分工,每人做自己想做的事情。
合作	儿童为某种目的组织在一起进行游戏,有领导、有组织、有分工,每个儿童承担一定的角色任务,并且相互帮助。

表 4-8 时间取样观察记录表

被试代号 \ 游戏类别	无所事事	旁观	单独	平行	联合	合作
1						
2						
3						
4						
⋮						

帕顿在规定的游戏时间内,依次观察每个儿童一分钟,并根据儿童社会参与程序、六种游戏类型的操作性定义,判断每个儿童这

一分钟的行为属于哪种类型,记入观察记录表。

[资料来源:王坚红《学前儿童发展与教育科学研究方法》,人民教育出版社1990年,第83~84页]

(二) 事件取样法

事件取样法注重观察某些特定行为或时间的完整过程。事件取样法不受时间间隔和时段规定的限制,在自然情景中目标事件一旦出现,便立即进行记录。事件取样法注重的是行为如何发生、如何变化、结果如何等问题。事件取样法适用于记录呈现频率较高的行为,如儿童的争执行为、同伴间的友好行为、对成人的依赖行为,等等。

事件取样法的典型例子是道(H.C.Dawe)20世纪30年代初进行的一项有关学前儿童争执行为的研究。该研究的观察行为是幼儿园儿童在自由活动时间内自发产生的争执事件,观察对象为40名2~5岁的儿童,其中男性19人、女性21人,观察过程是争执事件一发生便用秒表计时,并按事先拟定好的观察记录内容填写观察记录表(见表4-9)。

表4-9 幼儿争执事件记录表

儿童	年龄	性别	争执持续时间	发生背景	行为性质	做什么说什么	结果	影响

观察记录表的主要内容包括以下几点:
(1) 争执者的姓名、年龄、性别。
(2) 争执持续的时间。
(3) 争执发生的背景、起因。
(4) 争执什么(玩具、领导权等)。
(5) 争执者所扮演的角色(侵犯者、报复者、反抗者、被动接受者等)。
(6) 争执时的特殊言语或动作。
(7) 结局如何(被迫让步、自愿让步、和解、由其他儿童干预解决、由教师干预解决等)。
(8) 后果与影响(高兴、怨恨、不满等)。

[资料来源:陶保平《学前教育科研方法》,华东师范大学出版社 1999 年,第 100 页]

(三) 等级评估记录

等级评估记录是在观察的同时,对目标行为的表现程度作出等级评定。有些行为不一定能够以频次或时间长度为测度来说明研究的问题,而更适宜采用等级评估。等级评估把目标行为按其表现程度分为若干等级,对各等级都定出相应的标准。观察者就根据这些标准对目标行为作出主观评定。

例如,某幼儿园领导要了解青年教师的教学工作情况。她邀请了几位同行作为观察者,对每位青年教师的教学情况进行观察。多次观察之后,观察者用教学评定量表(见表 4-10)对每位青年教师的教学情况进行等级评定。

表 4-10　幼儿园教师教学情况评定表

姓名_____性别_____年龄_____任教班级_____

评定内容	评定等级				
	1	2	3	4	5
能较好地组织与控制儿童					
对儿童表示亲近					
注意儿童的需求与问题					
对儿童能够正面强化					
对工作表现出喜爱与热情					
认真备课					
安排班级活动具有灵活性					
允许儿童选择和控制玩具					
鼓励儿童积极探索					
严格遵守活动作息时间					

评定者_____日期_____

注：评定按 5 点等级量表进行。总能做到(5)分,常能做到(4)分,有时能做到(3)分,很少能做到(2)分,不能做到(1)分。

[资料来源:陶保平《学前教育科研方法》,华东师范大学出版社 1999 年,第 102 页]

在实际观察中,为了提高记录的速度,可以编制记录代码。所谓记录代码,就是用一些数字、字母、符号等表示一定的事件和行为单位。例如,数字代码:1 听讲;2 笔记;3 提问;4 回答;5 练习;6 讨论。符号代码:○表情丰富;◎有些表情;●无表情;△思维敏锐;◇主动思考;▢思维迟钝;☆做游戏;⚥跳绳;□跳远;✕错误行为。

我们还可以采用图形记录。对某些运动性的行为,或者人际互动行为,可以运用符号、线条、箭头等绘出行为图。这种图形直观、具体,可以在幼儿园里经常使用。比如,在观察幼儿对游戏的选择时,我们可以使用图4-1。

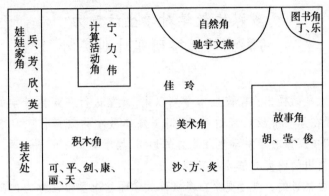

图4-1 幼儿园游戏图形记录

[资料来源:周兢、王坚红《幼儿教育观察方法》,南京大学出版社1990年,第5页]

思 考 题

1. 什么是教育观察法?你如何理解它在学前教育研究中的独特作用?
2. 非结构式观察与结构式观察有哪些种类?各有什么特点?
3. 自选研究问题,确定观察目标,尝试用观察法做一次研究。

附例 1

多媒体教学对学生注意力的影响的观察研究计划实例

课题的提出：我校自本学期以来，着重进行多媒体教学的实验，现在第一阶段已经过去，需对多媒体教学的效果作一科学总结。"多媒体教学对学生注意力的影响"属于其中一个子课题。本课题使用的研究方法为教育观察法。

观察目的：通过观察在多媒体教学课堂上学生注意力的集中水平来了解多媒体教学在保持学生注意力方面的效果。

观察内容：课堂上学生不集中注意力的行为。

观察对象：采取抽样方法，确定四年级6个班各16名学生为观察样本。

观察途径及方式：

1. 采用非参与性间接观察法，用隐性摄像方式对课堂教学进行摄像，然后再对录像进行观察。

2. 为使观察结果具有可比性，对同样的观察对象在常规教学（非多媒体教学）课堂上的不集中注意力的行为也进行摄像观察，以此进行对比研究。

观察次数及时间、地点：

1. 每班各两节课，一节为多媒体教学课，一节为常规教学课，学科均为语文。

2. 具体时间如下：(第七周)

四(1)班：周二 2~3 两节

四(2)班：周四 2~3 两节

四(3)班：周一 2~3 两节

四(4)班:周三 1~2 两节

四(5)班:周三 3~4 两节

四(6)班:周五 2~3 两节

3. 观察地点:多媒体教室

观察记录(见下表):

学生出现不集中注意力行为的观察记录表①

教学方式_____ 班级_____ 课题_____

	0~5	5~10	10~15	15~20	20~25	25~30	30~35	35~40	40~45
S_1									
S_2									
S_3			√						
S_4									
S_5						√			
S_6									
...									
S_n									

说明:(1) 教学方式指的是多媒体教学还是常规教学。

(2) 若出现不集中注意力的行为则在结果栏以"√"表示。

观察工具:1. 摄像机两台,录像机一台。

2. 记录卡片若干。

观察进程:1. 第五周:作大略调查和试探性观察。

2. 第六周:制定观察计划,培训观察人员。

3. 第七周、第八周:实施观察。

4. 第九周:观察材料的整理、统计与分析。

5. 第十周:撰写研究报告,材料归档。

注意事项:

1. 不集中注意力的行为指:与同学讲话、看其他书、做小动

---

① 参见李克东、谢幼如:《多媒体组合教学设计》,科学出版社 1992 年,第 95~98 页。

作、看别人或别处、擅自离座、打闹、睡觉等与学习无关的行为。

2. 观察时要做到认真仔细、客观真实,必要时应作重复观察。

3. 记录要详尽可靠。

[资料来源:王守衡《教育科学研究方法基础》,安徽大学出版社2002年,第130~131页]

附例 2

幼儿教师教养行为观察的比较研究实例

研究目的： 通过比较优秀幼儿教师与一般幼儿教师的教养行为，揭示优秀幼儿教师的先进经验，找出一般教师的不足，以促进幼儿教育工作。

研究方法： 观察法。具体做法为，以录像设备拍摄 3 位教师新秀的半日活动、3 位特级教师的某一活动（分别为美术、计算、音乐活动）和 10 位一般教师的半日活动。采用 30 秒间隔记录法记录每隔 30 秒的第 1 秒内"被观察者的行为"。

观察内容（所确定的观察项目）：

1. 教授行为：指教师讲授知识，给予信息，帮助、指导或鼓励儿童参与和完成某项活动的言语或非言语行为。

2. 参与行为：教师作为活动的一分子与儿童一起进行某项活动，并且在活动中与儿童有交往。

3. 看护与情感表达行为：指教师保持或影响儿童的情绪和身体健康的照顾行为。具体为：友好情感的表达、听儿童表达友好情感、给儿童以安慰与保护、听儿童对安慰与保护需求的表达、作伴、否定性情感的表达。

4. 管理行为：指教师对儿童行为和活动的约束与限制。具体为：提出规则、听儿童有关行为规范的话语、干预、给予指令、听儿童对指令的反响、同意请求、拒绝请求、听儿童的请求、解决纠纷、听儿童诉说纠纷、正反馈、负反馈、听儿童有关行为反馈的话语、请求安静与注意。

5. 注视行为：教师发出指令或要求儿童实践后，自己不参与这一活动而只是看着儿童完成有关操作、动作或行为。

6. 过渡行为：教师有目的地趋向于某物、某人或某项活动的行为。

7. 日常活动：活动计划与准备、布置整理环境、分发材料、儿童生活照顾。

8. 其他：教师的其他语言与行为、教师听儿童的其他语言与行为及个人活动。

观察结果表明，优秀教师与一般教师在所观察的上述从1到7的各个方面都有显著的差异，它所给予的启发是：在教师的教养行为方面要重视改进以下方面：

（1）如何传授知识。在传授知识时应启发、引导，让幼儿产生认知冲突，激发兴趣，让幼儿主动去思考、去获取知识。

（2）如何爱孩子。爱孩子不能停留在将跌倒的孩子扶起来等浅层次上。深层次的爱更重要。它表现在用正确的方法引导孩子主动地探索、获取知识，正确评价每个孩子的能力，因材施教，站在孩子的角度思考问题、解决问题，让孩子得到更多的收获，获得更大的发展。

（3）如何组织调控。教师在课堂里考虑的问题应主要是教学，而不是掌握课堂纪律。教师的规定要求太多，会使幼儿受到很大的约束和限制，影响教学效果。教师的胜任感和对儿童的信任，会增强相互的默契和配合。

（4）给予反馈。教师应在介入儿童的活动中观察、了解儿童的活动，随时发现问题，给儿童适时适量的帮助，并调整自己的教学活动。

［资料来源：黄娟娟、王正可等《幼儿教师教养行为的比较研究》，《上海教育科研》，1997年第9期］

第五章 调查研究

调查研究是教育研究中使用得最广泛的一种研究方法。与观察法不同,调查法是通过间接地收集资料来了解和分析现象和问题的一种方法。调查结果的可靠性取决于研究者对各种主观偏差的控制和被调查者提供的资料的真实性。在我们学前教育领域,调查研究的对象主要是幼儿的家长和老师。

第一节 概 述

调查研究是通过对事实的考察、现状的了解、材料的收集来认识教育问题或探讨教育现象之间联系的研究方法。调查研究通常按一定的程序,从全体研究对象中抽取一部分样本进行研究,并以访谈、问卷、测验等间接手段获取资料,然后概括全体对象的特征。

一、调查研究的特点

调查法收集资料的方法是向有关对象进行间接的了解,而不是直接研究动作行为本身。我们可以用观察法研究幼儿在特定条件下表现出来的动作或行为,但实际上有很多现象,比如幼儿的一般性的情绪状态、认知上的"强项弱项"、平时喜欢玩的和不喜欢玩的游戏,等等,研究者在很短的时间内是很难或无法直接观察到的,这就需要用间接的方法去考察。在婴幼儿阶段,家长和老师是接触孩子时间最长、机会最多的人,故而许多研究就需要通过向家长和老师的间接了解,来考察儿童的情况。而一些情感、观念、看法,如家长对幼儿的期待、家长的教育观、家长对老师教育方法的看法、老师的教育观等更是无法看出来的,需要通过问卷、访谈等方法进行了解。

另外,调查研究不受时间、空间的限制,研究涉及的范围广,运用比较灵活简便,收集资料速度较快。电视节目收视率和民意调查都是这一特点的很好的例证。

调查研究也有其自身的局限性。调查可以发现事物之间的联系,却难以确定因果关系。例如,我们可以通过调查发现 A、B 两现象之间关系密切,但我们难以断定谁是原因、谁是结果,因为这两个关系密切的现象之间可能具有多种关系:A 是 B 的原因;B 是 A 的原因;A、B 同是另一现象 C 的原因;A、B 之间并无必然联系,表现出关系密切只是一种偶然。此外,调查的成功往往取决于被调查者的合作态度,更多地受制于研究对象;调查者自己的主观倾向、态度如果得不到很好的控制,将会影响被调查者,使调查的客观性降低;再有,调查往往只能反映被调查者个体的情况,很难作出普遍性的结论,推论到总体中去要慎重。

二、调查研究的类型

(一)根据研究课题性质的不同,学前教育领域的调查研究一般可分为四种类型

1. 现状调查

现状调查旨在研究学前儿童发展中某些特征、方面的发展现状,或学前教育中某些现象、问题的基本现状。例如,"江苏省隔代抚养的幼儿攻击性行为特点的调查"、"母子分享阅读现状调查"、"南京市幼儿园教材使用现状调查"、"幼儿歌曲偏爱调查",等等。

通过现状调查,可把握研究对象的现实状态,有针对性地施加教育影响,也可发现实际问题,为今后改进教育教学工作,促进儿童发展提供依据。

2. 相关调查

相关调查旨在探讨两个变量相互联系的性质和程度,如"幼儿生活自理能力与行为习惯的相关研究"、"大班幼儿识字量与阅读理解能力的相关研究"、"惩罚与幼儿侵犯行为的关系调查"、"幼儿智力水平与记忆水平的相关研究"、"学前儿童对音乐活动的兴趣爱好、发展与其家庭环境的关系"等。

相关调查首先要获取两个变量的数据资料,然后计算其相关系数,再根据相关系数的值来判断两个变量之间存在的关系。

3. 发展变化调查

关于发展变化的调查研究,主要探讨儿童的某种特征如何随着年龄的增长而发展变化。这类研究可以帮助我们了解不同年龄阶段的儿童在某些方面的发展特点和规律。例如,"中国5~7岁幼儿数的守恒能力发展变化调查"、"幼儿同伴交往的能力怎样随着年龄的增长而发展变化"等。

进行发展变化研究,可以采用纵向追踪,也可以采用横向研究,各有利弊。如能将两者结合起来进行研究,既可节约时间,保证样本数量,又可以看到发展趋势,互相验证,可增强结论的说服力。

4. 原因调查

具有某种特征的儿童或教育现象形成的可能原因是什么,这是原因调查要解决的问题。如"儿童自虐原因探究"等。

严格地说,仅用调查法是不足以说明因果关系的。但在有些情况下,研究者很难或不可能通过实验研究去确定某现象的原因。这时,我们可以将与研究内容有关的可能因素罗列起来,然后核实、筛选;也可以调查两组不同的对象,对调查资料进行整理、比较,找出不同的原因。但是,要确证因果关系的话,最好要与其他方法配合、互证。

（二）根据调查目的，调查研究可分为以下四种

1. 描述性调查

这是用以了解事物全貌或发生过程，以描述教育现状为主，回答"是什么"的问题。

2. 探索性调查

这是以解释事物之间关系为目的的调查，以探索规律性的东西为主，回答"为什么"的问题。

3. 预测性调查

这是对事物发展趋势的推断与估计的调查，以预测事物发展的远景为主，回答"将会怎样"的问题。

4. 评价性调查

这是对事物的质量水平进行评定的调查，以评价、考核幼儿园教育质量及管理水平为主。

（三）按取样范围的不同，调查研究又可以分为以下三种

1. 全面调查　即普查，对某一范围内所有被试进行调查，总体有多大，样本也有多大。

2. 典型调查　从调查的范围内选择典型的例子进行调查。

3. 抽样调查　按抽样的程序从总体中抽取部分样本进行调查，并以样本的特征估计总体的特征。抽样调查比典型调查有较好的代表性，被广泛采用。

三、调查研究的设计

一般来说，调查研究的设计分纵向设计和横向设计两种。

（一）纵向设计

纵向设计涉及随着时间的推移收集资料的调查，常用于发展变化调查和趋势研究。一些纵向设计延续时间短，另一些延续时间长，有可能会持续几年。但在任何情况下，数据资料都是在一定时间内分两次或多次收集的。

根据抽样次数的不同，纵向设计可以分成两种情况。

一种情况是在不同时段、同一总体内多次随机抽样并调查，每一次抽取的样本，可能与上一次不一样，也有的个体可能不止一次被抽为样本，但这些样本都代表同一总体。例如，我们要调查某一幼儿园老师在该幼儿园进行的反思型教师培养活动中对某一教学活动的认识的变化过程，可以在一年时间里进行两次调查，第一次从该幼儿园所有老师100人（总体）中随机抽取30个个体作为样本进行调查；十个月后第二次调查时，再从100人中随机抽取30个个体作为第二次的样本。有些老师可能被抽到两次。通过两次调查的比较，我们可以看出整个幼儿园老师观念的变化。

另一种情况是对同一组被试在不同时段进行多次调查，即对总体只进行一次抽样，然后对该组样本进行多次调查。仍以上面这个例子，我们还可以从所有老师中随机抽取30名老师作为样本，然后在一年中对这一随机样本进行两次或两次以上的调查。由于是随机抽出的，这些样本的变化也能代表总体的变化。

（二）横向设计

横向设计是指对一个代表总体的随机样本，在一段时间内进行一次性收集资料。一般来说，横向设计不能测量个体的变化，因为它仅测一次。现状调查可以使用横向设计。但是在横向设计中，不同被调查小组间的差异却代表了一个范围较大的总体的变化。比如，要研究"儿童空间能力的发展"，如果条件限制的话，我们可以从小、中、大班三组各随机抽取100名儿童，对这300名儿童进行一次性调查，统计出每组的资料，画出发展曲线。

四、调查研究的过程

不管哪一种调查，基本上都要遵循以下步骤。

（一）确定调查对象

首先要确定调查总体，即调查对象的全体。其次，要确定调查样本,样本的情况要能全面客观地反映出总体的情况。

(二)拟定调查计划

我们需要在拟定调查计划时考虑三个方面的内容:

1. 确定所采用的调查方法,是用问卷法、访谈法,还是测量法。有的研究用单一的调查方法,有的则可能需要同时使用几种方法,以相互补充。

2. 确定调查项目。调查项目要围绕调查目的考虑。先确定调查项目几个大的方面,再分解为具体的小项目,最后的小项目要有可操作性。

3. 确定调查进程。

(三)进行试探性调查

试探性调查的目的是为了了解调查项目和调查程序设计得是否合理,以便作出修改。

(四)选择和编制调查工具

(五)实施调查

(六)整理调查材料

(七)撰写研究报告

第二节 问卷调查

一、问卷法及其特点

问卷法是将一系列事先设计好的问题组合起来,以书面形式征询被调查者的意见,通过对问题答案的回收、整理、分析,获取有关信息的研究方法。

(一)问卷调查的优点

1. 统一 调查内容统一印制在问卷上,可以避免由于调查人员口头表达能力和方式的差异而带来的调查结果的差异。另外,调查的时间也应大致统一,避免了由于时间拖得太长而带来的结果的变化。

2. 定量 问卷在设计时往往采用选择题的形式,给出了回答的可能范围。这种对回答的预先分类有利于从量的方面把握所研究的教育现象的特征。

3. 节省 问卷比观察法和访谈更为简便易行,节省人力、物力、经费和时间。

4. 匿名 问卷调查一般不需要调查对象在问卷上署名,这有利于调查对象无所顾忌地表达自己的真实情况和想法,这是观察法和访谈所不具备的优点,在非匿名状态下,研究对象往往会隐瞒自己的真实想法。

(二) 问卷调查的缺点

1. 问卷中大部分问题的答案由于预先被划定了有限的范围,在带来了"定量"的优点的同时,也不可避免地限制和简单化了调查对象的回答,从而可能会遗漏很多深层的复杂的信息。特别是对于一些较为复杂的问题,靠简单的填答难以获得研究所需要的丰富材料。

2. 发放问卷后由调查对象自由作答,就不可避免地会出现一些漏答、错答或回避回答的现象。

3. 问卷的篇幅不能太长,以免造成调查对象的厌烦而拒绝作答或敷衍了事。这样,调查项目就受到限制,不利于更详细地收集资料。

4. 由于问卷是一种书面调查,它的回答有赖于调查对象的书面理解力和文字表达能力,因此只适用于有一定文化水平的调查对象。而幼儿还不具备文字语言的能力,所以如果我们的研究问题是关于幼儿的表现或能力,我们往往通过对家长、老师等熟悉孩子的成人进行问卷调查,或者编制一份由图画组成的、孩子能够理解的问卷,但这需要与观察、谈话等其他方法相结合,相互补充,相互印证。

这些缺点表明,在以问卷调查收集材料的同时,还要根据研究的需要考虑是否需要其他方法的配合,以弥补问卷法的不足。

(三)一般来说,问卷调查涉及一系列的活动(见图5-1)

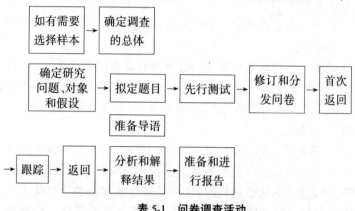

表5-1 问卷调查活动

进行问卷调查的大部分精力应集中在制定良好的题目,使答卷人完成问卷。一份好的问卷一方面能研究所需要的信息,另一方面还要使答卷人有兴趣,认真地答完所有的题目。

二、问卷的一般格式

一份问卷通常由前言、指导语、问题和结束语等几部分构成。

(一)前言

前言是问卷中的重要部分,它是向被调查者提供有关调查的信息,激励他们持信任和合作的态度。前言的文字应该直截了当,前言中的信息应包括:

1. 介绍调查主办单位和调查人员;
2. 调查的目的和潜在价值,以及特定被调查者被选中的原因;

3. 承诺对涉及个人内容的调查结果保密;
4. 说明被调查者回答的重要性,对他们的合作表示感谢。

例 5-2-1(1)
在东北师范大学刘岩 2001 年所做的有关学习困难儿童问题行为及其影响因素的研究中,他在给儿童父母的问卷的前言如下:

家长同志:

您好!为了进行一项科学研究,我们(东北师范大学教育科学学院)抽取了一部分学生作为研究对象,您的孩子成为其中之一。这项研究旨在了解整体状况,并非针对个人,其中所涉及的私人内容会为您的孩子绝对保密,仅供参考研究。希望您如实填写。谢谢您的合作!

分析:通过上面这个前言,幼儿家长可以了解调查的主办单位,可能会暗自认可这一调查的权威性。前言也对涉及个人的调查结果承诺保密。但如果能把所做研究的目的和家长参与对此研究的重要性告诉家长,可以更好地激发家长"共同研究"的参与感,从而提高回答率和回答质量。另外,如果在"抽取"前面加上"随机"二字,可以较好地消除家长在答卷时先入为主的"找我做调查,我的孩子肯定有学习困难"的主观印象,而更客观真实地答卷。

例 5-2-1(2)
在一个对幼儿园教材变更情况的研究中,一份给幼儿园园长的调查问卷的前言如下:

亲爱的园长:

您好!多年来,幼儿园的课程改革总是在推陈出新中不断向前发展着,为了更好地了解这一段改革历程,我们恳切希望您予以配合,帮助我们了解贵园自创办以来对各类教材的使用情况以及选择该教材的原因。请您尽可能详细地填写以下内容,谢谢您在百忙之中给予的配合!

分析:上面这个前言将调查的目的、回答的重要性以及感激之情都表达得很清楚了。但是,如果不是亲自把答卷送上门的话,光看这个前言,园长们是不可能知道"我们"是谁的,当然也就不可能配合了。

例 5-2-1(3)
同样是一份给儿童家长的问卷调查,前言如下:

亲爱的家长,您好!
我们是南京师范大学学前教育专业的研究生。为了对"幼儿同伴冲突"这一大家比较关注的问题作深入的研究,我们很想听取您的意见和想法。本问卷不具有任何测试或评估的性质,您尽可以真实地表达自己的观点,也不必填写您和孩子的姓名。希望请家庭中和孩子接触时间较多的家长填写。完成这份问卷所需时间不会超过 10 分钟。在研究结束之后,我们会把结果及时通报给你们。在此感谢您的帮助和支持!

分析:这是一份写得比较好的前言,获得了较高的回答率和回答质量。它注意到了以下几点:有关调查者的身份和调查的目的在开始就给予了简要说明;说明"不具有测试和评估性质"和"无须填写姓名"可以保证答卷的真实性和客观性;对完成问卷提供了一个估计的大致时间,可以使儿童家长有心理准备。一旦家长认为这个时间是可以承受的,他们就会在这一段时间内认真答题;承诺通报研究结果,是对家长参与的尊重和回报。

(二) 指导语

指导语是用来指导被调查者填写问卷的一组说明或注意事项。指导语要简明易懂,使人一看就明白如何填写。例如,请在所选的答案号码打上勾;请选择其中一个答案,把代表该答案的字母填在括号内。对于复杂的困难的内容可以附以样例说明,有时这部分与前言结合在一起。

例 5-2-2(1)

在一份让老师回答的问卷的开头有这样的指导语:

要求:请根据您的学生最近一年的情况,按 1、2、3、4 四级填到括弧内。

1 = 从不如此　2 = 偶尔如此　3 = 经常如此　4 = 几乎总是如此

例 5-2-2(2)

你的孩子是否上幼儿园?是　　否
如果您的答案为"是",请回答第 1 题。
如果您的答案为"否",请回答第 2 题。
1. 您的孩子进的幼儿园为何种类型?
2. 与您孩子常住在一起的成人为何种职业?

(三) 问题
1. 题目的格式
调查问卷的题目一般有两种类型:

(1) 选择回答型或封闭型，就是要求答卷人从两个或更多的选项中选择一个。比如，在一份幼儿入园适应 15 年来变化情况的调查问卷中，下面的问题就是封闭型的问题。

与现在相比，您刚工作时幼儿入园适应情况如何？（　　）
A. 和现在差不多。
B. 比现在好得多。
C. 比现在好一些。
D. 比现在差。
与现在相比，当时严重不适应的幼儿情况如何？
1. 数量　　　　　　　　　　　　　　　　　　（　　）
A. 多　　　　B. 少　　　　C. 差不多
2. 程度　　　　　　　　　　　　　　　　　　（　　）
A. 轻　　　　B. 重　　　　C. 差不多

选择回答型题目的好处是，调查对象的回答客观化，便于统计整理。但提供的选择项可能会限制答卷者回答的广度。由于许多选择型题目涉及到我们研究的问题或假设，所以我们要花更多的时间和精力来制定这些题目。

(2) 结果开放性或自由答题式题目，它要求答卷人自行填写答案。比如：

当时幼儿入园不适应情况表现在哪些方面？原因有哪些？
您认为 3 岁前孩子的自理能力包括哪些内容？

结果开放性题目更具有弹性，它能向我们提供更多的个人性质的信息。但是处理这些资料会花费我们的时间和精力，也可能会影响答卷人完成答卷的兴趣。因为这毕竟要他们花时间和精力组织答案。所以在某种程度上说,问卷中最好较多地使用选择型问题。

有时我们也采用半封闭性的题目。如一份向在各种课外小提琴班就读的幼儿家长的调查问卷中有这样一道题目:

为什么要让孩子学小提琴?(请勾出自己认为"是"的答案,数量不限,答案中没有包含的情况可自行添加。)
a) 希望孩子将来能从事专业音乐工作。
b) 希望孩子不要让空余的时间都玩掉。
c) 希望孩子可以有一种丰富多彩的生活。
d) 希望孩子将来升学、择业可以多一条出路。
e) 希望孩子能提高智力及非智力因素。
其他_____。

当然,题目类型可以从没有结构到完全结构化之间灵活地变化。比如这样一个题目:

你对幼儿园给小朋友设立成长档案怎么看?

这就是一个非结构性的、完全开放的题目。相对应的一个部分结构化的题目是:

你认为幼儿园给小朋友设立成长档案会给老师的工作带来什么影响?

而完全结构性的、封闭的问题可以是:

你认为目前小朋友的成长档案这种方式应该　　　(　　)

A. 继续下去,不要修改;
B. 继续下去,但要修改;
C. 不要继续。

(在这一例子中,成长档案这一术语是被答卷人所熟悉的。)

2. 问题制定的原则

制定题目是问卷调查的一项基本工作。

美国威廉·维尔斯曼提出了题目制定的12条准则:

(1) 除了少数几个要求提供背景或统计信息的题目外,其余的题目要与研究的问题、假设直接相关。

(2) 题目要清楚、不含糊,使用的术语要使答卷人能明白。避免使用模糊的、技术性的术语及行话。

(3) 在一个题目中只准包含一个问题。例如:"你怎样看待幼儿同伴之间的冲突? 同伴冲突对他们的成长有价值吗?"就违反了这一准则。

(4) 防止使用导向性问题。导向性问题是指隐含有你假设或期望的结果的问题,它们常常会暗示答卷人得出具有偏向性的回答。例如:"你认为隔代抚养会导致幼儿自私自利吗?"

(5) 避免那些会给答卷人带来社会或职业压力的问题,也就是让他们感到不满的问题。如问一个老师:"你认为现在的老师职业素质低下吗?"就是违背这一准则的例子。

(6) 避免问那些个人的或微妙的问题。

(7) 所提问题应是答卷人能够提供信息的问题。所有题目都要与答卷人的信息背景相适应。

(8) 要使答卷人读懂题目。在可能的情况下,要使用柔和的词语而不是生硬的词语。如调查老师时,应使用"纠正"或"纠正性行为"而不使用"惩罚"。题目短一些总比长一些要好,简单一些总比复杂一些要好。

(9) 宁可用两个或更多的短一些的题目,而不要用一个详细而复杂的题目。

(10) 当收集定量的信息时,要求答出明确的数量而不是平均数。例如可以问:"在前两个星期,你和你的孩子一起搭了几次积木?"而不能问:"在一个月以内,你和你的孩子一起搭积木的次数平均是多少?"

(11) 题目的选择答案应该是可以穷尽的,选项应具有排他性。对有些题目,为了避免强迫答卷人回答,有必要提供一种中立或中庸的选项,例如,"没有明确的态度"或"不确定"等。

(12) 尽可能使用否定性和双重否定性题目。例如,"下列教学策略你不使用哪一种?"

这些准则看似泛泛而谈,但事实上它们对于提高问卷的回答率和答卷的有效率是很有帮助的。

我们把维尔斯曼提出的原则归类如下:

在内容上:

题目的类型是否正确而合适;题目是否切合研究假设的需要;题目是否含混不清,引起歧义;题目是否涉及社会禁忌与爱好;要避免或减少社会称许性;题目是否产生暗示作用;题目是否超出受测者的知识和能力。

在言语上:

文字应浅显、易懂,不要超过受测者的领悟能力;用语应力求简单,不能太复杂;字句的意义力求清楚明白,不要含混或暧昧;一句话代表一个单一事物,不要用两个以上的观念或事件;要用标准的语言叙述或描述,把概念、范围界定清楚。

在情绪上:

避免主观及情绪化的字句;避免不受欢迎或涉及隐私的问题;避免难以回答的问题。

在理解上:

在能理解的范围内提出问题;问题不要引起误解或争论,即题目不能引起歧义;尽量使用肯定的叙述,避免使用双重否定的格式;不用或少用假设语句或猜测语句。

3. 题目的数量与安排

问卷中题目的数量没有统一的规定,但总的说来不能太多,以30分钟内答完为宜。题目排列的顺序应先易后难,先封闭后开放,敏感性问题放在后面,以防止开头就遇到难题或敏感性问题而产生畏难、厌恶情绪,以致影响后面问题的回答。问题要按一定的逻辑顺序排列。

三、提高回答率和回答质量

问卷调查法中一个令人头痛的问题就是可能会出现很高的不答率和很多的无效回答。调查研究的有效性有赖于回答率和回答的质量。因为回答者可能只是要调查的一类样本,所以,不回答就可导致数据和结论的偏差。

实际上,如果答卷人认为与他付出的时间和精力相比,他所得到的回报,比如被一个他心目中重视的人(权威)认为他是积极的;或是得到了调查者的感激和尊重;或是得知自己的回答对调查的重要性,他就会回答。当然,有时候也有人用金钱或是小礼物作为报酬,但由于资金问题,这常常是行不通的。

此外,一张富有吸引力的、看上去很专业化的问卷能提高回答率。问卷应以简单的事实性问题或易于引起答卷人兴趣的、容易回答的问题作为开头,使答卷人一开始就感到顺手,愿意继续做下去。复杂的或敏感的问题应放在靠近末尾的地方。总之,题目的排列顺序应是自然的、合乎逻辑的、谈话方式的。问题与该题的答案要相对集中,不能分列在两张纸上。

对于提高回答质量,我们在设计题目时要注意避免"社会认可效应"。在涉及具有社会道德评判意义的问题时,人们往往有拔高自己的倾向,也就是说,受调查者往往希望自己的回答是可接受的,能得到社会认可的,而不愿选择那些看起来是违反社会规范或容易遭到别人指责的答案。比如,在一个对幼儿教师职业观的问卷调查中,问:"你在班上,有电话来说你家孩子生病了,你会怎么办?"供选择的答案为:"A. 牺牲小我,坚持把班上好。B. 请别人代班,赶紧回家。"出于"社会认可效应",大多数人都选了 A,尽管事实上大多数人内心更倾向于 B。

为了避免这种效应,我们要注意在编题时,使题目看起来是中性的,不明显违反社会规范。

问卷题目编制好后,在正式实施之前,最好有一个预测的过程。通过预测,可以考察题目的分量、难度等是否合适,有无语意含糊、难以理解甚至产生误解之处,这样可以及时调整,以防止调查时出现问题,使答卷人因为对题意不能确切理解而不愿作答或作出误答。

比如,在一份调查幼儿园历年来教材使用情况的问卷中,调查者要求被调查者填写各种教材"使用其内容的程度"以及"使用该教材的原因"。在一位园长答卷的过程中,她就对"使用其内容的程度"提出疑问:"是老师使用该教材内容占她所有教学内容的比例呢,还是老师使用该教材内容占该教材所有内容的比例呢?还有,要写使用原因,不就是因为它好才用它的吗?如果调查者认为使用教材还有其他的影响因素,最好能列出来让我们选。然后再用一个开放性的题目,让我们补充。另外,如果调查人能把所有的教材都列出来让我们选,我们做起来就会方便得多了。"而事实上,这份问卷最后的效果也并不令调查者满意。如果当初能做一次预测的话,经过改进的问卷的效果可能会大大提高。

就在准备这部分内容的那天傍晚,笔者在公交车上听到了两个初中生谈论了其中一个人当天做的一次调查问卷,可以作为我们正在讨论的这个话题的例证。中学生 A 告诉 B,他们今天做了一个调查问卷,是关于每一科老师布置的作业量以及学生对作业量的看法等问题的。A 又告诉 B:"每个人都要写上名字的。"然后 A 又说:"我们班主任的课(的作业时间)我填得最少,25 分钟。还问我是否太多了,我写的是差不多。又问我多少分钟合适,我就写 25 分钟最合适。"B 不满地说:"要是我,就写一个多小时。不过,要写上自己的名字的话,就不能写那么多了。""是啊,我们班有人写了一个多小时,被班主任一下就撕掉了,还骂他说:'就你做作业时间最长,你怎么还考倒数第一啊!'要是时间长被上面看到了,他们(老师)还不被骂死!"

且不谈这个话题中涉及的各种是非判断,单从这个问卷调查研究看,它的回答率肯定是高的,班主任整整齐齐地发下去,再整整齐齐地收上来。但它回答的质量(特别是答案的真实性)肯定是要打一个大大的折扣了。在我们教育研究领域,答卷者一般都会诚实地完成调查,除非这是一个敏感的问题,而对此问题诚实的回答会给答卷者造成不利影响时,答卷人才会选择不诚实。所以,重申保密原则是非常重要的。若不是出于研究的需要,问卷最好是匿名的。问卷的发放和收集最好由调查人员亲自处理,而不是调查涉及的人员。在上面这个例子中,记名式的问卷本身就已经给学生带来不安全感了,因为真实的回答很有可能被认为是说老师的坏话。而这些被说坏话的人又是问卷的收集人,他们完全可以看到学生的回答。同时,他们也是公认的对学生拥有一定权力的人。据实回答会给学生带来不利后果是可想而知的。同样,如果向家长调查自己孩子的老师,或向老师调查他们的上级,都有可能出现这样的情况。

四、对幼儿使用的问卷

我们前面提到,问卷的回答有赖于调查对象的书面理解力和文字表达能力,因此只适用于有一定文化水平的调查对象。不过,在以幼儿为调查对象时,针对幼儿的特点设计出形象生动的问卷,也是可以对幼儿进行问卷调查的。但是,只能当面实施,并加以语言指导。

比如,要调查幼儿对各种玩具的喜爱程度,可以向每个幼儿单独出示一系列脸谱(见图5-2),请他们选择其中一个脸谱来表示自己对一种玩具的喜爱程度。

图5-2 幼儿用脸谱量表

首先,主试用7根长短不一的木条,让幼儿从长到短(或从短到长)排列起来,不会排列者应取消测试资格(该研究中有3名幼儿被取消资格)。这是正式调查前的预测,为了使所有的被试者均能掌握排序这一基本认知功能。

正式调查时逐一提问幼儿喜欢玩哪一种玩具(小船、布娃娃、汽车、积木等),并要求用脸谱中的脸来表示其喜欢程度。调查者向每个幼儿详细解释每个脸谱的意思:第一个脸笑得最厉害,表示最喜欢;最后一个是最不喜欢;中间的那个表示无所谓,玩不玩都可以,等等。然后提出几个问题,看幼儿是否理解。例如,"小明最喜欢玩手枪,他觉得手枪比什么玩具都好玩,他应该指哪张脸?""小红有一点点喜欢画画,该指哪张脸?""小刚一点也不喜欢布娃娃玩具,该指哪张脸呢?"如果幼儿还有些不明确,可再作解释,直至幼儿完全明了后,才让幼儿正式为几组玩具评定等级。

[资料来源:王坚红《学前儿童发展与教育科学研究方法》,人民教育出

版社1991年,第120页]

第三节　访谈调查法[①]

一、访谈及其优缺点

在"个人价值"日益受到重视的今天,访谈法作为质的研究的一种重要的方法也被人们越来越多地使用。陈向明把"访谈"定义为:研究者"寻访"被研究者并与其进行"交谈"的一种活动。

与其他研究方法相比,访谈具有独特的功能。

与观察相比,观察往往只能看到或听到被研究者的外显行为,很难探究到如此行为的原因,行为者做出行为时的内心活动,行为后对行为者的影响,等等。而访谈却能深入到受访者的内心,了解他们的所思所想,包括他们的价值观、情感感受及行为规范,能从受访者的角度对研究现象获得多种描述和解释。

与问卷调查相比,访谈具有更大的灵活性以及对意义进行解释的空间。

还有一个优点,访谈能使受访者感到更加有力,因为"自己的声音被听到了",而与访谈者的对话能使他们"在言说中思考",从而对自己的行为历程进行反省,影响对自身文化的解释和建构。

在使用观察、问卷的同时使用访谈方法,还可以起到共同检验研究结果的作用。在访谈中,我们可以对受访者在观察中的行为表现、在问卷中所作的选择进行比较深入细致的询问。如果受访者在访谈中的回答与观察中的行为不一致,我们可以通过追问了解这种不一致产生的原因,还可以再回到研究实地进一步观察。

[①]　本节主要参考了陈向明在《质的研究方法与社会科学研究》中的观点。

通过不断的相关检验,可以得出一个较一致的研究结果,这样,也可以保证研究的内在效度。

访谈法同样也有自己的局限性。表现为:样本较小,访谈耗费的时间和精力较多,代价较高。

二、访谈的类型

我们一般采用开放型和半开放型访谈两种形式。

所谓开放型访谈,也称非结构性访谈,指事先没有设计固定的访谈问题,访谈者鼓励受访者发表自己的看法,访谈可根据情况随机应变。这类访谈的目的是"了解受访者自己认为重要的问题、他们看待问题的角度以及对问题所作的解释"。下面是陈向明在她的《王小刚为什么不上学了——一位辍学生的个案调查》中的一段开放型访谈的陈述:

> 至于今后有什么打算?王小刚表情显得很沮丧:"现在没有太多的打算,走一步算一步。"我问他爸爸妈妈是什么态度,他说:"爸爸妈妈现在也没什么态度,想给我找点工作,就这么算了,不能上学,找个工作,结束一生算了。家里要我学点瓦工,学点技术,找个单位,就算了。现在出去什么也干不了,年龄太小。"但是,当我问他是否还想上学时,他的眼睛里闪出一种热切:"想。我喜欢上学。"他说他一直想上大学或中专。我问:"为什么想上大学?"
>
> 他:"因为我的父母都只上过小学。我想上大学。"
>
> 我:"上大学有啥好处?"
>
> 他:"上大学出来可以为国家多作一些贡献。"
>
> 我:"对你自己来说呢?"
>
> 他:"自己?我出来以后可以帮家里挣点面子,光彩一些。这里上大学的很多,可能有好几个。我知道的就有两个。上大学可以让父母高兴。父母把我们养大了,我们为他们争口气也是他们

很高兴的。"

小刚的母亲对孩子的期望没有他自己那么大。她认为："读书嘛,说没用也有点用,说有用也没太大的用。在农村嘛……反正眼前的能认识,不用问别人就行。"她希望孩子能多读点书。至于上大学？"中学都读不下去了,还说大学？"她自嘲地笑着说。

小刚对自己是否仍旧可以回来上学没有打算："我没有仔细打算(回来上学)。我怕老师不愿意。如果老师愿意的话,我愿意回来。"他之所以没有到学校来要求复学是因为："现在已经换了校长,他们不会叫我回来的。校长已经换了人,老师也调走了,现在的校长不知道我。我不上学已经一年多了,无法找到他们……我也从来没有和这儿的老师、校长谈过。"我问他,如果我去跟校长说要他回来念书,他是否愿意回来,他说："愿意。我愿意重新上……在家呆了一年多,只能重上初一,我也愿意回来。他们(指原来的同学)已经上初三了……我还回来,喜欢上学。"小刚的母亲也希望儿子能继续再读书,"他这么小,做不了什么,没有力,做不了重活……我和孩子他爹都希望他再上(学)"。像小刚一样,她热切地请求我们要校方接受小刚复学。至于家庭经济情况,小刚说他家里可以负担他学习,可以交得起学费。他母亲在谈话时也说："家里经济上支付得起,要不了多少钱。"第一次访谈结束时,小刚嘱托我："请向学校老师说我想上学,会回来的。"然后,他又悄悄地补充：向学校谈这件事时,没有必要提打他的那位老师的名字。(第二次访谈时,他高兴地告诉我,校长已通知他下半年来上初一。)

而半开放型访谈是受访谈者一定控制的访谈,访谈者根据自己的研究设计提出问题,但同时也鼓励受访者参与。

比如一份对家长进行的对幼儿园教育工作看法的访谈提纲如下：

1. 您对幼儿园教学质量的看法。
2. 您对幼儿园老师工作能力的看法
3. 您对幼儿园老师工作态度的看法。
4. 您对家庭与幼儿园配合状况的看法。
5. 您对幼儿园教学设施的看法。

这一提纲列出了主要的问题,这些问题都是开放性的问题。

一般来说,如果与受访者不是很熟悉的话,我们在研究初期往往使用开放型访谈,再慢慢转向半开放型访谈,并就前面开放型访谈中出现的重要问题进行追问。

三、前期准备工作

由于访谈是人与人之间的交往活动,是社会互动的一种形式。通常,被访谈者是不愿意向"陌生人"表明自己的想法的,访谈成功与否的关键在于访谈者诚恳的态度、言语表达艺术和交谈技巧。

访谈前的准备工作一般包括,设计访谈提纲和与受访者商量有关事宜,如访谈时间和地点的选择、访谈的次数和长度、是否采用录音、录像设备,等等。

(一)访谈提纲的设计

一般来说,访谈者在开始访谈之前要设计一个访谈提纲。提纲中列出访谈者认为应该了解的主要问题和应该覆盖的内容范围。但是值得我们注意的是,访谈问题与研究问题不一样。研究问题是我们从教育实践中或文献中提炼出来的,需要通过研究予以回答的问题;而访谈问题是在研究问题的基础上转换而成,是为了回答研究问题而设计的。访谈问题应该明白易懂,简要具体,具有可操作性。比如,上面举的家长对幼儿园教育工作的看法的访谈例子,它的研究问题就是"某幼儿园家长对该幼儿园教育工作的看法",但落实到访谈提纲,就被具体为"对教学质量、教师的工作能力、工作态度、家庭与幼儿园配合、学校设施"等的看法。

访谈提纲在访谈中,只起提示作用,以免遗漏重要的内容,但决不是"金科玉律"。访谈的过程应该因人、因具体情况而定,不必拘泥于提纲预设的语言和顺序提问。访谈的过程应该是自然的,受访者感觉不到过多的限制。如果受访者在访谈结束时还没有提到提纲中列出的重要问题,访谈者还可以再询问对方,访谈提纲应该处于随时修改的状态中,前一次访谈的结果是下一次访谈提纲的依据。

我们在设计访谈提纲的时候,并不知道什么访谈问题比较适合受访者的实际情况,往往只能进行猜测。因此,访谈提纲中列出的问题应该尽量保持开放,不至于出现过于封闭的问题而使访谈陷入僵局。

比如,一位研究者的研究问题是"幼儿教师现实工作、生活与职业进修的关系"。她列了一个访谈提纲,第一个问题是"作为一名幼儿园老师,又要工作又要照顾家又要提高自己,感觉如何"?这本来是一个开放的问题,但是,她认定幼儿园老师的工作生活与她们的职业进修一定是冲突的,互相拖后腿的。于是,她就设计了很多子问题,就何种矛盾以及老师是如何解决这些矛盾进行追问,比如,领导不支持吧?与其他老师怎么协调?孩子怎么办?家务活谁做?可是,她的第一个受访者在回答第一个问题时就爽快地回答:"我觉得自己处理得很好,三方面都受益。"该研究者一下子有种不知所措的感觉,因为她根本就没有预料到会是这样的回答。

(二) 与受访者协商有关事宜

访谈的时间和地点需要与受访者协商,并应尽量照顾到对方的方便。这么做,首先是出于对对方的尊重,另一方面对方在自己选择的时间和地点会感到较为轻松、安全,容易自如地吐露心声。

至于访谈的次数和时间长短问题,也需要与受访者进行磋商,以便他们安排自己的时间或协调其他活动,一般而言,每次访谈时间以一至两个小时为宜。而访谈的次数是否足够的判断标准是收集的资料是否达到饱和,如果后续访谈中得到的资料,只是对以前收集到的资料的重复,那说明访谈的次数已经够了。

录音机的使用也是有利有弊的,它可以使访谈者把注意力全部放在受访者身上,更好地捕捉重要的信息,但录音机也可能使受访者感到紧张,甚至选择隐瞒所谓的"不合适说出来的话"。所以,在这个问题上双方达成一致是很重要的。

四、访谈中的提问

提问、倾听、回应被认为是访谈中的三项主要工作。有时,回应的方式就是提问的方式,只是回应更强调与受访者已说内容之间的关联,而提问更多地指向以后的方向。而倾听对提问具有指导性的作用,因为如果我们听不到受访者的真实想法,就无法对对方的意图作出积极的顺应和进一步的探询。

(一)提问的类型

按问题的语句结构可以分为开放型和封闭型;按问题所指向的回答可以分为具体型和抽象型;按问题本身的语义清晰程度可以分为清晰型和含混型。

1. 开放型和封闭型问题

开放型问题没有固定的答案,通常是一些"什么"、"如何"以及"为什么"之类的问题,期待受访者作出自己的多种回答,如您对幼儿上兴趣班是怎么看的?您的孩子上什么兴趣班?您为什么送(或不送)他上这些班?

封闭型问题指那些对回答方式和内容均有严格限制、回答往往只有"是"或"否"两种选择的问题。比如,您认为送小孩上兴趣班合理吗?您认为您是个民主型的还是权威型的家长?

很显然,在访谈中封闭型问题应该尽量少用。访谈的目的是了解受访者看待问题的方式和想法,因此访谈问题要为受访者用自己的语言表达自己的想法留有余地。而封闭型问题首先在结构上就限制了回答者的选择,使其无法自由地表达自己的思想。比如,"您认为送小孩上兴趣班合理吗"这个问题,受访者只能回答"合理"或"不合理",但事实上他对这个问题可能有很多的矛盾、很复杂的想法(如"小孩子很苦,也没有玩的时间,但不上兴趣班,比不上别人,名校也不收"等等)。但是如果我们不继续追问对方没有说出的话,这种提问获得的信息就类似于问卷调查,失去了面对面访谈的优势。

另一方面,封闭型问题往往带有提问者的"偏见"或"倾向",有意无意地将自己对事物的概念定义和分类方式强加给对方,从而限制了受访者的思路;比如上面的"您认为,您是民主型的还是权威型的家长"这个问题,把家长的类型就分成了两类"民主型"和"权威型",受访者只能二选一。可是,这位受访者很可能不用"民主"和"权威"来区分家长的类型;也有可能他对"民主"和"权威"的理解与访谈者不同;或者即使他认同这样的区分,但他并不认为自己就必然地不是"民主"就是"权威",这要视场合、情境而定。但面对这样一个先入为主的问题,他也许会随便答一个,也许会受"大众观点"的影响,认为"民主"比"权威"好,便说一个"民主型",也许他会对这个问题不太满意,心里觉得别扭,可是只有配合访谈者。如果连续不断地被问到这类封闭型问题,受访者可能会感到自己很被动,因而失去主动谈话的兴趣。

虽然在访谈中应该尽量使用开放型的问题,但也必须考虑受访者的特点。例如,如果问一位幼儿"你对幼儿园有什么感觉?"他可能会茫然不知所答。如果改变一下提问方法,问:"你喜欢幼儿园吗?"这位幼儿可能会回答"喜欢"。然后如果再继续追问:"为什么喜欢?幼儿园里有什么你最喜欢的事吗?你最喜欢哪个小朋友?最喜欢玩什么?"这位幼儿会告诉你很多东西。所以,如果受访者对过于开放的访谈结构不习惯(多半为受教育程度较低及年龄较小的受访者),我们可以适当地问一些封闭型的问题。

2. 具体型与抽象型问题

顾名思义,具体型问题指那些询问具体事件,特别是细节的问题,如你女儿当时为什么哭?在什么地方哭的?当时都有谁在场?你是怎么说的?其他人都说了(做了)些什么?抽象型问题便于对一类现象进行概括和总结,或对一个事件进行较笼统的描述。如你们班孩子一般在什么情况下爱起哄?你一般喜欢用什么教学方法?具体型问题有利于受访者回到有关事件发生时的时空和心态。如果我们采用过于理性化的问题,受访者也会倾向于作出理性化的回答,而这样的回答通常不能真实地"表现说话人的个体行为方式。而且有的受访者习惯使用时下流行的话语,有意无意地用很多'大道理'表现和表达自己"。比如在谈到"培养孩子的创造力"时,几乎所有的教师都会认为很重要,但实际做得如何就不得而知了。所以在访谈时,与其问:"您认为什么是好的教学方法?"不如仔细询问对方在教学活动中的具体做法和考虑。如果只是与对方就教学的原则泛泛而谈,我们很可能只能得到一些理论上的"大道理",而无法深入到对方的日常行为和内心世界。

前面提到,访谈的问题与研究的问题不一样,研究的问题通常比较抽象,而访谈的问题比较具体,抽象的研究问题应该通过具体的访谈问题体现出来,应该是在访谈的过程中将抽象的问题具体化,然后在归纳的基础上再进行抽象。

3. 清晰型和含混型问题

从语义清晰的程度上来看,访谈的问题还可以分为清晰型问题和含混型问题。清晰型问题是指那些结构简单明了、意义单一、容易被受访者所理解的问题。含混型问题是指那些结构复杂、有着多重意义和提问者个人"偏见"的问题。比如,"您的孩子上几个兴趣班?"这就是一个清晰型问题。而"您的孩子上几个兴趣班?哪几个? 您为什么要让这么小的孩子去上那么多的班?"这就是一个含混型问题,不仅问到几个班,哪几个,为什么,还隐约包含了问话者的一种谴责——让这么小的孩子去上那么多的班。

通常,清晰型问题能获得清晰的回答,而含混型问题能获得含混的回答。比如问"怎么样?"一般得到的回答多半是"还行"或"不怎么样"。到底怎么样呢? 还需要访谈者用更加清晰具体的问题进一步提问。而且如果包含了问话者的倾向性,受访者一般就不愿意吐露真实的想法了。

总之,让受访者听懂问题是访谈得以进行的最基本前提。在访谈中,应尽量使用开放型、具体型和清晰型问题。

(二) 如何追问

在访谈中,我们应就受访者所说的概念、语词、观点、事件和行为进一步追问,这可以帮助我们进一步了解受访者的思想,进一步了解事情发生的根源以及发展的过程。

追问的一个基本原则是:使用受访者自己的语言来询问他们曾经表达过的看法和行为。

比如,我们在倾听一位老师谈论她的教学观点时,发现她提到了"对话性教学",希望能进一步了解,于是追问:"您刚才使用了'对话性教学'这个词,请问这是什么意思?"在该老师解释过后,也许我们还想了解她在平时教学中是如何进行"对话性教学"的,因此又继续追问:"请问您自己在教学中是怎么做的呢?"

再比如,一个研究者到图书市场作一个"家长选购幼儿图书的影响因素"的调查研究。她随机对一些家长进行了访谈,询问他们为什么购买这种而不是那种图书。家长们陈述的理由五花八门,有"听邻居(同事)说的","看到广告","觉得内容挺好","老师推荐的","小孩要的",等等。这位研究者又用受访者自己的语言追问了一遍,如"您看了广告就来买了吗?"结果,家长们再想想后的回答有70%都是"邻居(同事)家买了用得挺好,我们就来买了"。

一般来说,追问不要在访谈的开始阶段频繁地进行。访谈初期应该尽量给受访者一个自由表达的机会。如果是一些具体的细节问题可以即时追问;但如果希望追问的内容,涉及到重大的概念、观点或理论问题,我们应该将这些问题先记下来,等访谈进行到后期时再进行追问。这样访谈的进展便自然顺畅。

访谈中最忌讳的追问方式是:不管对方在说什么或想说什么,我们只是按照事先设计的访谈提纲,把问题挨个抛出去。这样的追问不仅妨碍访谈自然地进行,而且会忽略受访者的思路,把自己的设计甚至偏见强加给对方。

(三) 如何倾听

听的态度,从认知层面上看,有三种:

1. 主观判断式的听,即访谈者把受访者的回答内容,按照自己的观念、价值观、思维习惯等去理解,迅速作出自己的判断。比如上面提到的访谈过程中老师提到"对话性教学",如果访谈者是主观判断式的听,她可能马上就把"对话性教学"理解为自己所熟悉的后现代课程观里的"对话"的含义了,并对这位老师作出积极的评价。但事实上,如果该研究者追问一下,有可能发现这位老师所理解的"对话性教学"只是指上课时多用一问一答的教学形式。主观判断式的听很容易将研究者个人的观点强加给被研究者,得出不符合"客观实际"的研究结果。

2. 客观接受式的听,即访谈者尽量把自己的观念暂时存放起来("悬置"),客观地接受被访者的话,尤其重视被访者自己使用的一些独特的概念("本土概念"),尽可能理解其真实的意义。

比如,一位北京大学的研究生在谈到报考北京大学的原因时说,他认为北京大学代表的是一种"知识品牌"。访谈者感到"知识品牌"是对方的一个"本土概念",立即就这个概念向对方进行追问。通过详细的了解,访谈者得知,对方将知识比喻为"商品"。正如商品的牌子越响价钱就越高一样,知识也有牌子:"当你是名牌大学毕业生时,说明你的出身比较好;知识品牌在知识社会里是最有力量的东西,他可以转化成钱,也可以转化成权力。"

客观接受式的听是开放型访谈中最基本的倾听方式,是访谈者理解受访者需要掌握的基本功。

3. 意义建构式的听,即访谈者在倾听的同时,积极地与对方对话,与对方共同建构事物、概念等的意义。意义建构式的听对访谈者的个人素质有较高的要求,访谈者必须具有较强的自我反省能力,能够与对方产生思想共鸣,通过互动共同对"现实"进行重构。

(四) 如何回应

在访谈中,访谈者不仅要提问题,认真地倾听,而且还要适当地作出自己的回应,将自己的态度、意向和想法及时传递给对方。

回应的方式主要有:

1. 呼应。访谈者对受访者所说的话表示已听见了,希望对方继续说下去。包括语言上的呼应,如"哦"、"嗯"、"对"、"呀"、"是吗"、"很好",等等,以及非言语的呼应,如点头、微笑、鼓励的目光、疑惑的表情,等等。这些回应方式可以使受访者感到自己是被接受、被重视的,因此愿意继续交谈下去。但如果访谈者一声不吭,只是埋头记笔记的话,受访者可能会感到很不自在,不知对方是否理解自己,因此产生不安全感,不愿再继续谈下去。有研究表明,当访谈者作出上述的呼应时,受访者的回答比访谈者一声不吭时要长三倍。

2. 重复、重组和总结。重复是把受访者的话重复一遍,表示确认没有听错。重组是把受访者的话按照自己理解的话重新组织一下,以便检查自己的理解是否正确。总结是把受访者的话进行归纳概括,一方面突出中心和主要的思想,另一方面,检验是否理解正确。

3. 自诉。指访谈者在受访者的话能够引起自己的共鸣时,适当地诉说自己的相关情况和自己的感受、体验。比如,"我也是教师,我也有过这种经历","我们家女儿有时也会出现这种情况,让我很头疼",等等。这样做可以使受访者了解访谈者曾经有过与自己一样的经历,因此相信对方能够理解自己,还可以起到"去权威"的作用,使受访者感到对方与自己一样是个普普通通的人,从而使双方的关系变得更为轻松和平等。而且,访谈者适当的自诉还可以使访谈的结构趋于合作式和互动式,使双方有足够的心理空间进行自我探索。

五、访谈中的记录

访谈记录根据访谈的类型可以分为两种。对于结构型访谈,由于事先设计有封闭型问题和准确的记录方式,因此,只需根据受访者的回答,在问卷的相应位置做相应的标记即可。这种记录也主要是用来进行定量处理的。

对于半结构型和无结构型访谈,则要求访谈者做较多的记录。这种记录可以采用两种形式。一是用笔记录,一是用录音机或者采访机记录声音。如果使用录音机,需要事先做充分的准备,包括电池有电否;录音机是否工作顺利;磁带有多少,音量调到多大合适等。另外,录音时,录音机的位置要摆得适当,尽量离受访者近一些,使录音清楚;录音机应放在稍侧面的位置,不要放在正面,使人时时都能够看见和感觉到,产生心理上的压力。

如果采用笔记,访谈者需要注意:第一,提高记录的速度,可以使用缩语,使用速记,使用各种符号;第二,事后要进行整理,把记录不完整的内容补充完整,把没有记录下来的补上,还可以记一些心得感想;第三,处理好笔记与听的关系,不要一味埋头记录而忽视了适当的回应。最好能够盲记,即眼睛不看笔记本的记录,这只要进行适当的训练就能够做到。

思 考 题

1. 调查法的优点与局限性是什么?
2. 问卷调查与访谈各有什么优缺点?结合你自己的某一项研究谈谈体会。
3. 在使用问卷法进行调查时,在操作上需要注意些什么?
4. 在使用访谈法进行调查时,在操作上需要注意些什么?
5. 自己选择一个研究问题,尝试着将观察法与调查法结合起来进行研究。

附例1

问卷调查设计案例

关于家庭教育情况调查(选项内容范围)

(一) 一般情况

1. 家长职业：工作性质、职务。
2. 家长文化程度：大专以上；中专、高中、技校；初中；小学；不识字；毕业后自学科目及所达到的程度。
3. 家庭结构。
4. 家庭关系：和睦、协调；多少有些矛盾；彼此不关心；关系紧张。
5. 家庭收入(家庭人均月收入)：60元以下，60～100元，100～140元，140～180元，180元以上。

(二) 少年儿童的家庭学习环境条件

6. 学习条件：
(1) 单独居室、专用桌椅、采光照明、通风、温度，是否有噪音干扰。
(2) 文具用品、字典、课外读物、期刊画报、少年儿童报刊的购置。

7. 文化生活用品：
(1) 家庭订购的报刊及藏书。
(2) 家庭的文娱活动(观赏书画和工艺品、看电视听广播、听音乐或唱歌、体育活动、游艺、集邮、棋类)。
(3) 家庭成员关心和议论的话题(家务事、邻里传闻、市场供应、工作单位里发生的事情、文艺作品评析、时事新闻、工作业务、社会重大事件等)。

（三）家长对孩子的期望和关心情况

8. 对孩子的期望：受到哪一级的教育，将成为什么样的人。
9. 对孩子学习成绩的关心：
(1) 关心考试成绩。
(2) 指导作业，考前复习。
(3) 购买学习参考资料。
(4) 主动与教师联系，了解孩子学习情况。
10. 关心孩子智力发展：
(1) 订购书籍杂志，安排一定时间和孩子一起读书。
(2) 节假日时带孩子参观游览，如公园、游乐园、动植物园、博物馆、科技馆、天文馆、美术馆、影剧院、郊游、野餐。
(3) 指导孩子观看电视节目。
(4) 鼓励孩子积极参加课外兴趣小组，发展兴趣特长。
(5) 激发孩子的好奇心，引导孩子善于动脑动手，如小制作、小设计、小发明。

（四）家庭教育的方式

A. 民主型
1. 给孩子一定的自主权和活动机会；
2. 让孩子表达自己的意见和要求；
3. 平等关系，尊重、信任孩子，当错怪孩子时，能向孩子道歉；
4. 凡孩子力所能及的事，让孩子自己做；
5. 对孩子的错误严肃批评，说理引导，又持宽容态度；
6. 满足孩子的合理要求。

B. 溺爱型
1. 娇惯放纵孩子；
2. 用物质奖励方式作为实现所提要求的惟一方法；
3. 家长在孩子心目中没有威信；
4. 一切为孩子代劳，使孩子养成依赖性；

5. 为孩子的缺点和过失辩护(护短);
6. 迁就孩子的任何要求,以孩子为中心,一切为了孩子。

C. 权威型

1. 家长说了算,不给孩子任何自主权利和活动机会;
2. 不尊重孩子的自尊心,常当着孩子的面说孩子的缺点;
3. 滥用惩罚,经常斥责孩子;
4. 过于苛求,让孩子承受过重的不合理负担;
5. 对孩子的无意过失不能宽容;
6. 无视孩子的合理要求。

D. 放任型

1. "孩子不懂事难免做错事,长大自然会好";
2. "孩子的事由孩子自己决定,不必过问";
3. 很少关心孩子的学习和生活;
4. 不把孩子的委托和要求放在心上;
5. 不知道孩子的优点和缺点;
6. 孩子做什么事都不干预和限制。

[资料来源:裴娣娜《教育研究方法导论》,安徽教育出版社1995年,第178~180页]

附例 2

访谈法实例

王小刚为什么不上学了
——一位辍学生的个案调查

北京大学　　陈向明

"中国贫困省基础教育重读、辍学研究"是世界银行在中国资助的扶贫项目中一个技术援助子项目。此课题涉及中国六个省,作为课题的国家级协调机构,北京大学"重读、辍学课题组"负责课题的总体设计、研究工具的选择和制定以及课题总结报告的撰写。1995年6月,我们课题组和西北某省教育科学研究所的研究人员到该省河阳县进行了一个预调查。以下是定性研究部分的一个个案报告。

在此首要要说明的是:我们这儿所指的定性研究方法和目前中国社会科学界普遍使用的"定性研究"有所不同,后者主要依赖于个人的直觉和哲学的思辨,根据个人的主观经验提出一些看法,然后用演绎的方法对自己的思考进行验证。而前者指的是:在自然环境下,使用实地体验、开放型访谈、参与型和非参与型观察、文献分析、个案调查等方法对社会现象进行深入细致和长期的研究。这种研究通常以归纳法为主要分析手段,在当时当地收集第一手资料,从当事人的视角理解他们行为的意义和他们对事物的看法,然后在这一基础上建立假设和理论,并通过各种渠道对研究结果进行相关验证。

为了保护被研究者,此报告使用的所有人名和地名都是虚构的。文中的"我"是北京大学的一位中年女研究人员,此次调查的定性研究部分由她主持。报告使用第一人称是为了再现研究现场,让读者了解在什么样的情境下研究者收集到了现有的材料,从而对研究结论的可靠性作出自己的判断。第一人称的叙事角度还使研究者有机会介绍自己对研究方法的反省,使读者更充分地了解研究的过程。

一、问题的提出

世界银行提出的课题研究对象是中国贫困省中小学生重读、辍学问题,希望通过这个研究找到缓解和解决问题的有关对策。我们此次调查中定性研究部分只放在辍学方面。对"辍学"这一概念的定义,教育界有不同的理解。国家教育发展研究中心编著的《义务教育效益研究》将"所有未完成学制规定年限的教育而中断学习、离开学校的现象统称为'辍学'"。然后,他们又将这一大概念的"辍学"中的非因病的休学、退学、办理转学手续后未连续上学、其他未办理任何手续而中断上学等几项统称为"流失"[1]我们此次调查没有对"辍学"做如此包涵型的定义。我们使用的基本上是上述的大概念。

二、研究背景

中国是一个人口大国,其学龄儿童的教育一直是各界人士密切关注的问题。虽然国家教委发布的小学辍学率是2.19%,中学辍学率是5.78%,但是小学毕业生升初中的比例只有66.91%[2]。此外,以上数字涵盖了全国所有的地区,而辍学现象在农村,特别是贫困地区,尤为严重。教育界人士一般认为,辍学不仅造成了教育资源的浪费,影响了基础教育的发展和国家总体人口素质的提高,而且给辍学生本人带来身心的伤害。

对辍学现象的研究,目前在中国教育界尚不多见。我们见到的国家教育发展研究中心所做的研究主要使用的是定量的方法,对全国部分省和地区的辍学生数量、辍学的原因以及可以采取的对策进行了统计分析③。虽然其中有的调查使用了座谈的形式，其报告名为"案例分析"和"典型调查"，这些报告仍旧使用的是定量研究的框架，从研究者的角度对辍学问题进行了因素分析和预测。定量的方法对于我们在宏观层面上了解辍学现象很有帮助，可是不能在微观层面上进行深入细致的描述和分析。此外，由于定量研究不重视研究者以及研究者和被研究者之间的关系对研究的影响，我们从这类报告中看不到研究者的身影以及他们对自己行为的反省，因此也就无从判断研究的可靠性。

艾一平等人虽然使用了问卷和实地调查相结合的方式，他们的研究报告中也听不到辍学生的声音④。该调查仍旧着重于从研究者的角度探讨辍学的现状、原因及对策，而没有再现辍学生的心理状态和意义建构方式。除此以外，我们见到的辍学现象的研究多停留在思考和呼吁的层次，没有对辍学的具体情境和过程进行探讨⑤。因此，我们认为对辍学现象进行更为深入细致的解释性个案调查是十分必要的。

三、研究方法

（一）抽样

我们采用的是目的性抽样，即根据研究的目的选择有可能为研究的问题提供最大信息量的样本。选择河阳县是该省教科所决定的；原因是该县是一个贫困县，人均年收入低于省平均数。辍学现象相对其他县应该多一些。此外，该县离省城较近，便于我们在时间紧迫的情况下按时返回。结果，我们到了河阳县才从县教育局了解到这里辍学的学生并不多。虽然该县经济比较落后，但是有悠久的文化传统，人们普遍比较重视教育。而且，具有讽刺意义的是，正是因为经济落后，乡镇企业不发达，没有像其他经济发达地区那样为童工提供打工的机会。此外，我们到达该县时适逢"双基"验收（即基本普及九年义务教育和基本扫除文盲）刚过，曾经离开学校的学生也基本返校，我们在县教育局的帮助下四处寻访，最后在四所学校(小学、中学各半)找到了六位辍学生,并同时采访了他们的家长、班主任、校长和同学。

此个案的主角王小刚是通过他以前的同学找到的。他就学时的梨树沟中学校长金柱山在我们到达河阳县的第二天从教育局得知我们将到该校了解辍学的情况,便召集老师和学生打听辍学生的去向。经过多方询问,他了解到从去年起该校共有三名同学辍学。其中一名外出打工了,另一名走亲戚去了,只有一个叫王小刚的仍旧在村里,便派了一名学生到他家,要他和他的家长次日下午到学校来见我们。尽管我们向县教育局多次表示希望到王小刚家里去见他们,县里坚持要他们到学校里来见我们,说是"这样更方便一些"(对谁更方便一些?——我们没好意思问)。

(二)收集材料

收集材料的方法采用的是开放式访谈、非正式交谈和现场观察。访谈的时间每次大约一个半小时,地点是由学校指定的,在学校二层楼一位男老师的宿舍里。每次访谈时,我都在征求了被访者的同意后用录音机录了音,并同时记下了被访者的表情和形体动作以及自己对方法的反省。回到招待所以后,我便立即对录音进行逐字逐句的整理,因方言听不懂的地方请省教科所的人员帮忙。如果谈话是非正式的,不能录音,我便过后在车上、走路时,或回到自己的房间以后凭记忆尽可能多地将谈话的内容记下来。我和王小刚本人访谈了两次,和他的母亲、梨树沟中学现任校长金柱山、王小刚在学时的班主任刘东来和校长官于宏各访谈了一次。我还走访了王小刚的同学马力的家,向他本人及父母了解了一些有关的情况。

1995年6月20日上午我们北京大学四名研究人员,加上该省教科所三位科研人员、河阳县教育局副局长和工作人员一行九人开着两辆车来到了梨树沟中学。金校长和其他几位教师已经在会议室里摆上了茶点欢迎我们。我们首先向金校长介绍了此行的目的,然后了解了学校的基本情况。10点左右,王小刚和他的母亲来了(他的父亲外出为别人盖房子去了)。王小刚个子不高,瘦瘦的身躯上挂着一套肥大的西装,脚上蹬着一双厚厚的旅游鞋(我当时的第一想法是:这孩子穿着他爸的西装来了。后来问他,他说是他自己的,故意做得大一点,可以穿得久一些)。他的面部表情看起来比他同龄的孩子要更成熟:长圆的双眼透着精明和一丝忧怨。当金校长告诉他"北京来的专家们想和你谈谈,了解你的一些情况"时,他立刻回答:"可以,没问题。"可是,他带一点漠然的眼神和紧咬着的嘴角告诉我:这是一个精明、倔强,而且有主见的孩子。

我和他的谈话有省教科所研究人员李风陪同,为的是帮助我理解小刚的方言(虽然小刚说他用的是"普通话",他说的有些话我还是听不懂)。访谈刚刚开始,县教育局副局长就推门进来,坐在我们旁边,似乎打算旁听下去。我看见小刚明显地变得紧张起来:他拘束地扭动着身子,面部肌肉紧绷绷的。我想叫局长出去,可又碍着面子,不好意思马上说。犹豫了一会,我看小刚还是不放松,便对局长说:"对不起,能不能请您出去一下。人太多了不太方便。"对谁不太方便?我也没有说。此后,不时地还有人进来看我们在干什么。在整个访谈过程中,除了有人打搅以外,小刚显得比较冷静,说话很有条理。他使用的语言也比较正规。对此我感到很吃惊:我以为辍学的孩子不会有如此清晰的思路和表达能力——显然,我的想法是不对的。

当天下午,我们又访问了他的母亲。她中等身材,看上去四十多岁的年纪,一身崭新的衣服和梳得光亮的头发告诉我:她为了到学校来见京城里来的人而着意穿戴了一番。在整个谈话过程中,她笑容满面,语速很快,有时不容易听懂,我不得不常常进一步追问。她似乎对我们来了解她儿子的事感到很荣幸,不停地说着"谢谢你们关心"之类的话。

和小刚的母亲交谈过以后,我们又采访了梨树沟中学的金校长。他是一位40岁左右的中年男子,看上去很疲惫,黝黑的脸上爬着深深的皱纹,眼里布满了血丝。由于他是在王小刚辍学以后才调到此校,对王小刚的情况一概不知。他主要谈了一下学校目前面临的各种困难以及这些困难有可能对学生辍学产生的影响。

在这之后,为了检验从王小刚、他母亲以及金校长处了解到的情况,我们提出采访王小刚在学时的班主任刘东来和校长官于宏。由于刘老师和官校长都已于去年夏天分别调到别的学校去了,县里花了两天时间才找到他们。县里说不论是去他们学校还是去他们家里交通都不方便,于是便安排他们到梨树沟中学来和我们见面。6月22日上午,我们首先面见了刘老师。他年龄28岁,尚未成婚,敦实的个头,看起来精力旺盛,细眯着的双眼总是带着笑容。他很健谈,在整个访谈过程中滔滔不绝,不需要我太多的提问。他是1993年8月调入梨树沟中学的,1994年7月就调走了。因此,他只了解他班上去年辍学的三个同学的情况(从这里我了解到仅他一个班上去年就有三人辍学)。他所介绍的王小刚辍学的原因和王小刚自己说的很不一样。这使我感到困惑。

和原校长官于宏的谈话也是在6月22日进行的。官校长年龄45岁,已有十年当校长的经历。他说话不紧不慢,显得很沉着。虽然他去年8月才调到外校去,却对王小刚的情况不太了解:"我对辍学的学生都不太了解,学生主要和班主任联系。"官校长主要谈了谈中国农村教育中日益恶化的困境及其对孩子辍学的影响。对金校长、官校长和刘老师,我除了了解他们对辍学情况的介绍和看法以外,还询问了他们自己的孩子或兄弟姊妹的学习情况以及他们对这些人的期待和看法,目的是了解他们个人在具体生活中是如何行动的,以避免他们用一些口号似的语言来回答我的问题。

由于从别人那儿了解到有关王小刚辍学的原因和他自己说的有些出入,我请求再次访问王小刚。6月23日上午,我们又到了梨树沟中学。由于学校一时找不到王小刚,我不得不在学校里等他。县里的负责同志强烈要求我中午跟车回县里吃饭,我花了很大的努力才说服他们让我留下来。在等待时,我和学校的几位老师和管理人员进行了热烈的交谈,从他们那儿我了解到很多关于河阳县学校的情况,特别是教师的现状和想法,进一步验证了金校长、官校长和刘老师谈到的很多问题,以及这些问题和学生辍学之间的关系。中午,我和校长以及三位教师一起吃午饭。饭菜很简单:一盘青椒炒茄子,外加汤面。我很高兴他们没有因为我而特意加菜(我在决定留下来时便将这作为一个"条件")。虽然这里的饭菜和县里的相比是天壤之别,我却吃得比在县里更香:因为我有机会独自和学校的人员交谈。此行所到之处总是有各级"领导"陪同,浩浩荡荡。我不知道在这种情况下能收集到的材料有多少"真实可靠"。

午饭过后,小刚还是没来。下午3点左右小刚来了,一身泥土,额上淌着汗水,才知他和母亲一直在田里等待灌水,现在仍旧没有轮到他家。他是被同学从田里叫来的。这次他穿着破旧的汗衫和长裤,已经没有了穿西装时的矜持和拘束,看起来比上次小了很多。我们在第一次谈话的房间里又谈了一个多小时。我进一步询问了他辍学的原因和一些细节。除了某些细节有出入以外,他说的和上次基本相符。

由于他提供的辍学原因和其他人的解释仍旧不一样,我想从更多的途径来进行验证,同时也想亲眼看看村里的具体情况,便提出来去小刚家以及他的同学们家去看看。金校长坚决不同意,说:"村子里不安全,你会迷路的。"我费了很多口舌,终于说服了金校长。在金校长忐忑不安的目光陪同下,我和小刚上路了。刚进村不久,迎面便看到县里来接我的小车。我赶紧跑过去,请司机等我一会。然后问小刚能否带我去附近他任何一个同学家。小刚家在村子西头,太远,已经不可能去了。我们到达小刚同学马力家时,他正和父母躺在炕上看电视。见我们来了,马上爬起来穿衣服。马力看上很腼腆,看到我脸都红了。我作了自我介绍,然后问了他一些问题。他的父母在旁边不时地插话,可惜大部分我都听不懂。马力的回答从侧面验证了王小刚所说的一些情况。他父母的意见也反映了部分家长的态度。我发现这种家访能够提供更为自然、真实的情况。

(三)成文

此报告在不同程度上使用了定性研究常用的五种成文形式:(1)现实的故事尽可能真实地再现当事人看问题的观点,从被访者的角度将王小刚辍学的情况进行描述和分析,尽可能使用他们的语言来描述研究结果;(2)坦诚的故事,介绍我使用的方法和在研究过程中所做的反省和思考,再现访谈情况和对话片段;(3)印象的故事,详细描写事件发生时的情境和当事人的反应及表情动态;(4)批判的故事,从社会文化的大环境对王小刚的情况进行更深入的探讨;(5)规范的故事,尽管我没有试图用研究结果去验证某一外在理论,但我的研究设计和提问方式反映了我头脑中先入为主的某种观念。这一点我在下面的讨论部分将进一步说明。

(四)推广度及其他

定性研究使用的是目的性抽样,其研究结果不能像定量研究那样当然地推广到从中抽样的人群。但是,定性研究的目的不是将研究结果推广到有关人群,而是使有类似经历的人通过认同而达到推广。虽然对王小刚的调查只是一个个案,其真实性只局限于他一人,可是对他辍学情况的深入剖析可以使很多处于类似情形的人得到一种认同,他们在读到这个报告的时候可以从中得到一些启迪和共鸣。

有关此研究的效度检验、伦理道德问题和假设的建立,请见此文最后的讨论部分。

四、研究结果

（一）背景介绍

王小刚是一个15岁的男孩,家住河阳县梨树沟。河阳县地形地貌以山丘为主,梨树沟位于两座大山之间,共有住户三百多家。虽然自1978年改革开放以来,村民的生活有所好转,和河阳县其他地方相比仍属中下等。村子里简陋的土房子簇拥在一起,形成一个东西走向的狭长地带。中间有一条泥土路穿过,路边可见散乱堆积着的泥土和垃圾。当我们的汽车从路上驶过时,路边蹲着的老头老太太们都抬起头来看着我们,眼睛里透着好奇和惊讶。他们的衣服看上去都很陈旧,泛着多次水洗后留下的白色痕迹。

梨树沟中学位于村子的尽东头。校舍是一栋两层的白色楼房,去年由世界银行贷款加上村民捐款修建而成,代替了以前破旧的危房。新校舍采光很好,屋子里光明透亮,但构造比较粗糙,墙壁粉刷得不平整,窗户上没有纱窗。我们采访时虽然天气比较热也不能开窗,怕蚊子进来,我们从窗户里看到有的学生一排排坐在课桌旁看书,有的在老师的带领下高声朗读英文,纪律好像很不错。楼房的北面是一个泥土铺成的大操场,西北角有一小栋破旧平房是教师用餐的地方。厕所位于校舍的东边,仍是中国农村常用的茅坑:在地上挖一个坑,上面搭一块木板,坑里蛆虫涌动,臭气扑鼻。梨树沟中学共有教师8人,其中3人是民办教师。两名女教师。老师的平均年龄是30岁,梨树沟中学共有三个年级,总共三个班,121名学生,其中女生50人。学生全部住在村里,中午回家吃饭,晚上回家睡觉,学校不必负责他们的住宿。

王小刚家里有五口人,爸爸是瓦工,除了为本村盖房修屋以外,还经常外出干活,没有时间和精力照顾孩子的生活和学习。妈妈在家务农,并操持家务。父母都只读到小学毕业。家里文化水平最高的是姐姐,念到了初中三年级。她曾打算继续念高中,可是没考上,复读了一年后还是没考上,便放弃了继续学习的念头,现已出嫁到外村。小刚的妹妹在梨树沟小学念二年级,成绩不错。王小刚本人于 1993 年 9 月入梨树沟中学就读初中一年级,当时他年仅 13 岁。他的班主任刘东来是一位年轻的男老师,教语文和政治课。小刚的功课不太好,尤其是语文和政治成绩比较差。

(二) 辍学的过程和原因

进入初中半年以后,1994 年初冬的一个清晨,小刚和刘老师发生了直接的冲突,促使小刚作出退学的决定。下面是小刚在我和他第一次访谈时对这一事件的陈述。

我:"当时因为什么事情不上学了?"

他:"因为我们的老师……我的成绩有点不太好,老师打得厉害……就不上了。"

我:"发生了什么事情?"

他:"有一天早晨早自习的时候,冷得厉害。我冷得不行,就跑到火炉旁烤火。老师看见了,说你怎么不好好背书,就打我。他后来出去了,我还不背,又去烤火。他进来打我。把我叫到办公室又打了。"

我:"怎么打的?"

他:"打耳光,打了好几个耳光。"

我:"打哪里?"

他:"脸上打。"

我:"你知道他为什么打你吗?"

他:"就是因为烤火……因为我不背,跑去烤火。"

我:"当时是怎么想的?"

他:"很生气……当时很气愤……打了我以后很丧气,好几天都很丧气。过了两三天以后我就不去学校了。"

小刚说在这次挨打以前,他已经被刘老师打过几次,打耳光和屁股,"老师经常在班上说我,经常打"。此后,他在刘老师上课时便逃课,逃过五六次。每次都是偷偷地溜出去,躲在学校大操场的另一边,坐上45分钟,过了这节课再进去。有时候,同学来找他,但从来没找着过。"我四处乱转。"他很害怕刘老师,因为他语文和政治功课不好,背不出来,还会挨打。"(宁愿)拿着课本在外头背,也不想去上课,害怕他打我。"这次因为"打得比较狠",他在几天以后又有刘老师课的时候便决定不去了,"我决定不去了。再去的话,老师还会打我,他打了我,以后还会打我的"。

这里王小刚提出了两个不同的问题:1. 他是否真的受到刘老师的体罚;2. 体罚是否是他辍学的主要原因。为了回答第二个问题,我们必须先找到第一个问题的答案。在访谈王小刚在学时的班主任刘东来时,他谈到了小刚辍学的原因是因为成绩不好,只字未提体罚小刚之事。末了,我只好采取迂回的办法问他,学校是否有老师打学生的事情发生。他看上去神情有点不安,"个别也有。比如学生干了破坏性事情,如用弹子打灯泡,其他学生又包庇犯事的学生,老师调查了很久都查不到,只好用体罚"。我问他:"怎么打的?"他回答说:"用手打。""打哪儿?""脖子或者屁股,就这么打。"他用力地把手往下一抹,眯眯眼笑了。我问他:"你班上有这种情况吗?"他说:"也有类似的灯泡事件,但我只是教育一下。"我进一步追问:"你有过打学生的事情吗?"他看起来有点不好意思:"我刚毕业教书时也打过,教不会,心情急。后来就没有打过了。"他在访谈开始时告诉我他已从事教学九年——很显然,从他的陈述来看,他去年没有打过王小刚。

梨树沟中学原校长官于宏说学校里没有体罚的现象存在,"变相体罚还是有的,比如讽刺、挖苦学生。打是没有了。初中一般是不打了。""为什么初中不打了?"我问,"因为学生大了。"他说他在梨树沟中学工作五年来,没有体罚现象,也没有学生反映这个问题。

有关体罚的问题,小刚的母亲所提供情况与刘老师和官校长说的不一样。当我问她是否听小刚说过老师打他一事,她说有,

"他和老师关系不好,老师有时候打他,背不会时老师打他"。但是,"老师不打怎么学得会呢?"她笑着说:"娃娃不好好学,也不能尽怨老师。"她听说学校里老师打人的现象比较多,主要是年轻老师性子急,对差生恨铁不成钢,不喜欢他们。

当我第一次问王小刚的同学马力是否见过学校老师打人时,他说听说过,但没有亲眼见过。在我进一步声明我是从北京来的研究人员,不会把他说的话告诉学校以后,他说看见过一次:"(有一个同学)背不出书,(被刘老师)打耳光。"我问他怕不怕刘老师,他说不怕,因为左老师("教洋文的老师")更可怕,背不出书就打,同学们都很怕他。他的父母在旁边插话:"老师打学生是为了学生好,学生不好好学习,家长管不了,不打怎么办?……这不是真打!"从马力家出来的路上,我问小刚:"开始时马力说没有看见老师打人是为什么?"他说不知道。我说学校的老师都说没有体罚,他仰起头望着我说:"可能他们不知道,也可能他们不想告诉你。"小刚似乎对自己的看法坚信不移,说起话来理直气壮,很难相信他是在撒谎。

从有限的调查材料中,我很难知道王小刚是否真正被刘老师体罚过。刘老师和官校长的回答是否定的,而王小刚、他的母亲和同学的回答却是肯定的。由于这一问题无法得到答复,对第二个问题(即体罚是不是王小刚辍学的主要原因)就更难回答了。王小刚本人在两次访谈中都直言不讳,坚持老师打人是他退学的主要原因。然而,由于刘老师和官校长对第一个问题持否定态度,我无法问他们第二个问题。王小刚的母亲虽然说老师打人是她儿子不上学的一个原因,但是她不认为老师打人是一件坏事。尽管马力说看到了刘老师打人,马力的父母认为老师打人是为学生好,我却没有问他们刘老师打人是不是导致小刚退学的原因(事实上,我也没法这么问)。我当时的想法是:如果我能找到刘老师是否打过学生的旁证,就能知道王小刚辍学的原因。现在看来,这是不够的。

即使刘老师体罚王小刚是事实,也不能因此而推论出体罚就是真正导致王小刚辍学的原因。

王小刚说导致他辍学的原因除了老师打他以外,还因为他自己学习成绩不好,对学习没有信心:"我想自己是一个差生,学不进去了,也就不学了……念不来了,学不进去。我不想学……退学是因为我的学习成绩不太好,没信心。"我们采访的其他人都认为这是王小刚辍学的主要原因。他的母亲认为儿子逃学"主要是学习跟不上,他就不想学了"。班主任刘老师和小刚母亲所说的基本一致:"是因为有厌学情绪,对学习没兴趣,成绩退步。"官校长朦朦胧胧地记得:"他期末考试没来,成绩不好。我和班主任都去过他家。他学习没有一点兴趣,学不进去,老师讲的课他听不懂,学习跟不上,便不来了。"

导致王小刚学习不好的原因有很多。刘老师认为主要是一个学习态度的问题。他说小刚经常逃学,甚至晚上不回家,和村里没职业的人玩在一起,连他家里也不知道。后来在第二次访谈时,我问小刚有没有这种情况,他矢口否认:"没有!我晚上放学就回家,没有和村里人玩。也没有和他们打过牌。"有一天,刘老师看到小刚没来上学,便到小刚家去问情况,结果小刚不在,他妈妈说他上学去了。"他欺骗学校和家里",刘老师愤愤地说:"家里揍了他一顿,第二天来了。"到了第二个学期,初二升级考试的时候,小刚又不来了。他又去过他家一次,见不到人。小刚的母亲也认为儿子成绩不好和他自己有关,"他不好好学,顽皮得很,好玩"。

除了孩子调皮不好好学以外,小刚的母亲还认为师资也是影响孩子成绩的一个原因,"老师讲的课娃娃有时听不懂……老师只在上课时管娃娃,其他时间就不管了"。小刚自己也认为学习不好和老师有关系:"老师业余时间不管学习。上班时间才管,业余时间不管。"有关师资的问题,我在和刘校长、官校长以及其他老师交谈时,了解到农村教师目前也面临着很多问题:由于师资不够,教师不得不身兼数职;上级领导为解决一些人事纠纷,频繁调动教师,有的一年就调动两三次;教师工资低,上级还长期拖欠教师的工资;学校作息时间长,"冬天两头不见天";教书"囚磨"(意指"没意思"),没人愿意当教师。因此,教师教书的热情和质量都在下降,影响了学生的学习。

此外,得不到家庭的帮助也是小刚学习成绩落后的一个因素。小刚说:"爸爸妈妈帮不上,他们只读过小学……姐姐在地里忙,没有时间,很忙。我不找她。她结了婚,有孩子。"刘老师认为小刚家里对他的学习也不太重视,家里没有好的学习环境;父亲冬天在家里打麻将、赌博,母亲又管不住他。小刚的母亲谈到这一点时显得无可奈何,"我和孩子他爹都帮不上,他不听我们的话,他读的书我们也看不懂"。

小刚的母亲认为儿子逃学还受到村里其他孩子的影响,"村子里有的娃娃不上了,对他有影响,有不上的就劝他说你别上了,别学了,他就不上了……有的孩子不上了,到这儿玩,到那儿玩去了,也影响他"。这和小刚自己的解释不一样,小刚认为自己辍学没有受其他人的影响:"我没有受他(指比他前几天退学的学生)的影响,就是因为老师打走的……那个小孩不走,我也会走。"

(三) 辍学后的去向

决定"不去了"的那天,小刚在家里和姐夫修了一天的车。姐夫是一早到的,一直修到天黑了才回去。根据小刚的解释,姐夫可能以为那天是星期天,也没有问他为什么没有去上学。小刚的父母去姥姥家了,几天以后才回来。在修车的时候,他曾经想过是不是去上学,"有那种感觉……犹豫……后来还是决意不去了……想也没用……去了老师还会打我的"。就这样,连着几天都没去上学。自己一人在家不想做饭,吃点方便面。白天就在外面玩,下河捞鱼,和村子里其他孩子玩。爸爸妈妈回来以后问他为什么不去上学,他说:"我不去了,不想读了……我说念不来了,读不下去了。"

他们希望我上,我说不能读了。后来爸爸妈妈也挺同情的,觉得我也读不下去了。"他母亲在访谈时也谈到了当时的情形:去年3月,他突然说不想学了,她和小刚的爸爸都很着急,天天念叨着要他去上学,可他就是不听,"他今天去了,明天又不去了。我气得不行。我和孩子他爹劝他去,他不听……今儿也骂呀,明儿也打呀,他也不听。后来不上就算了……后来看来是不成了就算了,他这个灰皮(意指调皮鬼)"。老师曾经到过她家两次,要小刚回去上学,小刚都不在。后来"老师也见不着了"。她和小刚的爸爸从来没有到学校了解孩子的情况。"后来想让他后半年再上,学校早就没他的名字了。"

王小刚辍学以后便在家里帮助父母干活。"地里干活很累",他告诉我。除了下地干活以外,他也干一些家务劳动。在第一次访谈时,他说他没有外出打工。可是他的班主任刘东来告诉我,他曾经在外村看见王小刚在叫卖冰棍,"他见到我有点害羞,我说上学时总见不到,他不说话。我问他一天能挣多少钱?他说十几二十元,说完就走了。教他时见到我就躲,辍了学就不躲了……只是上去不好意思"。我们课题组另一成员在采访另一辍学生时也了解到小刚曾经卖过冰棍。为了验证这一情况,我第二次访谈时特意问他有没有做过买卖。他迟疑了一下说去年卖过几天冰棍,后来因为不赚钱不卖了。我不明白他为什么第一次访谈时不提这件事,这次谈起来也有点支支吾吾。也许是认为这么做不体面?或者怕我们专为调查童工问题而来?为了进一步证实刘老师说的话,我又问小刚离开学校后是否见过刘老师,他很坚决地说"没有"。"一年多都没碰到过?""没有。""卖冰棍也没有见过?""没有见过。"他的口气一次比一次显得更肯定。这又一次使我感到困惑:到底谁说的是真实的呢?

(四)辍学后的心情

王小刚不再念书以后心情不好,他说他觉得很"怄气"、"不好受"、"惭愧":"我的心情不太好(他看起来很伤心的样子)。当初不应该走。我觉得怄气,心里面实在不好受。今天我不知道他们(指金校长等人)叫我来干什么。我看见了同学,没有进教室。我一看到他们就惭愧,很惭愧……我想见到他们,又不想见到他们。经常也见到他们,路过这儿也见到他们。想见到他们,看见他们心里又不好受。"

"不好受"的原因之一是同学们现在都在念书,而他自己却不知道将来干什么:"退学不好,同班的同学有的就考上学校了,我的机会就失去了……见了他们,他们问我你打算去哪儿?我现在就没什么打算……有时候星期天和他们玩,也觉得不舒服。他们都上学……我也不问学校的情况,只是玩,去河里,下河去捞鱼……我呆在家里不满意。因为我呆在家里一年多了,他们明年就要考高中了。我觉得有点惭愧。"除了感觉"不好受"和"惭愧"以外,小刚还觉得被人瞧不起,很"憋气":"村里有人说这么小小的年纪就不上学了,这真是太坏了。我觉得被别人看不起,自己憋气。"

对王小刚辍学作出反应的不仅仅是"村里人",还有他的父母、同学、老师和学校领导。王小刚认为他父母觉得他学习不好应该怪自己:"我决意不来(上学),没有告诉爸爸妈妈(老师打我的事)。讲了也没有用,因为家长不会因为老师打你而怎么样。总觉得你是学习不好。爸爸知道了是老师打我也不行,会认为我学习不行,不会责备老师……我和他们谈,他们怪我学习不好。"王小刚认为学校对他退学的原因也不会理解:"学校不知道(老师打人的事)……我不会告诉他们……学校不会理解我……校长不知道。上课的时候老师经常责备我们,校长也不知道……如果现在他们来问我,我也不会告诉他们。没有必要。已经不上(学)一年多了,告诉也没有用。"小刚也没有告诉其他同学或老师这件事,因为"我想别人会说,你背不出来,别怨老师打你!你不好好学习,怨谁啊?"

(五)今后的打算

至于今后有什么打算？王小刚表情显得很沮丧："现在没有太多的打算，走一步算一步。"我问他爸爸妈妈是什么态度，他说："爸爸妈妈现在也没什么态度，想给我找点工作，就这么算了，不能上学，找个工作，结束一生算了。家里要我学点瓦工，学点技术，找个单位，就算了。现在出去什么也干不了，年龄太小。"但是当我问他是否还想上学时，他的眼睛里闪出一种热切："想。我喜欢上学。"他说他一直想上大学或中专。我问："为什么想上大学？"

他："因为我的父母都只上过小学。我想上大学。"

我："上大学有啥好处？"

他："上大学出来可以为国家多作一些贡献。"

我："对你自己来说呢？"

他："自己？我出来以后可以帮家里挣点面子，光彩一些。这里上大学的很多，可能有好几个。我知道的就有两个。上大学可以让父母高兴。父母把我们养大了，我们为他们争口气也是他们很高兴的。"

小刚的母亲对孩子的期望没有他自己那么大。她认为："读书嘛，说没用也有点用，说有用也没太大的用。在农村嘛……反正眼前的能认识，不用问别人就行。"她希望孩子能多读点书。至于上大学？"中学都读不下去了，还说大学？"她自嘲地笑着说。

小刚对自己是否仍旧可以回来上学没有打算："我没有仔细打算（回来上学）。我怕老师不愿意。如果老师愿意的话，我愿意回来。"他之所以没有到学校来要求复学是因为："现在已经换了校长，他们不会叫我回来的。校长已经换了人，老师也调走了，现在的校长不知道我。我已经不上一年多了，无法找到他们……我也从来没有和这儿的老师、校长谈过。"我问他，如果我去跟校长说要他回来念书，他是否愿意回来，他说："愿意。我愿意重新上……在家呆了一年多，只能重上初一，我也愿意回来。他们（指原来的同学）已经上初三了……我还回来，喜欢上学。"小刚的母亲也希望儿子能继续再读书,"他这么小,做不了什么,没有力,做不了重活……我和孩子他爹都希望他再上(学)"。像小刚一样,她热切地请求我们要校方接受小刚复学。至于家庭经济情况,小刚说他家里可以负担他学习,可以交得起学费。他母亲在谈话时也说:"家里经济上支付得起,要不了多少钱。"第一次访谈结束时,小刚嘱托我:"请向学校老师说我想上学,会回来。"然后,他又悄悄地补充:向学校谈这件事时,没有必要提打他的那位老师的名字。(第二次访谈时,他高兴地告诉我,校长已通知他下半年来上初一。)

五、讨论

综合以上收集到的材料,王小刚辍学的原因可能有两个:一是他学习成绩不好,对学习失去了信心。对这一点所有被采访的人都持相同的意见。二是他因老师体罚而退学,这一点只有王小刚本人可以作证。他自述辍学的主要原因是老师体罚,而他的老师、校长和家长却认为主要是学习成绩不好。用我们目前仅有的材料很难判断哪个原因是真实的,或者说哪个原因是主要的。

即使学习成绩不好是小刚辍学的原因之一,我们对这个原因的深层意义了解得还是很不够,比如"学习成绩不好"是什么意思?"学习"对王小刚和他的同学们来说意味着什么?"学习成绩"包括哪些方面?除了分数以外还有哪些衡量指标?"学习成绩不好"有哪些表现?衡量"好"与"不好"的标准是什么?王小刚为什么会"成绩不好"?为什么他恰恰在刘老师上的两门课上"成绩不好"?学生的成绩和老师有什么关系?除了王小刚以外,学校里是否还有其他"学习成绩不好"的学生?他们为什么没有因此而辍学?此外,王小刚被刘老师、官校长、他母亲,以及他自己定义为一个"差生",可是从掌握的有限材料中我们很难知道"差生"的定义是什么?做一个"差生"意味着什么?老师和同学是如何看待"差生"的?王小刚是怎么成为"差生"的?他是不是和别人一样努力学习?如果不是,为什么不?别的"差生"是不是也辍学了?他们除了辍学这条路以外,还有没有其他的选择?如果我们假设老师体罚学生的现象确实存在,"差生"是否和体罚有一定的关系?别的"差生"是否也被老师体罚过?他们是怎么看待体罚的?他们是否也因此而辍学了?"成绩不好"、"差生"、"老师打人"和"不读了"之间又有什么关系?这些问题涉及到此研究的解释性效度,即作为研究者的我,是否正确地理解了当事人所说的话和所做的事。虽然我使用相关检验法就王小刚辍学的原因和不同的人交谈过,但没有对以上这些可以用来解释小刚辍学的深层意义的问题进行更深入的探讨。

我们的研究结果之所以如此肤浅并且互相矛盾,有很多原因。一是因为我们在调查现场时间太短,没有更多的机会和研究对象接触,也没有可能和更多的人交谈,以达到对王小刚辍学情况更深入细致的了解。二是我们研究的辍学问题是一个敏感话题,所有有关的人都有理由向我们"撒谎":面对从京城里来的"专家们",县、村和学校各级领导都有可能向我们隐瞒辍学生的数量和有关情况;刘老师、官校长和王小刚的母亲有可能想推卸自己的责任;王小刚本人也有可能努力向我表白退学主要不是由于他自己的原因。三是我们的研究环境很不理想:我们所到之处都有各级领导陪同,浩浩荡荡地开进村里和学校。这无疑会对研究对象施加一个很大的心理压力,以为是"上级"检查工作来了。更有甚者,在我们进行此项调查的同时,河阳县正在通过上级有关部门的"双基"验收。所有见到我们的人都有理由将我们的到来和这一行政行为联系在一起。虽然我在访谈时使用了录音机,在观察时做了详细的记录,并使用了侦探法和证伪法一步步追寻以获得真实的材料,此研究的描述性效度还是有可能存在问题。由于以上种种原因,我对王小刚辍学这一事件中具体发生的事情还是了解得不完全。

此外,我在访谈时提出的问题有误导的可能性。当我问王小刚:"当时是因为什么事情不上学了"时,我的问题隐含有如下意义:1.不上学一定是有原因的;2.作出退学决定的当时一定发生了什么"事情"。遵循我所提问题的思路,王小刚有可能努力想出一两个"原因"和"事情"来回答我的问题,而实际情况可能比这要复杂得多。导致他辍学的"原因"可能很多,做出决定"不上了"可能是一个渐进的过程而不是一个事件。如果我有更多的时间和王小刚以及其他的人在一起生活,有更自然的研究条件,如果我采取不同的询问方式,如果我访问更多不同的人,也许我会发现王小刚辍学这一事件和当前中国农村整个社会、文化、经济和教育状况有关。正如很多被访者指出的:目前农村初中毕业生升入高中的比例不到30%;全国适龄青年升大学的不足3%;农村孩子中普遍存在着"种田不需要很多学校知识,晚种田不如早种田"的想法;学校学杂费不断上涨,而且今后高中后教育要收费,考上了大学家里也负担不起这笔费用;今后大学毕业不包分配,即使读了大学没有门路还是找不到好工作;农村中小学教学质量不高,在学校里也学不到什么知识;老师和同学对"差生"持歧视态度等等——这一切对王小刚这样的农村孩子继续求学都有不利的影响。由于我带有一个先入为主的因果理论框架来对待辍学这一现象,因此在调查过程中对以上这些纷繁复杂、相互交织的社会现状难免有所忽略。在这个意义上,此调查的理论效度,即研究所依据的理论是否真实地反映了研究现象,也有可能存在漏洞。

另外,此调查的评价效度,即研究者对研究现象的价值判断是否正确,也值得质疑。此研究的一个前提是:辍学是一个"问题"。因此,我们假设学生都想上学,而没有给被访者讨论学生不想上学的可能性。也许随着改革开放,外出打工的机会越来越多,退学这一现象已渐渐被社会所接受;而继续上学并不能保证今后可以找到一份称心的工作。因此,有的中学生(特别是家庭困难的孩子)也许希望早日离开学校开始工作,帮助家庭减轻经济负担。如果(如大部分被访者所说的那样)学校环境不好,校园生活枯燥乏味,课业负担过重,也许这些孩子离校的想法就更强烈。

最后,这个调查还涉及到定性研究中的一些伦理道德问题。首先,我在每次访谈之前都向被访者说明我将对他们的姓名和身份绝对保密,访谈是为研究所用,不会对他们的安全和利益造成损害。但是,由于此课题涉及的是一个敏感话题,有可能使所有的被访者都感到不安,从而搅乱他们的正常生活、工作和人际关系。虽然我们可以用服务于一个更高的利益作为解释,这种打搅所带来的后果不得不加以考虑。其次,为了酬谢被访者对我们的帮助(特别是有的人要长途跋涉到学校来见我们),我们向每位被访者赠送了小礼品。但是,这些礼品在价值上远远不能和他们所给予的热情支持相比,我们这样做只是为了表达一下感激之情。然而,我们这次研究促成了王小刚重返校园,这一点让我感到欣慰。虽然这么做将我研究的性质从描述、解释型变成了行动型,我觉得这是一个正确的举动。如果回到学校是王小刚真正的心愿,而且他从此的学习生活会比以前有所改善,这么做就是值得的。研究的目的毕竟不仅仅是为了研究,而是为了最终解决问题。只要我始终以了解真相为前提,在需要的时候采取行动,并且这一行动并不违背被研究者的心愿,我想这个研究就是符合定性研究的基本原则的。

综上所述,尽管我们对王小刚辍学情况的了解还很不深入,尽管我们的分析仍旧存在不少漏洞,他辍学后的沮丧心情、无所事事的现状,以及他对前途的渺茫心情是我们可以看到的一个严峻的事实。这种情况在我们此次调查的辍学生中具有很大的普遍性。因此,如何想办法了解他们目前面临的各种困难,如何调动社会各界(特别是教育界)对他们的关注,如何帮助他们寻找新的出路(如果他们愿意像王小刚一样重返校园)——这是我们教育研究工作者一个不可推卸的责任。

注:

① 国家教育发展研究中心编:《义务教育效益研究》,人民教育出版社

1992年,第4页。

② 国家教委:《1992年教育统计公报》,《中国教育报》,1993年3月5日。

③ 国家教育发展研究中心编:《义务教育效益研究》,人民教育出版社1992年。

④ 艾一平等:《中国部分边疆民族地区辍学情况调查》,《教育研究》,1995第1期。

⑤ 李印芳:《农村中小学生辍学现象面面观》;今仲:《抓紧解决中小学生辍学问题》,《中国教育报》,1993年8月21日第3版。

[资料来源:《教育研究与实验》,1996年第1期]

第六章 实验法

实验研究方法初始于自然科学的研究。我国古代《墨经》中记载的"针孔成像"、古希腊阿基米德计量"王冠"的含金量,都是公认的古代科学实验的典型。近代以来,实验法逐渐用于社会科学的研究。在教育领域,自从 1768 年裴斯泰洛齐创办"新庄"实验学校,许多教育家相继创办各种实验学校,特别是拉伊和梅伊曼把实验科学的实验模式引入到教育研究中来,推动了在教育教学各个方面进行实验研究。时至今日,实验研究方法成为教育研究的重要方法之一。

但是,一提到实验法,很多老师的第一反应就是:"天哪,实验法!太难了,我大概做不来。"一个从事科研实验的人应该是什么样子?有专门的实验室和实验仪器;受过高等教育,拥有高等学历;都是专家和权威。其实,这些都是错误的想法。如我们要上示范课,有两个不同的教案设计,当难以判定优劣、取舍不定时,就将一个班上的幼儿随便分成两半"试教",甚至更多次来决定最终的教案,这时你其实就是在实验了!当你为班上的饮水桶的摆放位置犹豫不决时,你在几天里分别将它摆在了不同的地方,观察不同位置对班上组织活动以及幼儿行动的影响,最后你把它摆在了你们班最合适的地方,恭喜你,你完成了一个实验,并用实验结果指导了你的实践。不必担心你的实验不像一个正规的实验。即使你还不是一个完全合格的实验者,但你已经开始实验了。自己去试一试,看看到底发生了什么!在本章的最后一节,你将会看到如何进行我们身边的实验的介绍。

第一节 概 述

一、实验法的定义

实验法是通过对某些影响实验结果的无关因素加以控制,有系统地操纵某些实验条件,然后观测与这些实验条件相伴随而产生的不同的现象变化,从而确定条件与现象之间因果关系的一种研究方法。而教育研究方法是研究者按照研究目的,合理地控制或创造一定的条件,人为地变革研究对象,从而验证假设探讨教育现象因果关系的一种研究方法。教育实验,或许是变化某个条件而使其余条件保持恒定,或许是让多个条件同时变化,分析这些条件的影响以及它们之间可能的相互作用。

在爱迪生研制灯泡的实验中,他尝试用不同的灯丝材料,这就是在操纵材料这一实验条件,然后观察亮度的不同变化,从而确定了钨丝这种最合适的材料。小朋友们做认识浮力的实验,他们自始至终使用同一个鸡蛋做实验,这就是对会影响实验结果的重力因素加以控制,而不停地向一盆水里加盐,这就是在操纵水的含盐量这一条件,然后观察从不加盐到每加一次盐鸡蛋在水中不同的位置这一现象的变化,最终得出加盐与鸡蛋上浮是一对因果关系。同样,如果我们想看看集体舞会不会对儿童的空间逻辑能力有促进作用,我们也可以采用实验的方法,想办法控制教师、幼儿等会影响实验结果的无关因素,对一部分幼儿进行一段时间的集体舞教学,通过幼儿前后空间逻辑能力的比较以及与其他幼儿的比较,得出是否有相关或因果关系的结论。

在这里,被操纵的因素(自变量)被称为"实验变量",而我们要研究的变化的结果被称为"因变量"。

二、实验法的特点

运用实验法可以较大程度地发挥研究者的主动性，整个研究都处于研究者的控制之中。

1. 教育实验研究法是教育研究中建立因果关系的最好方法

实验研究法在建立因果关系方面而论，是优于其他方法的，因为，调查法、观察法等研究方法，在多数情况下是横向进行的，而不是在整个时期内进行的，但实验研究方法一般都是纵向的，尽管时间可能很短，但是自变量与因变量之间也有一个时间的先后问题，它为研究实验因子在整个时期的变化提供机会。此外，在严格控制无关因素对因变量影响方面，实验法是最好的。例如，调查研究一般对环境中的干扰因素难以控制，观察法研究虽然常常是纵观地进行的，但一般不能控制外部因素对因变量的影响，也不大可能准确地测量因变量的变化；一个真正的实验，在控制方面是较好的，控制对于资料分析和假设检验都具有重要的效果。

2. 获得自然条件下遇不到或难以遇到的情况和情境

它可以使研究者获得自然条件下遇不到或难以遇到的情况和情境，可以扩大研究的范围和排除或抑制某些对研究有不利的影响。它使研究者可以在多种不同的情况下或情境中研究教育问题。

3. 可以重复验证

在实验中，通过人为地改变条件，可多次获得同一状态下的某些现象，因此它比观察法、调查法等能更加确切地研究这些现象。

4. 提高研究的准确性和精密度

实验使研究者有可能准确地、精细地、分别地研究事物的各方面或组成部分，比较容易观察某些特定因素的效果。进入实验室，可以有计划地控制现象和环境，造成便于精确测量和运用机械方法纪录的条件，使研究更为精密。

但是,我们所做的是学前教育研究,研究对象主要是幼儿。儿童生活、发展于其中的生态环境比实验环境要复杂得多。在学前教育实验中,我们很难做到对无关因素的绝对控制,也很难对所有因素进行分析,从而影响实验结果的推断能力与真实可靠性。比如,如果我们希望研究电视节目对儿童行为的影响,就必须从儿童所受到的家庭影响、学校影响、同龄群体影响和其他大众传媒影响中,严格地"孤立"出"电视的影响"这一因素,显然,这在实践上常常是相当困难的。而且,在实验中不给控制组施加某一对其发展有益的影响因素,或对实验组施加某种对其发展不利的因素,这都是很不公平的。

三、实验法的逻辑和三对基本要素

(一) 实验法的认知逻辑

我们前面了解了观察法和调查法。他们都是在自然情景下进行的研究,只能对自然呈现的现象进行描述、归纳和分析,或对某种现象的原因进行可能性推测,但无法准确地确定事物间的因果关系。而实验法的产生本质上是人类在改变世界的实践中,对事物因果关系的把握。但是,必须根据什么我们才能确认事物间存在的因果关系呢?

比如,我们看到一个有攻击性行为的幼儿正在被他的爸爸打骂,我们是否可以肯定地说这位爸爸的榜样是孩子出现攻击性行为的原因呢?但也许是该幼儿数次的攻击性行为导致了这位爸爸忍无可忍的一次冲动呢?

再比如,我们一般都认为学习努力的学生,成绩一定是好的。但事实上我们不能肯定努力的学生成绩一定好。那么,努力学习和学习成绩之间有没有因果关系呢?

再比如,大班开始老师对幼儿进行了数的守衡的教育,一个学期下来,通过测量,发现幼儿对数的守衡的认识有了很大的提高,我们可以肯定地说老师的教育是幼儿数的守恒能力提高的原因吗？但也许即使老师不特别施加这方面的教育，随着幼儿的成熟，他们也就自然地获得了数的守恒能力呢？

关于确认事物间的因果关系，有三条标准：

第一，两个现象之间必须存在着相关关系，即共变关系。如果你学习了这本书，科研能力有所提高，说明两者之间存在共变关系。在上面的例子中，我们就不能确定学习努力和成绩好之间一定存在共变关系。

第二，在时间上，原因应当先于结果，或与结果瞬时产生。我们不能肯定孩子的攻击性行为与爸爸的打骂行为的先后顺序，就不能确定它们的因果关系。

第三，排除其他因素的影响，即必须确认没有其他因素可能导致这一结果的产生。在上面的数的守恒例子中，我们就无法确定除了老师的教育外，孩子的自然成熟或家长的教育就完全没有影响。

（二）实验法的三对基本要素

一般说来，在其他因素完全不变或完全没有影响的前提下，变量 A 变化，变量 B 与其瞬时或在它之后也发生变化，我们可以确定是变量 A 的变化引起了变量 B 的变化。但在真实情景中既无法消除其他无关因素的影响，同时无法确认 A 变 B 也变，也无法认定 B 变是在 A 变的瞬时或之后产生的。所以，我们只有使用对实验对象（包括实验组和控制组）的严格控制，以及对实验环境的高度把握的实验法来确定因果关系了。在实验法中，实验组与控制组的对比可以反映变量的共变关系；前测和后测可以反映 A 变与 B 变的时间顺序，还可以用各种控制手段排除无关因素的干扰。因为根据实验的基本逻辑，如果研究者在实验中缺乏适当的、准确的控制，他就无法确定实验所得到的结果究竟是由于他假设的因素（自变量）所导致的，还是由于一些其他未能加以控制的因素所导致的。作为一种特定的研究方式,实验法有着三对基本要素:实验组与控制组;前测与后测;自变量与因变量。实验研究的这三对基本要素,构成了实验研究所具有的独特的语言。

1. 自变量与因变量

我们在前面基本概念中提到,自变量 X 是引起其他变量变化的变量,故也称作原因变量。而因变量 Y 则称作结果变量。在实验研究中,自变量又称作实验刺激,而因变量则往往是研究所测量的变量。实验研究就是为了探讨自变量对因变量的影响,即考察实验刺激对因变量的影响,从而找出变量之间的因果关系。实验中的自变量通常只有两个取值:有和无,即给予实验刺激或不给予实验刺激。比如我们要研究"集体舞对幼儿空间能力的影响",采用实验研究法。在这个实验研究中,"对幼儿进行集体舞教学"就是自变量,而"幼儿空间认知能力"就是因变量。

2. 前测与后测

在一项实验研究中,通常需要对因变量(或结果变量)进行前后两次相同的测量。第一次在给予实验刺激之前,称为前测。第二次在给予实验刺激之后,称为后测。研究者通过比较前测和后测的结果,来衡量因变量在给予实验刺激前后所发生的变化,反映实验刺激(自变量)对因变量所产生的影响。这种测量既可以是一次问卷调查,也可以是一项测验。在"集体舞教学对幼儿空间能力的影响"的实验研究中,在实验开始之前,先对幼儿的空间认知能力进行测验,这就是前测。等到一个学期的集体舞教学结束后,再对幼儿的空间认知能力进行一次测验,这就是后测。比较前、后测的结果,我们可以看出幼儿的空间认知水平有没有提高。

3. 实验组与控制组

实验组是实验过程中接受实验刺激的那一组对象。即使是在最简单的实验设计中,也至少会有一个实验组。控制组又称为对照组,它是各方面与实验组都相同,但在实验过程中并不给予实验刺激的一组对象。控制组的作用是向人们显示,如果不接受实验刺激那样的处理,将会怎样,与实验组形成比较。在实验研究过程中,研究者不仅观察接受刺激的实验组,同时也观察没有接受实验刺激的控制组,并通过比较这两组对象的观察结果,来分析和说明实验刺激的作用和影响。

实际的教育科学实验的形式要复杂得多。一般情况下,任何两种事物或现象之间的关系,都会同时受到若干其他事物或现象的影响。要说明这两种事物或现象之间存在因果联系,实际上就意味着,人们要排除其他相关事物或现象造成因变量发生变化的可能性,即要排除其他各种因素造成因变量 Y 在前后两次测量中所得不同结果的可能性。

可能性最大的一个影响因素是前测的影响,正是为了排除这种因素造成结果变化的可能性,需要有一个控制组。对这个控制组来说,它也接受前后两次对因变量 Y 的测量,却不对其实施实验刺激,即不引入自变量 X。这样,在"实验组和控制组这两组对象是相同"的前提下,人们就可以从实验组前后两次测量之差中,减去控制组前后两次测量之差,从而得到仅由自变量 X 所产生的影响。这就是为什么实验研究的分析逻辑中必须有"实验组"、"控制组"这一对基本要素的原因。

还是以"集体舞教学对幼儿空间能力的影响"为例。如果研究对象只是一组幼儿,给他们以实验刺激——一个学期的集体舞教学,比较前后测的结果,得出结论说:集体舞教学有助于发展幼儿的空间能力。我们很可能会遇到别人这样的疑问:你凭什么说儿童空间能力的发展就是因为受了集体舞教学的刺激呢?为什么不可能是幼儿自身成熟的结果,或是其他老师平时教学的影响呢?又或者是幼儿已经熟悉了你给他们的测验,所以第二次做得好一些呢?为了提高我们结论的科学性,我们可以把幼儿随机分为"实验组"和"控制组",他们在同时成长,平时在幼儿园接受一样的教育,同时接受一样的前测和后测,只不过实验组接受一个学期的集体舞教学,而控制组则不接受这项刺激。将两组前、后测各自的差异进行比较,如果实验组的差异比控制组的差异大,那么我们可以有把握地说:集体舞教学有助于发展幼儿的空间能力。

我们再举一个例子来具体说明实验研究的基本逻辑,以及实验的三组基本要素在实验中所扮演的角色。比如,研究者对某种新的幼儿阅读教学方法的效果感兴趣,即他希望探讨:"新的教学方式"(自变量)与"幼儿阅读能力提高"(因变量)之间是否存在因果关系?他选择了两个各方面情况都差不多的班级,并在开学初对这两个班级的幼儿进行了相同难度的阅读测验(前测)。然后,在其中一个班级(实验组)按一种新的教学方式进行教学(给予实验刺激),而在另一个班级(控制组)中,仍按照原来的教学方式进行教学。学期末,他再对这两个班级的幼儿进行第二次相同难度的阅读测验(后测),并对测量结果进行比较。如果两班幼儿后来的学习成绩相差无几,则说明新的教学方式(实验刺激)并没有起作用;如果只有实验组的成绩提高了,而控制组的成绩没变化;或者虽然两班幼儿的成绩都提高了,但实验组幼儿的成绩提高得更多,则可以看做是新的教学法所起的作用和产生的影响。

四、实验的分类

(一) 实验室实验与实地实验

严格的实验研究通常在实验室内进行,当然实验也可以在现实社会生活中进行。前者称为实验室实验,后者称为实地实验。在心理学中,实验室实验的例子更多。例如,研究者希望探讨"群体的一致性规范"对人们的行为所形成的压力和影响。实验在一个专门的实验室进行。每次安排4名实验对象进入实验室。研究者首先告诉实验对象,他们正在参加一项有关观察和判断的实验(实验的表面目的)。黑板上共画有四条直线。上面的三条竖线由短到长,差别明显。下面的一条横线与三条竖线中长短居中的那条相等。研究者逐个询问实验对象:"三条竖线中哪一条与横线相等?"第一个回答:"与最长的那条竖线相等。"第二个、第三个实验对象也作出了相同的回答。这时,研究者又问第四个实验对象。这位实验对象从一开始就觉得横线与中间那条竖线等长,可随着前面一个个回答者的回答,他开始出现动摇,并最终在轮到自己回答时,也违心地作出了与前面三个实验对象一致的回答:"与最长的那条竖线相等。"实际上,前三个实验对象都是研究者的同谋,他们故意作出与事实不一致的回答。此实验研究的实际目的是,考察最后回答问题的那些实验对象是否会屈从于群体的规范。

在实验室实验中,实验背景和变量都相对容易控制,实验环境可以较好地"封闭",实验者能够比较清楚确切地观察到自变量对因变量的影响。这是实验室实验的主要优点。但实验室实验在实验内容上局限性比较大,即许多教育研究者感兴趣的内容常常无法在小小的实验室中人工地制造出来。与此相联系的另一个缺点是,实验室实验的结果在推广性、普遍性和概括性上往往较差。原因之一是较多的实验室实验都是以一定区域学生的有限取样为实验对象,而他们与众多的不同区域的学生之间存在着许多差别。其二是实验室的环境与现实的教育环境之间的差别很大。而实地实验中,研究者可以在真实的教育环境背景中观察学生自然的反应。但同时研究者又常常难以对众多有可能影响因变量的实验背景、实验条件进行控制,难以孤立出自变量的独立影响。他所能做的工作仅仅是观察发生了什么事情,即仅仅是对他无法控制的现象所产生的可能的影响进行测量。

(二) 标准实验和准实验

实验设计必须具有一些必备的条件,例如,随机指派实验对象以形成两个或多个相同的组,前测和后测,实验环境的封闭,实验刺激的控制和操纵等。这样的实验通常称为标准实验。然而,对于教育研究来说,进行类似于自然科学中、或者心理学中常见的诸如实验室实验那样的十分严格、十分完备的标准实验的可能性不大。教育研究的对象和内容常常在许多方面限制了这种严格的实验设计在现实中的应用。例如,他们有时不能完全控制对自变量的操纵,有时他们仅仅只能进行后测,有时他们又不能将被试随机分配到不同的实验条件中。总之,他们常常无法对实验环境进行高度的控制。

上述各种缺乏实验设计中一个或多个"条件"或"部分"的实验,就被称作"准实验设计"。"准"是"类似于"、"接近于"、"几乎是"或者"半"的意思(有的著作中将其直接译为半实验)。准实验设计是在更好的实验设计无法实行的时候所使用的有实用价值的设计。准实验设计可以说是处在以相关分析为特征的调查研究与以因果分析为特征的实验研究之间。准实验设计在教育研究中广泛应用,是由于在学校抽样很难做到随机化,因为在实际中,人们不能也不愿打破现存的编班。而准实验设计以原班级作为实验对象,并在可能的条件下尽可能进行控制,所以教育研究者常常愿意采用。

(三) 双盲实验

所谓双盲实验,指的是在一项实验中,实验刺激对于实验对象和参与实验的观察人员来说都是未知的。即究竟是实验组还是控制组被给予了实验刺激,参与实验的双方(指实验对象和实验人员)都不知道,实验刺激是由实验人员和实验对象以外的第三者任意分派和给定的。为什么要采用双盲实验呢?先让我们来看看这样一个例子。心理学家罗森塔尔为了研究教师的期待对学生表现的影响,在一所小学一至五年级的学生中进行了一项实验。他先对全体学生进行了语言能力和思维推理能力的测验,以了解学生的基础。然后,他随机从每个年级的学生中抽出20%的学生作为教师期待的对象。他告诉教师说,这20%的学生有可能比其他学生学得更好（即更有发展潜力）。其实，这20%的学生与其他80%的学生的能力和发展潜力相当。当教师对全体学生进行了8个月的教学之后，研究者又对全体学生进行了一次测验。结果发现，被教师期待的这20%的学生，其成绩都显著地提高，教师对他们的评语也比其他学生好。这一实验表明了教师的期待对学生发展所具有的作用和效果。

第二节 教育实验的基本构成和实验控制

一、实验研究的基本构成

（一）实验的逻辑

如果我们根据某种理论命题得到两个变量之间存在因果联系的假设，或者我们根据经验事实和主观判断，推测现象 X 是造成现象 Y 的原因，即 X→Y。为了证明这一假设，我们首先观察 Y 的变化情况。即先测量在没有受到 X 的影响之前，Y 的情况如何；然后，通过操纵某些条件，引入被看做自变量和原因的实验刺激，即引入 X，接着再对引入 X 以后 Y 的情况进行测量，并比较前后两次测量的结果。如果前后两次的情况发生变化，则可以初步认为 X 是导致 Y 变化的原因，即检验了 X→Y。这可以说就是实验研究的最基本的分析逻辑（见图6-1）。

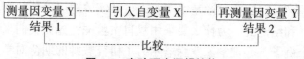

图6-1 实验研究逻辑结构

当然，这只是一种最简化的情形，也是一种最理想的情况。实际的教育科学实验的形式要复杂得多。一般情况下，任何两种事物或现象之间的关系，都会同时受到若干其他事物或现象的影响。

要说明这两种事物或现象之间存在因果联系,实际上就意味着人们要排除其他相关事物或现象造成因变量发生变化的可能性,即要排除其他各种因素造成因变量 Y 在前后两次测量中所得的结果不同的可能性。

(二) 实验研究的基本构成

作为一个完整的实验过程,实验研究的具体内容一般应包括以下组成部分:实验假设、实验被试、实验变量、实验控制、实验步骤、实验结果与结论。

1. 实验假设

假设是人们根据初步观察到的事实,通过推理得出的关于事物内在联系的假定性命题。实验的出发点就是为了证实假设的成立,离开了假设,实验就没有存在的必要了。

2. 实验被试

教育实验的研究对象是人,称为"被试"。任何研究都要有研究的对象,但是,在观察和调查研究中,研究者要以一种第三者方式来对待研究对象,而在实验研究中,实验对象是要被加入人为影响的,实验者要操纵它,影响它,使它发生某种设计好的改变。

3. 实验变量

实验研究就是通过设置、操作、控制一些变量,观察另一些变量的变化,来探索变量之间的必然联系。具体说来,就是操纵自变量,控制干扰变量或无关变量(可能影响因变量,但与该次研究目的无关),使个体变量(被试个体固有的特征,如年龄、性别、智力水平)保持恒定,来观测因变量的变化。

4. 实验控制

为了确保实验结果的可靠性,需要对一些无关因素加以控制,努力将自变量的作用分离出来,以保证实验结果确实为自变量与因变量之间的关系。具体控制手段见第 186 页,三、实验的控制。

5. 实验步骤

实验研究应有较为严密的程序,步骤之间应体现较高的逻辑性。

6. 实验结果

实验的基本目的就是要发现操纵自变量的结果是什么,即自变量是否引起了因变量的变化,这就需要把因变量在实验前的情况和实验后的情况加以比较。结果往往以统计图的方式呈现,但需要把统计上的意义翻译为教育上或儿童发展上的意义。

7. 结论

研究结论不仅是对实验假设是否成立的判断,而且往往还用来作为改善教育实践、促进儿童发展的启示。所以,结论的阐述应该实事求是。

二、影响实验的因素

进行实验设计,首先必须要考虑实验效度。所谓效度,就是指实验设计能够回答要研究的问题的程度。实验效度一般有两种:内在效度和外在效度。在实验过程中,这两种效度可能受到许多因素的影响。

内在效度,指研究结果能被明确解释的程度。实验内在效度的高低,取决于对无关变量控制的程度。控制得越好,实验的效果越能解释为由实验处理所产生的结果。反之,控制得越差,实验结果就越无法解释。其结果究竟是由实验处理所产生的,还是由其他无关因素所导致的,将难以确定。

对于影响内在效度的因素,美国学者坎贝尔和斯坦利认为有八项因素是影响内在效度的无关变量。

1. 历史(或同时事件)

假设研究者所用研究实验设计为:测验—实验处理—后测,在前后测这段期间内,影响因变量的因素,除了实验处理之外,可能还有某些特殊事件。例如,研究者想试验一种新的阅读教学方法的效果,先对一组受试实施阅读测验,经过一个学期的新的阅读方法教学后,再使用同样的阅读测验测量他们的阅读能力。结果发现后一种测验的分数显著高于前一种测验的分数,因此,研究者就下了这样的结论:新的阅读教学方法是较好的方法。这个结论可能不正确,因为在实验进行期间,一些影响因变量的事件可能和实验处理同时发生作用,从而混淆了实验结果。例如,学校图书馆在实验期间购进了大量趣味性强的读物,引发了学生的阅读兴趣;或学校正巧在该期间开展阅读竞赛活动,调动了学生的阅读热情;甚至,学校平时的正规教学也可能产生影响。所以,阅读能力的提高,不能认定为单纯由实验处理所导致的。一般来说,实验时间越长,实验处理以外的其他事件影响的可能性就越大。

2. 成熟

受试者在实验期间,不论生理或心理都会产生变化。例如,变得更成熟、健壮、疲劳、饥饿、分心或没有兴趣等,这些改变都会影响实验结果。前面提到的新阅读教学方法实验的例子中,受试者也会因年龄的增长而在认识能力方面自然发展和成熟,或词汇的自然增长,形成干扰实验处理的效果,使阅读能力的提高难以单纯归因于新的阅读教学方法。

3. 测验

许多教育实验研究为了比较实验前后的情况,往往在实验处理之前进行测验,但前测的经验常常有助于后测分数的提高,尤其是前后测验的题目基本相同时。因为,受试者在经过前测之后,会熟悉测验的技巧和内容。所以,即使没有实验处理的效果,也可能因前测经验的影响,导致后测分数的提高。

4. 工具

在测量过程中,测量工具(例如,试卷、仪器等)不同,评价者身心发生变化(例如,评卷者在评价后测时,变得比前测时较为疲劳、粗心或严格),也可能改变实验的结果。仍以上面新阅读教学方法的实验为例,如果前测的试题比后测的试题容易,则阅读能力的变化有可能是测量工具不同引起的结果,而非实验处理的效果。同一主试者,对实验处理后的评价,可能会引起对实验较为熟悉,或更为了解实验的目的,或因疲劳与厌烦,而改变评价的标准,结果导致实验效果受到影响。

5. 统计回归

统计回归现象指受试者的测量分数在第二次测量时,有向团体平均数回归(趋近)的倾向。也就是说,高分组的受试者在第二次测量时,其分数由于向平均数回归而有降低的趋势,但是低分的受试者,其分数却有升高的趋势。在有前后测的实验中,若以极端分数(高分和低分)的幼儿为对象,容易出现统计回归现象。

6. 差异的选择

因为用随机抽样和随机分派的方法,所选择的两组或几组受试者,在未用实验处理之前,本来各方面能力有所偏差或不相等,那么实验结果的两组成绩不同,就不能说这种差异是单纯由于实验处理所造成的。所以,在采用两组或多组的实验研究中,研究者必须考虑不同组别受试者在各项特质(实际素质)上是否一致。如果组别之间受试者的特质不一致,实验结果中出现的差异就有可能是由原来研究组之间存在的差异所造成的,而非实验处理的结果。

7. 受试者的流失

研究样本在实验期间的流失(例如,迁居、退学、死亡等),有可能使实验结果难以解释。例如,研究者随机分派两组小学一年级新生进行某一新课程的新方法教学研究,假定实验一年期间,不少智力低的学生从实验组退出,而控制组却无此现象,研究结果如发现实验组成绩优于控制组,此结果很可能不是因实验处理所造成的,而是因实验组多数低能力的受试者中途退出实验的结果。当实验组和控制组有不同比率的受试者退出实验时,就会导致实验结果的偏差。虽然,两组都是经过随机抽样和分派而得到的,而由于不同比率的受试者退出实验,所剩下的样本可能有异于原来的无偏差的样本。

8. 选择与成熟的交互作用

前面所述七项因素,因彼此交互作用,将成为构成影响内在效度的另一个因素。选择与成熟的交互作用便是常见的例子。例如,研究者要检验某心理治疗方法的效果,分别选择一些有心理异常状态的学生为实验组,选择一些心理正常的学生为控制组,在实验处理前,两组均作心理测验,测验表明,异常组的异常倾向分数比正常组的该项分数高得多。在异常组实施异常心理治疗后,再对两组进行心理测量,发现异常组的异常倾向分数大为降低,或接近正常组的该项分数(见图6-2)。

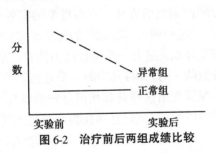

图 6-2 治疗前后两组成绩比较

对这种现象的分析表明,有可能不是心理治疗所产生的实验处理效果,而是因为选择了一组有自然恢复现象的异常组与一组无自然恢复现象的正常组所造成的。异常组与正常组本来就不同,这是"差异的选择"的因素;实验处理后,异常组发生了自然恢复,正常组则无,这是"成熟因素";这两种因素造成了不平行的发展曲线,即选择与成熟的交互作用因素的影响。

三、实验的控制

实验控制的目的是为了尽可能地减少无关因素的干扰,减少实验误差,提高实验的效度和信度。实验控制不仅要对影响实验效果的无关因素加以控制,而且在取样中、实施过程中也要注意采取一定的控制手段。

(一)寻找两组相同的对象

根据实验研究的分析逻辑的要求,必须有两组各方面都一样的对象。在实际研究中,研究者为了挑选出两组相同的对象,往往采用两种方法:一是匹配,二是随机指派。

1. 匹配

匹配指的是依据各种标准或特征,找出两个完全相同或几乎完全相同的实验对象进行配对,并将其中一个对象分到实验组,而将另一个对象分到控制组的方法。在心理学的实验中,这种方法比较常见。例如,要选择两组"相同的"幼儿作为实验的对象,可以先对某一年龄段全体幼儿进行一次阅读能力测验。从幼儿的得分表中找到相同分数的一对,并将其中的一个分到实验组,而将另一个分到控制组。继续找出这样具有相同分数的学生对子,同样将他们分别分到实验组和控制组,直到找满实验样本所需要的数目为止。用实验的语言来说,这样做就是"在阅读能力得分这一变量上对两组幼儿进行了匹配"。但是,按照上面所介绍的方法进行匹配的两组幼儿,虽然在"得分"这一变量上完全相同,但他们可能在其他一些变量上又很不相同。比如,可能其中一组的女孩比例较高,而另一组中则是男孩的比例较高,即两个组在"性别"这一变量上的分布有所不同,还必须进一步根据性别进行匹配。推而广之,这两个组的幼儿除了在性别上有差别外,还会在类似的许多变量上都有所不同。比如母亲的职业类型、家庭人口的多少、家庭收入的高低、父母教养方式的类型,等等。因此,要保证两个组的对象

"完全相同",必须在第三个、第四个……第 n 个相关的变量上继续进行匹配。这是一项什么样的工作呢?十分显然,要找出两个在一个、两个或者三个变量上相同的对象是容易的,但要找出两个在所有变量上都相同的对象,则是完全不可能的。这也即是说,在某种意义上匹配的方法是基本无用的——因为目标是要使两组对象在所有方面都相同,然而,在实际生活中无法做到这一点。

当然,匹配的方法在实际研究中仍具有一定的作用,研究者还是可以在有限的条件下,针对那些与研究所关注的主要问题密切相关的变量来进行匹配,而暂时忽略和放弃其他一些与所研究的问题联系相对不太紧密的变量。只是在这样做的时候有一点应注意,研究的结论应限于一定的范围,下结论时应留有充分的余地。

2. 随机指派

随机指派的方法是完全按照随机抽样的原理和方法将实验对象随机地分配到实验组和控制组中。具体的操作方法有如下三种:

(1) 用抛硬币的方式来决定每一个具体的对象是去实验组还是去控制组。比如,要将 60 名幼儿分到实验组和控制组(每组 30 人)。那么,从第一个对象开始,根据抛硬币的结果来决定其去的组别。若硬币正面朝上,则该对象去实验组;若硬币反面朝上,则该对象就去控制组。根据概率原则可知,抛硬币时出现正面朝上与反面朝上的概率各为 50%。因而,被分到两个组去的实验对象也基本相等。

(2) 按单、双号来简单地决定每一个对象是去实验组还是去控制组。同样是 60 名幼儿,将他们随意地按顺序排列。然后,将号码为单数的,即 1,3,5,7…59 号的幼儿分配到实验组,而将双数的,即 2,4,6,8…60 号这 30 名幼儿分配到控制组。

(3) 按照排列的顺序或实际抽取实验对象时的先后顺序来决定。比如,将名单中排在前面的 30 名学生分配到实验组,而排在后面的30名学生分配到控制组。或者将先抽到的前30名学生分配到实验组,而将后抽到的30名学生分配到控制组。

（二）实验控制

1. 实验控制的原则

实验控制有一个基本原则,这就是最大最小控制原则。意思是使自变量产生最大变化,使其他干扰的变量与误差产生最小的影响。这个原则包括三层意思:

(1)对自变量的操纵

当研究者能够决定他的实验对象将经历什么,或将接受什么处理和安排时,就说他能够操纵自变量。研究者有系统地对受试者施以不同的实验条件,来观察与比较不同实验条件下因变量的系统变化差异。研究者要使实验变量有系统而且尽量地使前后的变化显出差异。例如,要研究时间(自变量)与遗忘(因变量)的关系时,时间的选择应采用1、3、5、7、9、11等不同日期的变化顺序,而不宜采用1、2、3、4、5、6、7、8等不同小时的变化顺序。因为后者变化间的差异太小,所产生结果的影响不易辨别。

(2)控制无关变量

要正确解释实验结果,除了具体分析影响实验效度的各种因素外,还必须设法控制一些影响实验效果的无关变量。要控制自变量之外一切可能影响结果的其他变量,使其保持不变或达到最小变化甚至排除在实验情境之外,不致影响自变量与因变量之间的因果关系。

(3)控制测量工具

控制测量工具的选择与使用,必须使误差降低到最低限度。

2. 实验控制的方法

根据上述原则,研究者要采取一些对可能影响实验结果的无关变量进行控制的方法。

(1)随机控制法

随机控制是将参与实验的受试者以随机分派的方式,分为实验组与控制组或各个不同的实验组。从理论上说,随机法是控制无关变量的最佳方法。因为在概率的原则下,各组受试者所具备的各种条件、机会均等。在实际使用时,随机分派可分为两个步骤:

第一步是用随机的方法将参加实验的所有人员进行分组;

第二步是再以随机的方法决定哪一组为实验组,哪一组为控制组。

随机控制的方法,虽然在事实上未必各方面都完全相等,但在理论上他们相等的机会是比较多的。

(2) 物理控制法

物理控制就是注意实验情境的物理条件是否保持恒定,刺激的呈现是否标准,以及反应的记录是否客观一致等物理性因素的控制。例如,为了使实验情境保持恒定,以免干扰实验变量对因变量的效果,要设法控制声音、灯光、气氛、周围环境等物理因素。

(3) 排除控制法

排除法是在设计实验时将可能影响结果的变量,预先排除于实验条件之外,使自变量简化,免受其他变量的影响。例如,在试验发现式教学法和演讲式教学法的优劣时,如果认为智力因素会影响结果,则只选高智力生为受试者(或只选中等智力生或只选低智力生为受试者),这样,智力因素对实验结果的影响被排除掉了。同样,如果认为性别因素对实验有影响,则可采用单一性别(如只用男孩或只用女孩为受试者),这样,可排除性别因素对实验结果的影响。

排除法能有效地控制无关变量,但所得的研究结果缺乏普遍的推论性。例如,只用男孩为研究对象,研究的结果就不适用于女孩。因此,在实验设计时,排除法并不常用。

(4) 纳入控制法

纳入法是弥补排除法缺点的一种方法。这种方法是把影响将来实验结果的某种(或某些)因素也当做自变量来处理,将其纳入实验设计中,成为多因子实验设计。这样,不但可以收到控制之效,而且还可以进一步了解变量间的交互作用结果。例如,上例中,可将智力因素分为高、中、低三个层次纳入设计中,这时,原设计就变为2(教学法)×3(智力)的二因子实验设计。在这一设计中,一方面可以了解不同智力间的差别,另一方面又可以了解智力和教学法之间的交互作用,亦即教学法的效果是否因孩子的不同智力层次而有所差异。假如同时考虑智力和性别两个因素,就成为:2(教学法)×3(智力)×2(性别)的三因子实验设计。

(5) 配对控制法

配对法是力图使实验变量之外其他变量发生相等影响的一种方法。具体做法是:首先认定与因变量有明显关系的变量,然后决定所要控制的变量,并据此选择同等分数或相同特质的受试者配对。配对后,再以随机分派的方式,将其中一个分派到实验组,另一个分派到控制组。例如,为了使两组学生的智力相等,研究者可以从智力测验分数中,选择分数相同的受试者配成对,然后随机分派到实验组和控制组。常用以配对的变量有性别、年龄、社会经济地位、智力、学业成绩、个性特征和前测分数等。必须注意的是,配对变量的决定一定要以和因变量有高度相关者为根据。

在理论上,配对后,实验组和控制组的受试者在所据以配对的特质方面,可以达到相等的程度,但在实验中是很难操作的。这是因为,首先,配对的变量若超过两个以上时,要找到这几个变量同时相等的受试者是十分困难的;其次,配对的变量虽然可以保证相等,但其他因素未必会相等。再次,对于中介变量,如动机、态度等内在因素,根本无法找到可靠的根据去进行配对。只有随机控制法才能克服配对法顾此失彼的缺点,而且对难以观察测量的中介变量如动机、态度、疲劳、注意等因素,也同样发生控制作用,这也许是在实际中人们多用随机法而少用配对法的重要原因。

控制无关变量是实验研究中一项非常重要的工作,但这里所说的"控制",只是相对的,而非绝对的,只有程度之分。对人类行为和对复杂多变的教育现象的实验研究,要像物理、化学实验那样达到绝对控制而又肯定变量间因果关系的程度,事实上是不可能的。因此,在教育实验研究中要正确理解"控制"一词,才能正确解释所得的实验结果。

第三节 教育实验设计模式

一、实验设计的作用

如何控制无关变量是实验研究法中最难以解决的问题。实验设计就是给研究者提供如何控制变量、如何分析资料、可以获得怎样的结论的一种构想、计划和策略。良好的实验设计可以使实验工作有步骤地进行;实验设计一经确定,何时前测、何时及如何进行实验处理、何时后测等也就确定了,这避免了工作的随意性和盲目性。良好的实验设计还可以提高对实验的控制程度;许多可能造成实验误差的无关变量,可以通过设计而消除或减少。

二、教育实验设计的分类

(一) 根据自变量的数目划分

实验中研究的自变量可以是一个、两个或更多,自变量数目越多,设计越复杂。根据自变量的数目,实验设计可分为单因素设计、双因素设计和多因素设计。

(二) 根据分组情况划分

有时实验需要将试验对象进行一定的分组,以给予不同的试验处理。因此,实验设计可分为单组实验设计、等组实验设计和轮组实验设计。

1. 单组实验设计。向一个或一组研究对象施加某一个或数个实验因子,然后测量其所产生的一种或数种变化,借以确定实验因子的效果如何。例如,为了解决某一学科质量问题,为了确定究竟甲或乙教学方法好。在一个班组采用单组实验法。两种教学方法即两个实验因子。在采用两种教学方法之前及之后,均分别举行一次测验,最后将两次所产生的变化加以比较,实验的结果便得出来了。

2. 等组实验设计。以不同的实验因子,分别实施于两个或 N 个情况基本相同或相等的组,然后比较其产生的变化。等组实验法要求最重要的条件是各组必须尽量相等,具体方法参见本章第二节(第 186~187 页)。

3. 轮组实验设计。等组法虽然比单组法准确,但要想得到真正相等的组,比较麻烦。因此也可以采用循环实验法,也就是把各实验因子轮换施行于各组(不必均等),然后根据每个实验因子所发生变化的总和来决定实验结果。

三、教育实验设计的模式

(一) 单组实验设计

单组实验设计是指被试不设控制组,只对一个实验组施加某一种或数种实验处理的实验设计。

这种设计的模式是:

前测—实验处理—后测

这种设计的要求是,对受试者进行实验处理前的测验,然后给予受试者实验处理,再给予受试者一次测验。最后比较前测和后测的数据。

这种研究设计的优点是:相同的受试者都接受前测和后测,"差异的选择"和"受试的流失"两因素即可被控制。缺点是:实验效果可能受到"历史"、"成熟"、"工具"、"选择与成熟的交互作用"的干扰,可见其内在效度也很差,少用为宜。

(二) 等组实验设计

等组实验设计是以两个组作为实验组和控制组,然后比较各个组所发生的变化。这是实验研究中最基本的设计模式。它的特点是随机分派被试到实验组和控制组,两组在总体上同质,实验组接受实验处理,控制组不给予实验处理,最后对实验组和控制组的结果进行比较。

等组实验设计有两种基本模式:

模式一　实验组　随机分组—实验处理—后测
　　　　控制组　随机分组—控制,无实验处理—后测
模式二　实验组　随机分组—前测—实验处理—后测
　　　　控制组　随机分组—前测—控制,无实验处理—后测

模式一这种设计由于使用控制组比较,"历史"因素可被控制,如果两组年龄相同,也可能控制"成熟"因素。因在设计中没有前测处理,"测验"和"工具"两个因素也容易控制。但由于两组实验对象条件不相等,"差异的选择"、"选择与成熟"的因素可能会影响结果。因为有两个组,"受试者的流失"也可能干扰实验效果。

模式二在实际研究中,有时可能有好几种不同的实验处理,这时,可根据比较的需要采用两组或超过两组以上的实验设计。三种实验处理的等组前、后测设计实验结果是把三种实验处理所产生的变化互相比较。如果实验因子加多,设计的组数也要相应增加。

这种实验设计的内在效度是很高的,由于采用相等的控制组,而且两组都有前、后测,故在前测到后测期间影响内在效度的"历史"、"成熟"、"测验"、"工具"、"统计回归"等因素,两组完全一样。再者,由于采用随机方法,两组在各方面的特质相等,故可控制"差

异的选择"、"受试的流失"和"选择与成熟等因素交互作用"等三个因素的干扰。可见,它是一种严谨控制的实验设计,在教育实验研究中常被采用。

　　教育是复杂的社会现象,影响某一教育现象发生的因素是很多的,教育实验所得的结果不可能达到像自然科学实验研究结果那样准确的程度。为了有效地检验教育实验结果的准确程度,我们可以从实验程序上检验,即全面考察整个实验的过程,检查实验过程的各个环节是否抓好,实验设计效度如何,无关因素控制得怎样。我们还可以用实验系数进行检验,实验处理所产生的效果如何,主要是从前后测验所得数据的比较,及对不同实验处理效果测验所得数据的比较中来看的。另外,与其他有关的、已确立的定理定论对照,或重复实验,都可以对实验结果进行检验。

第四节　动手做自己的实验

　　以上我们为大家介绍了严格意义上的科学实验的有关内容。一项"真正的"实验,需要以下几个条件:(1)大量的实验对象;(2)实验对象是从人群中随机选取的;(3)良好的统计学知识;(4)精确的测量工具及其他仪器。实验者应掌握实验组和控制组、变量、标准差等专业概念。但是,教育实验一般不可能是真正的实验,由于种种因素的限制,它只能是前实验或准实验。所以,作为研究者的幼儿园老师,大可不必对"实验"感到肃然起敬然后敬而远之。我们可以从小小的自己的实验做起,体验自己大大的变化。

　　把你自己想做的实验看做是一次次快乐的探险吧。首先要自己去试一试,看看发生了什么? 你会有许多意外的发现,除了自己原先设想到的以外,你总能找到自己未曾想要找的东西,包括你会发现自己变得"更爱思考了",看待问题"更客观了"。那么,怎么动手做自己的实验呢?

动手做自己的实验,实验问题一般有两个来源。

第一个来源是验证性的实验,也就是说,在可能的情况下,重复做一些教育心理学、学习心理学或儿童发展心理学上的著名的、已经得出结论的实验。比如,你在我们这本书第四章"观察法"看到了"霍桑效应"这一心理学结论,就可以在自己的班上做一个小小的实验,来验证一下。你可以找几个平常动作较慢的幼儿在正常情境下请他们收拾积木,记录下所花的时间;过两天,再找来他们,很郑重地告诉他们,你在做实验,要看看他们收拾积木需要多长时间,然后让他们去收拾积木。看看你这次记录的时间是不是比上次缩短了?

我们老师自己做的很有意义的验证性实验例子是:苏州市相城区黄埭中心幼儿园的邹丽莉老师看到,皮亚杰认为幼儿一般要到6岁半至7岁才会建立数的守恒能力,但我国有教育者证明,在正确的教育下,大多数5岁左右的幼儿基本上能掌握10以内的数守恒,能初步理解物体的数目和物体的颜色、大小、摆的样子没有关系。邹老师便对班上36名5岁幼儿进行了一次小实验:她准备了绿色大圆片8个,红色小圆片8个,首先将大小圆片一一对应排列,问幼儿谁多谁少,为什么;然后将小红圆片聚拢,使大绿圆片的排列长于小红圆片,再问幼儿现在红圆片和绿圆片谁多谁少,为什么。实验结果是:第一次有19名幼儿说一样多,而第二次只有7名幼儿回答一样多。说明大部分幼儿无法理解10以内数的守恒。邹丽莉老师对我国教育研究者的结论提出了自己的质疑(见附例6-4-1)。

第二个来源是自己的生活。

这要注意做到以下几点:

● 多观察。当我们在带幼儿晨间活动时,在幼儿游戏时,在观摩其他老师教学时,在家长接送幼儿时,多看多听,这些资源往往是我们自己实验问题的来源,也有助于我们更好地了解自己想了解的东西。

● 有关实验的想法经常是这样开始的:"为什么他(们)/我(们)要……?"多做"如果这样做,结果又会怎样"的思考。

● 一旦有了基本的想法,我们就要尝试去找到答案,这就开始我们自己的实验了。

太仓市艺术幼儿园的王剑玫老师在观察中发现一些孩子拙于表达自己的情绪情感:高兴时,捶人一拳或高声尖叫;难过时,迁怒于他人,或抑郁自闭。"为什么会这样呢?"她认为,这中间虽然有气质类型的差别因素,但缺少正确的表达方式和宣泄途径是一个重要因素。"如果我们利用幼儿园环境、教育的有利因素做一些事情,是否可以培养幼儿良好的情感表达能力呢?"于是,她以自己的大二班全体幼儿为研究对象,采取了"建立民主、融洽的师生关系,营造和谐宽松的心理环境;在表情游戏、音乐体验中促进幼儿情感表达的能力;创设一些情境,加强幼儿对情感的控制"等手段,对幼儿加以"实验刺激",并采用自己设计的幼儿情感表达能力测评表以及评价指标对幼儿进行了前后测,得出了研究结果(见表6-1)。

表6-1 大班幼儿情感表达能力对比表

等级 项目	表达方式正确		有表达方式		无	
	人数	占%	人数	占%	人数	占%
前测	3	10%	12	40%	15	50%
后测	12	40%	15	50%	3	10%

从上列数据中可以看出,在情感表达能力的前测中,情感的表达方式正确的占总人数的10%,有表达方式的占总人数的40%,而无表达方式的占50%。与之相比较,情感表达能力的后测中,情感表达方式正确的占总人数的40%,有表达方式的占总人数的40%,而无表达方式的下降为10%。

不管你的实验设想是来源于经典实验,还是来源于工作生活中的观察,最好马上把你的"金点子"记录下来,以免丢失(见表6-2)。

表 6-2　实验想法记录表

日期	想　法	实验编号	后来呢?

作为一个自我反思的实践者、细心的实验者,我们需要记录自己的思想变化、期望、经验、实验结果和结论。下面是一个实验反思记录表,供你参考。当然,你完全可以设计自己的反思表(见表6-3)。

表 6-3　实验反思记录表

实验名称:_____

开始日期:_____ 结束日期:_____

我想发现什么?_____

_____

我希望发生什么?_____

_____

实际上发生了什么?_____

统计结果:_____

_____

参与实验者的反映:_____

影响本实验结果的特殊原因有哪些?_____

_____

结论：本实验结果说明什么问题？_____
_____

下一次我再做该实验时需要做哪些改进？_____
_____

本次实验是否出现预料外的问题？下一次如何避免？_____
_____

生活是什么？考虑一下，你会同意生活像是许多同时进行着的实验。你现在正在看这本书，我们就成了同一个实验中的一分子！在现实生活中，我们所遇到的问题是各不相同的，所以，你自己的实验是独一无二的！

思 考 题

1. 与其他研究方法相比，实验法有什么特点？
2. 实验法的认知逻辑是什么？它的三对基本要素是如何发挥作用来体现这一逻辑的？
3. 实验控制的目的何在？如何进行实验控制？
4. 自己选题，设计一个简单的实验研究方案，对实验构成进行分析，并分析可能的影响因素。

附例 1

守恒能力测量研究实例

五岁幼儿 10 以内数的守恒能力测查报告

苏州市相城区黄埭中心幼儿园　邹丽莉

一、测查的目的

了解 5 岁幼儿 10 以内数的守恒能力的发展状况,为向幼儿进行数学教育提供科学依据。

二、文献综述

数的守恒是指物体的数目不因物体外部特征和排列形式等的改变而改变。

皮亚杰认为儿童能否有数守恒的能力是衡量是否具有数的概念的标志。这一观点在国际上被较普遍地接受了,有争议的仅是守恒出现的年龄及教育能否促进守恒能力的发展等问题。皮亚杰认为,幼儿一般要到 6 岁半至 7 岁才知道总数不变的道理。

我国学者认为幼儿能做到数守恒是对数的实际含义的切实理解。它标志着幼儿初步数概念的形成。我国的一些心理学研究,也认为 5 岁以前的幼儿大部分不能理解数守恒。但近几年幼儿园的教育实践证明,在正确的教育下,大多数 5 岁左右的幼儿能基本上掌握 10 以内的数守恒,能初步理解物体的数目和物体的颜色、大小、摆的样子没有关系,不同的物体、不同排列形式的物体数量可以是一样多,因为"它们的数是一样的"。

三、方法与程序

（一）测查的对象

5 岁幼儿 36 名。

(二)测查的方法

采用个别测试的方法。具体做法如下:

出示绿色大圆片8个,红色小圆片8个。

1. 将大小圆片一一对应排成两排。

指导语:桌上有一排绿圆片,一排红圆片,它们谁多谁少,为什么?

2. 将小圆片聚拢,使大圆片的排列大于小圆片。

指导语:现在绿圆片和红圆片谁多谁少,为什么?

四、小结

(一)测查的结果和分析

测查的结果如下表:

5岁幼儿10以内数的守恒能力测查汇总表

	掌握10以内数守恒	未掌握10以内数守恒
人数	7	29
百分比	19%	81%

分析上表可以看出5岁幼儿大部分不能理解10以内数的守恒。

(二)反思

1. 对指导语的反思

在本次测查中,我的指导语是这样设计的:(1)桌上有一排绿圆片、一排红圆片,它们谁多谁少,为什么?(2)现在绿圆片和红圆片谁多谁少,为什么?测查之后,我反复思考,觉得这样设计欠妥,因为我问"绿圆片红圆片谁多谁少",就给幼儿一个暗示:绿圆片和红圆片是有多少的。因此,在测查中有的幼儿不会想到绿圆片和红圆片一样多。但如果不这样问,那我该怎样问?

2. 对测查材料的反思

用于测查的材料是红、绿两种颜色且大小不同的圆片,各有8个,如果将圆片数量减少至6个会发生什么情况?如果仅用大小不同而颜色相同的圆片又会怎样?经验告诉我,5岁幼儿在掌握10以内数的守恒时,物体的颜色、大小、多少、排列形式对之都有影响。那么,这次提供的材料是否对测查的结果造成了误差呢?

(三) 一点思考

多年的经验告诉我:5岁幼儿大部分不能理解10以内数的守恒,本次测查也证明了这一点。但我曾多次看到有些资料上说:"幼儿园教育实践证明,在正确的教育下,大多数5岁左右的幼儿能基本上掌握10以内的数守恒。"我没有有力的证据证明这种结论是错误的,但却不知"正确的教育"指的是什么?在做这个测查之前,我有意了解到园内三个中班平时在数学教育中已经贯穿了数守恒的教学,其中有一个教师还非常成功地上过一节7以内数的守恒的教研公开课。这不知算不算正确的教育?如果算,那么测查的结果显示,这种"正确的教育"的效果,并不如有些资料上说的那么明显。如果不算,那么怎样的教育算"正确的教育"呢?是不是反复地向幼儿灌输数守恒的知识呢?经验告诉我,教师如果有意识地向幼儿反复灌输某一种知识,幼儿确实能够掌握,但这种掌握对幼儿来说究竟有多少意义呢?这种掌握到底能保持多久呢?我们的教育是为了即时的效果,还是要着眼于孩子的终身发展呢?

以上是我在测查之后的一些个人想法,很不成熟,请老师多多指教。连这次在内,我搞了两次幼儿数概念方面的测查。测查之后,每每觉得很惭愧,觉得自己对班内孩子们各方面的发展水平、实际能力、学习方式、原有经验了解太少,在教学中常常过高地估计他们的实际能力。对幼儿的教育应以幼儿的身心发展水平为基础,测查是了解幼儿各方面发展水平的有效手段。幼儿教师不妨多做一些测查,以便有效地开展幼儿教育工作。

五、参考资料

林嘉绥、李丹玲:《学前儿童数学教育》,北京师范大学出版社 1994 年。

金浩:《学前儿童数学教育概论》,华东师范大学出版社 2000 年。

王坚红:《学前儿童发展教育科学研究方法》,人民教育出版社 1991 年。

王志明、张慧和:《科学》,南京师范大学出版社 1997 年。

附例 2

情感表达能力评价研究实例

太仓市艺术幼儿园　王剑玫

大班幼儿情感表达能力的评价指标

情感类别	评价指标		
	A	B	C
快乐	表达快乐情感的动作、表情、言语恰当正确	有表达快乐情感的动作、表情、言语	无
悲伤	会调节悲伤的情感	会用言语、表情、动作表达悲伤的情感	冷漠
愤怒	会控制愤怒的情感	会用表情、动作、言语表达愤怒的情感	表达愤怒的方式不当,有攻击行为
恐惧	会一些克服恐惧的方法和措施	会用言语、动作表达心中的恐惧	陷入恐惧的情感,无法自拔

幼儿情感表达能力测评表

幼儿姓名：　　　　　　　　　　　　　　　　　日期：

情感类别	创设的情境	外显反应		
		表情	言语	行动
快乐	告诉幼儿老师很喜欢你			
悲哀	养殖角里的小兔得病死了			
生气	抢走幼儿正在玩的积木			
兴奋	告诉幼儿比赛得了第一名			
恐惧	观看惊险录像片段			

第七章 行动研究法

第一节 概 述

一、含义

英国学者艾略特认为:行动研究是对社会情境的研究,是从改善社会情境中行动质量来进行研究的一种研究取向。这种研究可以应用于社会科学的各个领域,特别是教育领域等。《国际教育百科全书》中教育行动研究的定义:由教育情境的参与者为提高对所从事的教育实践的理性认识,为加深对教育实践活动及其依赖的背景的理解所进行的反思研究。从这个定义中我们可以看出:

行动研究的主体是教育情境的参与者,可以是教师也可以是教育情境中的其他人。在这种情境里,教师不再是被动的研究客体,而是积极进行建设与反思的研究主体。行动研究的客体是教育实践活动及其依赖的背景。这种教育实践活动和背景是在某个情境中的,是具体的而不是抽象的。行动研究是通过反思这种形式来进行的,它区别于实验研究等其他形式。行动研究的目的是提高教师的教育实践活动质量和改善自身的生存状态。除了定义中提到的以上要素外,教育理论工作者的参与也是必须的,没有教育理论的支持,行动研究将会是盲目的、无序的。

二、来源以及发展趋势

（一）来源

行动研究起源于二战后的美国，最早是由社会心理学家库尔特·勒温于1946年为提高合作效率提出的一种集体性解决问题的方法。他认为"没有无行动的研究，也没有无研究的行动"。当时他们与犹太人和黑人合作进行研究不同人种之间的人际关系，这些实践者以研究者的身份参与其中，积极地对自己的境遇进行反思，并力图改变自己的现状。勒温将这种结合了实践者智慧和能力的研究称为"行动研究"。此后经过不断的应用与改进，不管从理论上还是实践上都日趋完善，这种研究法已为越来越多的人所接受与使用。

（二）发展

20世纪50年代，行动研究进入了美国教育研究领域，后来由于实证主义和科学主义在社会科学领域的兴盛，行动研究曾经经历过一段时间的低迷，直到20世纪70年代才重新开始为人们所认识，特别是在教育研究领域。进入90年代，由于人们越来越认识到实证研究已经不能真正解决实际的社会问题，理论与实践的分离已经成为社会科学领域的一个重大危机，而行动研究可以提供一些可行的变革社会的途径，因此，这种方法日益受到人们的重视。

学前教育研究界之所以也越来越重视行动研究，是因为它能够比较有效地纠正学前教育传统研究中存在的一些弊端。传统的研究方法通常是凭研究者个人的兴趣来选择研究课题，人为地建构想像中的理论系统，内容上比较容易脱离教育实际，研究的结果对实际工作者的指导意义也不大。因此，处于一线的幼儿教师与学前教育研究者之间有很大的心理差距。他们既不能对自己面临的问题和所处的环境进行系统的研究，又得不到研究者的帮助，不能直接从多如牛毛的研究成果中获益。而行动研究积极倡导实践者通过反思来对实践作出判断,并在研究者的帮助下,进行系统严谨的探究工作,然后采取相应的行动来解决面临的实际问题、改善所处的实际环境。教育行动研究还可以改变教师的职业形象和活动形态,使教师具有一定的学术地位,增强教师对问题的敏感度;它的一个重要"副产品"是"它对教师的教育观点和态度的影响",使研究成为教师最有效的学习,从而使其"在行动中研究,在研究中提高"。因此,行动研究是一个解决现存问题的好办法,被越来越多的人认为是未来学前教育研究发展的一个方向。

三、行动研究的特点

(一)注重实践者的积极参与

与传统的研究主体不同的是,实践者不再是被动的被研究者,而是积极主动的研究者。实践者必须有内在的研究动力,意识到是"我要研究"而不是"要我研究",并且充分意识到这种研究的必要性。整个过程既是研究过程,又是实践者的行动过程。研究的全过程在具体的教育实践情境中进行,实践者直接或间接地参与新方案的制定与实施以及进一步的改进过程。

(二)研究目标的具体问题指向性

行动研究始于问题。行动研究来源于具体问题,目标在于在具体情境中提高行动质量,增进行动效果,系统的知识体系本身并不是行动研究所刻意追寻的,它只是研究、解决具体问题的工具或衍生物。

(三)反馈——调整性

由于行动研究过程不像实验研究那样直观,往往不能简单地集中呈现出计划与效果之间的必然联系,所以要重视监督行动的过程,即时获取有关信息,并对每一阶段的行动作出即时反馈。在教育情境中,一旦有肯定或不良的结果出现,就立即反馈到教育体系当中去,及时对行动方案作出调整。

（四）研究方案的可变性

行动研究不像实验研究那样,强调严格控制实验条件或进行对比分析,允许在总目标的指引下,边行动边调整方案。近年来的行动研究,甚至允许研究者不仅可以依据逐步深入的认识和实际情况,修改总体计划,而且可以更改研究的课题。

（五）研究过程的民主化

在研究人员方面,研究强调研究成员之间的相互作用,相互支持,相互取长补短,发挥各自的优势。因此,研究成员之间的相互尊重和平等合作非常重要。研究民主化可以使过去被当成研究对象的人进入一个和研究者拥有同等权力和责任的位置。在研究理念上,行动研究不提倡使用一些事先设定的方法和技巧,而是通过实践者的反思,针对当前的教育情境,创立出行动的新观念和新策略。

（六）研究情境的自然性

行动研究是在真实的教育情境中对真实的被试进行的真实的研究,不主张设置一个处于真空中的实验室,也不刻意控制、分离出某个变量,进行研究前后的比较。

（七）成果的非普适性

作为一种直接指向具体情境中具体问题的研究方法,行动研究在通常情况下,只将在特定情境中得出的研究结论运用于该情境、该问题本身,普遍适用于各种情境的知识的获得不是行动研究的旨趣所在。

四、行动研究的类型

行动研究根据不同的侧重点有多种分类法,主要有以下三种。

(一) 从参与者对自己的行动所作出的反思来看,行动研究可以分为以下三类(阿特莱奇特,1997)

1. 内隐式(行动中认识)

通常,实践者对自己的实践知识及其来源缺乏意识,无法用语言清楚地表达出来。他们通常是在行动中思考,用行动进行思考,行动和思想处于一种未分化的混沌状态。他们知道的却未必能用语言或文字表达出来。行动中认识的研究就是实践者对自己日常的例行行动进行的研究,通过观察和反思了解自己的内隐性知识。

2. 行动中反思

有研究发现,当一个人在实践中反思时,他就成了实践中的研究者。这种研究者不是依靠现存的理论和技巧来处理问题,他们强调背景对事件的意义,更倾向于选择"具体问题具体分析"的变革策略,不大信任通则在具体情境中的效用。他的思考通常不会脱离实践事物,所有的决定都会转化为行动,在行动中加深自己对事物的探究。这种研究无需借助于语言,它是以一种非口语的形式进行的,是一种针对特定情境进行的反思式"交谈"。它促使参与者将自己的思考转化为行动,比较几种不同的策略,排除不恰当的策略。这种研究还可以提高参与者在不同情境中对知识进行迁移的能力。这种方法通常发生在比较复杂的环境中,特别是当参与者的例行式做法不足以应付当前的问题时。

3. 对行动进行反思

这种研究方式要求参与者尽量用精练的口语建构或形成知识,把自己从行动中抽离,像旁观者一样对自己的行动进行反思,把自己的实践知识、过去的经验、当时的情境和未来的方向结合起来。这种反思可以促使实践者的内隐性知识明朗化、口语化。既有利于他们进一步计划自己的行动,又可以增进参与者之间的相互沟通、学习和传承。对行动进行反思是幼儿教师专业化发展的必然要求和有效策略。

(二) 根据研究参与的成员成分不同,行动研究还可以分为以下三种模式(阿特莱奇特,1997;郑金洲,1997)

1. 合作模式

在这种研究中,专家与实际工作者一起合作,共同进行研究。研究的问题由专家和参与者一起协商提出,双方一起指定研究的计划,共同商定关于研究结果的评价标准和方法。这是行动研究的典型层次,也是最高层次,理想的行动研究法应该体现在这一层次。

2. 支持模式

在这种模式中,研究的动力来自实践者,他们自己提出并选择所要研究的问题,自己决定行动的方案。专家则作为咨询者帮助实践者形成理论假设,计划具体的行动以及评价行动的过程和结果。

3. 独立模式

在这种类型中,教师独立进行研究,不需要专家的指导和帮助。他们摆脱了传统的研究理论和实践规范的限制,对自己的研究进行批判性的思考,并且采取相应的行动对教育活动进行改造。

不管上述何种模式,行动研究法的重要参考价值始终是:使教师增长实践知识,产生更为合理的教育观念,以更恰当地应对各种教育现象与场合。

(三) 按照研究的侧重点,行动研究还可以归纳为如下三种类型

1. 强调行动研究科学性的研究;
2. 强调研究对教育实践改进功能的研究;
3. 强调研究的批判性的解放性行动研究。

有感于幼儿教师缺少研究意识,缺乏专业自主,我们将在本章第三节(第216页)向幼儿园教师推荐解放性行动研究模式。

五、适用范围以及局限

行动研究的特点以及优点都是针对比较理想的行动研究模式而言的。而在实际应用中,往往因为研究者和参与者教师比较强调该研究方法的简便易行、要求宽松的一方面,而忽视了其计划性、系统性和潜在的控制性,使一些行动研究缺乏起码的可靠性和说服力,甚至有人并不赞成把行动研究列入真正的科学研究行列。他们认为虽然行动研究试图达成系统性和计划性,但因其内在效度、外在效度显得脆弱,所以还不符合科学上的严格要求。行动研究以具体情境为限,研究的样本受到限制,不具有代表性,对自变量的控制成分少,所以这种研究的结果具有较大的局限性,缺乏推广价值。因此,从严格的意义上说,行动研究还只是一种非正式的研究。

行动研究法的局限和独特有用性同时体现在它与实验研究的差异上。了解这些差异,有助于更全面地认识这一方法,以便有效地利用它(见表7-1)。

表7-1 实验研究与行动研究对照表

范 围	实验研究	行动研究
需要的训练	在测量、统计学、研究方法方面需要接受广泛的训练。教育领域内的许多科学研究由于缺乏受过这些方面的训练的研究者,而显得科学性较脆弱。	通常不需要严格的设计和分析,只需要有限的统计学和研究法的训练。研究者在教育测量方面所接受的训练较教师为多,故提倡合作进行研究。即使教师的研究技巧欠佳,仍可在咨询者的协助下进行较好的行动研究。
目的	获取的结论或知识,可普遍应用于较大的总体;可发展与验证理论。	获取的知识能直接应用于当前的教育情境;可向参与研究的教师提供实施在职训练的机会。

续表

范围	实验研究	行动研究
研究问题的来源	借助各种途径提出研究问题。研究者必须了解问题,但通常并不直接涉入其中。	选定的问题是在教育情境中,足以引起研究工作者困扰的或干扰其教育教学效率的现象。
假设	经过深思熟虑后产生的特定的假设,可运用操作定义界定之,且可以被检验。	问题的特别说明常被看做假设。就理想而言,行动研究的假设必须接近于正式研究所要求的严谨程度。
文献查阅	通常需要就直接资料作广泛查阅,并使研究工作者充分了解该研究领域现有的知识状况。	给教师阅览可用的间接资料,使其对被研究领域有一般性的了解。往往不对直接资料作完整而无遗漏的探讨。
抽样	研究者试图从研究的总体中获取随机的或不偏的样本,但通常无法圆满达成。	班级的教师或作研究的教师,通常以该班的幼儿作为受试者。
实验设计	在开展研究之前,进行详细、有计划的设计。注意维持供比较用的条件,控制无关变量,并降低误差。	在开始研究之前,按照一般方式设计程序。研究期间,给予变化条件,以了解这些变化是否改进教育教学情境。不大关注对于实验条件的控制或误差的减少。由于参与教师的自我投入研究,通常会减少偏见。
测量	努力选取最有效的测量工具。对可用的测量工具进行评价,并在研究之前对测量工具进行预试。	对测量工具的选择与评价不太严谨。参与者缺乏使用与评价教育测量工具的训练,但可通过咨询者的协助,进行令人满意的工作。

续表

范　围	实验研究	行动研究
资料分析	经常要求复杂的分析,包括量化分析。由于将结果普遍化是研究的目的之一,通常要强调统计上的显著性。	简单的分析通常就够用。强调教育上实用的显著性,而非统计的显著性。参与教师的主观意见通常被赋予较重的分量。
结果应用	结果是可以普遍应用的,但许多有用的发现无法应用于教育实际。研究工作者与教师之间所受训练与已有经验的差异,产生严重的沟通不畅问题。	研究发现可立即应用于参与教师的班级,并经常可引发持久性的改良。结果的应用很少超越参与教师本身。

［资料来源：王文科《教育研究法》,台湾五南图书出版公司 1987 年,第 31～33 页。本书编著者对少量字句略作删改。转引自王坚红《学前儿童发展与教育科学研究方法》,人民教育出版社 1990 年,第 173～175 页］

第二节　教师成为行动研究者

一、教师成为行动研究者的必要性

（一）改善自身的社会地位和生存状态的要求

以往,在人们的心目中,好像是只要会唱歌跳舞讲故事,又有些耐心的人都能成为幼儿教师,因为幼儿教师并不需要高深的专业知识,理论工作者、教研员甚至行政人员都可以对幼儿教师指手画脚。幼儿教师没有获得应有的社会地位。为了提高作为实践者的幼儿教师的社会地位,改变他们的现实处境和生存状态,同时也使他们不再受到传统科学研究权威的压抑,提高他们自己从事研究的自信和自尊,幼儿教师自己成为研究者是非常必要的。

（二）幼儿教师专业化的要求

教师以教育教学作为一门专业,须具备以下特征：第一,其成员采用的方法与程序有系统的理论知识和研究作为支持。第二,其成员以学生的利益为压倒一切的任务。第三,其成员不受专业外势力的控制和限定,有权作出自主的职业判断。这种专业自主既是个人的,也包括集体的。作为个人的专业自主,在特定的情境中可以自主选择特定的行动。作为集体的专业自主,有权从整体上决定各种政策、组织和实施程序。若按照以上标准来度量幼儿教师的教育教学活动,称其为专门职业则有些勉为其难。尤其是教师研究意识不强,而且缺乏专业自主,他们满腹委屈地生活在理论和实践的夹缝里。

教师成为研究者是"教师专业化"的策略。教师专业化拓展的关键在于专业自主发展的能力。而专业自主的发展有三条途径:第一,通过系统的自学;第二,通过研究其他教师的经验;第三,在教育情境中检验已有的理论。最后一条尤其重要。如果大多数幼儿教师而不是只有少数人掌握了研究技巧,那么,教师的自我形象和社会地位就会得到改善。在大多数情况下,教师只是机械地传递文化和盲目地遵照执行权威的旨意。而教师要想从这种束缚中解放出来,获得专业自主的权利,其中一条有效的途径就是教师成为研究者。

二、教师成为行动研究者的可能性

(一)幼儿教师从事教学研究的困难

1. 缺乏必要的研究时间。幼儿教师在园工作的时间达到 8 个小时或 9 个小时,有的甚至更长,再加上写教案、制作教具、布置班内环境等,负担非常繁重。与大学和研究机构的研究者相比,幼儿教师可用来从事研究的时间的确很少。

2. 幼儿教师缺少必要的研究方法和技术。我国幼儿师范教育中课程设置明显偏重"学科专业课程",而不注重教育类课程,学生很少受到教育研究方面的系统训练。我国幼儿师范教育课程设置的这种传统缺陷导致了现在的幼儿教师严重缺少从事教育研究的方法和技巧。

3. 幼儿教师从事教育研究时，还可能遇到缺乏研究经费，幼儿园领导不重视、不鼓励、不支持教育研究，害怕教育研究会导致失败等问题。这些问题确实可能使幼儿教师从事教育研究时面临一些困难。

（二）幼儿教师从事教育研究虽然有自己的不足，但也有其独特的优势

1. 幼儿教师处于最好的研究位置，有最好的研究机会

幼儿教师工作在幼儿教育的第一线，时刻面对着要解决的教育教学问题，面对着正在发展的儿童，有着理论工作者无法比拟的实践机会和条件。

从表面上看，幼儿教师工作任务繁重，大量的时间投入到孩子们的活动中，繁重的工作几乎没有给研究留下多余的时间。实质上，这种认为研究将挤占工作时间的观点乃缘自一种错误的假设。这种假设将教学与研究看做各自独立的两项活动，并且遵循一种简单的加法规则：即教师的工作时间 T = 教学时间 A + 研究时间 B。当 T 值不变时，A 值越大 B 值越小。反之，B 值越大 A 值越小。这种错误的理解显然没有考虑研究与教学之间的"共生互补"关系。

其实，幼儿教师所进行的研究是一种特定的"教学研究"，是对教师自己的教学进行思考和研究，这种研究的目的不是为教学增加另外的负担，而是力图使教学以更有效、更合理的方式展开，使教师在有限的时间内引导幼儿获得更好的发展。因此，尽管在研究之初教师可能费事费力，但一旦进入研究的正常状态，熟练掌握了适合自己的研究方法，那么，教师的教学就演变成了研究式教学。幼儿园就是教师天然的实验室，教师的教学过程就是在自己的实验室里进行观察与研究的过程：尽量发现问题和解决问题。换句话说，就是在教学中研究，在研究中教学。教师的教学研究就存在于教学活动之中，而不是在另外的时间和空间进行教学研究。教师的教学实践为研究提供了具体的观察情境，离开了这种具体

的观察情境就失去了研究的条件,而当教师从自己的研究中找到了有效的教学策略和教学管理策略时,就有可能有效地解决种种教学困惑,减少无效的重复劳动,在不一定增加工作时间的前提下提高教学效率。这种教研相长的结果可以使教师多快好省地工作,使幼儿轻松愉快地成长。

2. 做中学:研究是最有效的学习

幼儿教师提高教育研究技能的途径有三种方式。第一种,阅读。教师自己阅读有关学前教育理论和教育研究方法的论著。适合幼儿教师阅读的学前教育杂志和教育论著在一般书店虽然不多见,但学前教育杂志随时可以订阅,学前教育理论方面的论著在一般师范院校和地方图书馆都可以借阅。第二种,合作。即与大学或研究机构的教育研究专家合作进行行动研究。为了解决理论与实践的脱节问题,学前教育理论研究者愿意为幼儿教师提供理论指导,或直接进入幼儿园与教师合作进行行动研究或实验研究。其前提是幼儿园教师愿意合作并且有研究的热情以及来自内部的动力。如果幼儿园领导支持此类合作研究,并提供必要的资助,则合作成功的可能性更大。在合作研究的过程中,幼儿教师可望从理论研究者那里获得直接的帮助,学习到相关的研究技巧和方法。第三种:研究。教师针对实际问题自己思考解决问题的办法。确定解决策略之后,审慎地投入实践并观察和评价实际效果。在上述三种方式之中,实际上以研究最为有效,阅读虽然方便易行,但它本身不是一个独立完整的方法。教师只有针对教育情境中的具体问题而有所选择地阅读,并将阅读领悟到的理论知识应用于实践时,阅读才能体现其价值。而教师一旦能够将读到的东西应用于实践,说明教师已经进入了研究过程。另外,合作中虽然有专家指导的优势,但是如果教师不积极主动参与研究,没有自己的见解,总是依靠专家、学者的意见,那么教师很难提高自己的思维水平和研究能力。看来,无论阅读还是合作,它们只有在研究的基础上才能获得有效的经验,也就是说,只有"教师成为研究者",教师才能唤起阅读的需要和合作的兴趣。

第三节 行动研究法应用

一、行动研究举例

(一)步骤与方法

虽然行动研究一再强调,研究应该就每一个具体课题的情境而定,没有统一的、明确的模式和步骤,但是归纳起来,仍然可以找到一条大致的线索。行动研究的创始人勒温认为,行动研究是一个螺旋式上升的发展过程,每一个螺旋发展圈包括四个相互联系、相互依赖的环节:

1. 计划:以大量的事实发现和调查研究为前提,从解决教育情境中问题的需要和设想出发,收集各种有关的知识、理论、方法、技巧、条件,使行动研究者加深对问题的认识,同时初步设想解决问题的策略。计划应该包括研究的总体计划和每一个具体的行动步骤的初步方案。

2. 行动:按照目的实施计划,行动应该是灵活的、能动的,包含有行动者的认识和决策。行动研究者在研究的过程中应该逐步加深对特定情境脉络的认识,可以邀请其他研究者和参与者参与监督与评议。

3. 观察:对行动的过程、结果、背景和行动者的特点进行考察,不拘泥于特定的程序和技术,鼓励使用各种有效的技术手段和方法。

4. 反思:对感受到的与制定和实施计划有关的各种现象进行归纳,描述出本循环的过程和结果。对过程和结果作出判断和评定,对现象和原因作出分析和解释,指出计划与结果之间的不一致性,形成基本设想、总体计划和下一步行动的计划。

(二) 举例

例一:解放式行动研究模式及其应用

这个模式建议教师收集资料时提出下列问题:

1. 现在发生了什么事?
2. 这件事出了什么问题?
3. 我可以做什么?
4. 这样处理这件事对我(作为教师)有什么重要性?
5. 这样处理事件对幼儿有什么重要性?
6. 我可以在什么时候、什么地方获得探究这件事的信息?
7. 我有什么困难和限制?

应用举例1:如何促进幼儿敢于回答问题(见图7-1)

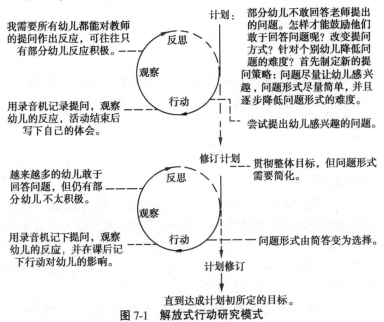

图 7-1 解放式行动研究模式

[该模式修改自 kemmis & McTaggart,1988]

该模式包括反思螺旋的过程。这个螺旋过程包括四个时刻（见表7-2）：计划、行动、观察及反思（见图7-1）。该模式的目的在于鼓励参与者之间的讨论、实践，即发展新的教育教学实践或改善课程的设置。在行动研究期间，参与者可以寻求外来者的援助，协助其验证经验，并进一步促进行动和反省。

表7-2 解放式行动研究模式的反思螺旋过程

	重构的时刻	建构的时刻
讨论（在参与者之间）	4. 反省 回顾所观察的内容	1. 计划 预备行动
实践（在社会脉络中）	3. 观察 为反省作准备	2. 行动 思考和控制策略性行动

[资料根据霍秉坤、黄显华《课程行动研究模式之探讨》修改，《华东师范大学学报》，第18卷第4期]

应用举例2：独立行动研究模式的应用

个案研究

幼儿园某班上有个男孩经常打人，或扰乱别人的活动，使老师十分伤脑筋。于是，该教师决定开展一个行动研究，尝试或探讨降低该幼儿打人行为频率的有效办法。她可以根据该幼儿的情况和特点，参照有关理论和文献制定出1~2个认为是最合适的措施，然后逐一进行实验，观察效果。假定她决定采用奖励的办法，按下列步骤进行。

第一周：观察该幼儿行为共5天。每天在自由游戏时间内请助手用时间抽样法每隔10分钟观察记录该幼儿的打人行为，作为行为基线（A）记录在图7-2内（观察开始之前，教师就应预先准备好该记录图表）。从图7-2可以看出，这周内，该幼儿的打人频率基线全距为每小时9~12次。

第二周：施行实验处理（B）：每小时如无打人行为就给一个奖品（该幼儿喜欢的小玩意儿或吃的东西）。同时，依然按照第一周的方法观察记录打人频率,连接诸点,作频率曲线图,看处理是否有效。从图 7-2 中显然可见,该幼儿的打人行为降到每小时 1～6 次。

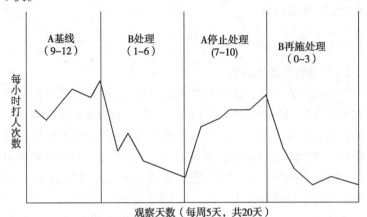

图 7-2 个案研究记录图

第三周:停止处理,看有关因变量是否回复到基线(A)。从图 7-2 可见,停止给奖品后,打人行为频率又升高至每小时 7～10 次。

第四周:再次实施相同的处理(B),再测定因变量,如有改进,则可有充分的证据说明处理(B)有效。从图 7-2 显示当重复对不打人行为加以奖励时,打人频率又显著下降。

从以上四个星期的实际研究可见,奖励对降低该幼儿打人行为频率有效果。然而,教师不可能长期用给奖品的办法使幼儿不打人,于是,该教师逐渐加长给奖品的间隔时间,等等。这样,该幼儿的打人行为就可以比较稳定地减少。

本例运用 ABAB 循环法,主要目的是为了对所实施处理的效果增强信心。如果仅用 AB 法依次处理,可能无法了解与确定处理效果中是否有其他因素的影响,如家庭气氛的改变,或教师不知道的其他原因。所谓"单证不足为凭",再来依次处理,如结果依旧,则他因同样起作用的可能性便大大减小。这与重复验证同理,可增强研究的效度。

[资料来源:王坚红《学前儿童发展与教育科学研究方法》,人民教育出版社1990年,第171页]

二、应用中应注意的问题

(一) 研究前周密计划

行动研究在千变万化的教育实施中进行,有时不可能在一开始就把所有的问题预想好,把方案设计周密,只有根据实际需要边研究边修改具体方案。但这并不意味着,在预订总体方案时就可以草草了事,或在研究过程中随心所欲。相反,在开始构思整体方案时,更需要经过严密的考虑,恰当地、准确地表达研究目标;广泛参考已有理论及研究成果;建立自己明确的理论定向或系统的教育观点体系。只有这样,研究者才能时时把握住研究的大方向,使一个个具体目标切实有效地成为通向总目标的节节轨道,在研究和分析中遇到各种问题时也才能应付自如。

(二) 研究中观察、发现问题,用实验手段不断改进现状

尽管由于教育科学实验的特点使研究无法完全置于计划控制之内,还需要进行大量的随机控制,从形式上看,它对实验法的严格性要求有所宽松,但作为教育研究的方法之一,对研究成果科学性的追求是毋庸置疑的。所以,研究者必须有意识地创造实验条件,不但要善于控制实验的客观过程,也要时时控制研究者自己的主观过程,使研究始终处于可能范围内的最佳控制状态。可以说,合理并完善地运用行动研究法,需要更加充分的理论准备和更加高度的研究技巧与应变能力。

(三) 行动研究需要自主、自觉的参与者

行动研究的成效有待于得到广大幼儿教师的积极自觉行动的支持。理论工作者、研究人员应该充分尊重他们的发言权,鼓励他

们的新设想和创新精神,使实践和科学研究得到更多的反馈机会。如需要有控制组、班,则应将该部分教师吸收加入研究小组,让他们完全了解新方案的内容及做法,并使他们认识到,有意识地做好控制工作是整个研究项目的重要一环,研究成果也部分取决于他们的工作。

(四)行动研究需要多方长期合作

采用行动研究法对幼儿教育课程结构等方面进行整体性研究,往往需要多方人员的长期协作。这是当代教育研究的发展趋势和特点,也是最有潜力的研究者成分构成,但这也将导致许多问题。因为人员身份不一,观点、目的各异,需要很好地统一思想,同心协力,坚持不懈地作出努力;还要根据不同的实际情况和可能性,着手制定不同层次的、现实可行的行动研究方案。

三、行动研究的评价

行动研究的评价不同于传统类型的研究。从以上的讨论中,我们可以看出,不管是从理论上还是方法上,教育行动研究都对传统的研究提出了挑战,而它在创新的同时也给研究结果的评估带来了一定的难度。比如传统意义上的效度、信度、推广度等问题已经不可能在这个框架里来讨论。此外,行动研究中的研究与行动之间是相互渗透的,两者无法分开来看待。建构知识的过程就是一个行动的过程,而行动的过程也就是一个检验知识的过程,行动的结果就代表了知识的检验。知识的建构(行动)与检验(反思)之间的阶段是不可分割的,反思就是在行动中发生的。行动研究的严谨性表现在实践者是否可以敏锐地感觉到自己实践理论中存在的错误,在情境中进行一种回顾式交谈。通过这种交谈,实践者反思的结果可以不断地转化为行动实践,而实践又可以持续地激发反思理性和实践知识的发展。这是行动研究的一个特点,即反思性。通过行动与反思之间持续的运动,实践者在实践中的弱点会逐渐被检验出来,而有用的行动策略会被探索与伸展开来。通过反思活动,具有反思能力的实践者的行动质量以及他们的研究过程便得到了检验。

基于上述行动研究的特点,我们认为其质量衡量标准可以从如下几个方面进行考虑:

1. 研究是否有利于发展和改善当前的教育现实,是否解决了实际的问题或提供了解决问题的思路;

2. 研究是否达到了解放教育实践者的目的,使他们不再受到传统科学权威的压抑,提高他们从事研究的自信和自尊;

3. 研究设计和资料收集的方法与实践的要求如时间、经济条件、专业知识等是否相容;

4. 研究是否发展了教师的专业知识,加深了他们对实践的了解,提高了他们的工作质量和社会地位,使他们的专业受到社会更大的重视;

5. 研究是否符合伦理道德方面的要求,是否与具体情境下的行动目标以及民主的价值观念相符。

四、行动研究的意义

(一) 符合国情的需要

辩证唯物主义的哲学是指导我们一切研究工作的科学的世界观和方法论。行动研究强调教育实践与科学研究的动态结合与反馈,符合辩证唯物主义关于实践与真理关系的基本观点。

学前教育就其本质来讲是一种启蒙性整体效应,较之系统的、分科的学校教育,更加强调各种教育活动在效应上的相互渗透与融合。根据我国的国情,日托幼儿在园时间一般在 9～10 个小时(比小学在校时间长得多,而国外幼儿园一般是半日制或更短),全托幼儿每周五日连续在园度过,幼儿园环境构成了幼儿大部分的成长环境。因而在我国,幼儿园教育对在托幼儿的发展所产生的整体性影响便相对突出,将幼儿园教育作为连贯的动态整体进行全面研究的必要性也就更为显著。然而,此类研究涉及面广、周期较长、影响因素错综复杂,难以控制和对比,用一般实验法研究困难较大,而行动研究法则为之提供了现实的可能性。

根据我国学前教育科学的基础、现状和条件,目前尚不完全具备高度科学的控制、测量手段和设备、技术条件以开展严格的综合性教育实验,而实践中的问题又急需研究和改进。我们不妨将行动研究法列为可供选择的方法之一,并在探讨、研究的过程中不断探索更加完善的研究方法。

再说,方法的科学性是相对的,更重要的在于人们如何去运用它。有的方法从理想化的模式而言当然是比较科学的,但实际运用在教育研究中则很难完全兑现;由不同的人运用起来,其科学性水平会相去甚远。如有些实验研究从表面结果看起来,有数据分析,有对比,有阐述论证,似乎很有说服力,但究其数据来源,取样方法,对各种复杂变量的控制和统计处理的适宜性,仍存在许多问题和缺陷,从而使结论缺乏可靠基础。因此,我们应自觉地、有意识地、真正恰当地追求实质上可能达到的研究的科学严谨性,而不能片面追求表面形式上的完善。我国幼儿园有一大批有实践经验又热心于科学研究的幼儿教师。她们具有得天独厚的了解孩子的机会,对实践和改革中的问题具有当然的发言权,同时又十分迫切地希望能得到心理学、教育学等学科专家、理论研究人员的帮助和指导。这就为行动研究法深入我国幼儿教育研究提供了可能性。

(二) 有助于实现多种方法并用

学前教育研究往往不能采用单一方法。在较好的行动研究中可汇集多种研究方法。例如,在诊断过程中主要运用观察法,使研究者客观而准确地了解幼儿的行为、实际教育过程,教师的态度和方法效果,幼儿与环境、教师、材料的相互作用等,以便进行卓有成效的改革干预。预诊中还可运用调查法,利用谈话、问卷等手段,有计划地以家长、教师、幼儿等为对象进行资料收集工作。寻找解决具体问题的途径时尽量运用实验法,进行相对的控制条件的对比分析,在有条件的方面可进行比较严格的测量统计、客观评价;而对某些方面尤其是儿童个性、情感、品德、社会化等,则采用教师、研究者、家长各自评定等级等方法,经过信度考察后作为分析的依据。理想的行动研究法应该是多种科学研究方法灵活、合理的运用。

(三) 可开阔收益面

行动研究法使研究者通过深入接触实践和教师,可使所要研究的问题更加客观和有针对性,可使研究课题在行动中不断得到评价、反馈和改进,又可提高研究者的水平,推动教育研究的发展。

在科学研究中,幼儿教师有机会经常得到理论指导,有助于树立合理的教育态度和观点,明确改革的必要性;幼儿教师因受到尊重,有发表意见的平等权利,而易于激发其教育创造性和积极性。正如学前教育机构欧洲理事会所述《学前教育评价中的问题》一文指出:教育研究对教育之真正影响在于它对教师的教育观点和态度的影响。

研究人员和教师在研究过程中的得益将直接影响实际教育过程和水平,从而改革教育、提高效益,使幼儿从中获益。可见除研究成果之外,研究过程本身已经在产生价值,且收益面涉及全部有关者。

第四节 教育行动研究与园本课程发展

一、教育行动研究与园本课程的关系

园本课程发展与教育行动研究在许多方面都有相似或共通之处。在某些地方的幼儿园,园本课程发展与教育行动研究的涌现

与发展是紧密交织在一起的,园本课程发展中的一些问题可以通过教育行动研究来解决。

(一)园本课程发展和教育行动研究不仅是操作层面的术语,而且有着深刻的背景,如强调权力的再分配、强调主体的能动作用、强调参与合作等。

(二)园本课程发展和教育行动研究都有强烈的实践性。这种实践性表现在实践者尤其是第一线教师被认为是从事园本课程发展和教育行动研究的当然主体;另一方面,园本课程发展和教育行动研究虽然都不排斥理论成果的产出和发表,但都不以理论上的建树为主要目的,而以直接服务于具体实践、提高实践质量为己任。

(三)园本课程发展和教育行动研究都坚持现场本位立场。园本课程发展一词本身,就透露了它的现场本位立场,而教育行动研究理想的地点,也大多在幼儿园或学校之中。园本课程发展和教育行动研究所支持的现场本位立场,并不是简单的地点的转变,还包括更深层的含义,如强调当时情境对事件的意义,更倾向于选择"具体问题具体分析"的策略,相比之下,不大信任通则、普遍规律,以及前人理论在具体情境中的作用。

(四)园本课程发展和教育行动研究都极力主张权力的下放,都强调实践者的专业自主和专业权威。

(五)园本课程发展和教育行动研究的理想程序大致相同。其中的一种模式如图 7-3 所示:

图 7-3 园本课程发展和教育行动研究的理想程序

园本课程发展和教育行动研究都主张开放的、可调整的进行模式。行动与方案可以根据情况的不同作出调整与改变,课程发展和行动研究都没有绝对的起点和终点,持续的发展才是两者的最终目标。

它们的结果都使研究变得大众化、平民化,研究不再仅仅是一种特权和身份的象征,而是更接近一般人日常的思维方式和生活内容。

(六)两者的出现有相似的社会背景。如对民主、参与等价值观念的广泛认同;对多元化、差异、个性的认可和尊重;后现代主义视角,如开放的、多元的、解放的,等等。

二、教育行动研究对园本课程发展的作用

园本课程发展为教师研究提供了更直接的舞台;在实践中,至少在某些国家的某些幼儿园,园本课程发展与教育行动研究有近乎共生共存的关系。园本课程发展可以作为一种行动研究的模式,而教师是课程发展者。教师的专业能力和专业发展是保障园本课程发展的重要措施,而教师参与行动研究,是提高教师自觉程度、促进集体一致性的一种有效途径。

(一)教育行动研究可为园本课程的发展提供可靠的基础

教育行动研究有保障自身信度与效度的措施,为园本课程发展提供了保障自身有一个可信可靠基础的范型。

(二)教育行动研究可以作为园本课程发展的手段

教育行动研究作为一种行动策略,其重要特点之一就是关注发展的过程。而园本课程发展作为一种教育改革策略,不仅要关注理论上的结果,也要关注实际的过程。例如,如何在教师之间对教育的目的、本园的现状、幼儿的需要等达成共识?如何保证改革的实际发生,而不只是停留在决定和计划上?如何促进教师个体专业行为的改变?这些问题的解决需要教育行动研究的支持。

思 考 题

1. 行动研究法的含义。
2. 行动研究有什么特点?
3. 陈述行动研究的分类方法及其类型。
4. 教师成为行动研究者有什么必要性?
5. 行动研究有何意义?
6. 设计一个行动研究方法。
7. 请谈谈你对行动研究和园本课程关系的理解。

第八章 教育研究报告的撰写与评价

第一节 教育研究报告及其撰写

一、教育研究报告的分类

教育研究报告是对教育研究成果的表述,是对研究工作的目的、过程、成果等的概括和总结,是研究者与他人进行交流的主要方式之一。根据不同的标准有不同的分类。

(一)根据教育研究的内容分类

1. *以教育事实为主的教育研究成果*

这种类型的研究其表现形式主要有:教育观察报告、教育调查报告、教育实验报告等。其主要内容是研究的整个过程以及过程中发现的事实。在呈现研究过程及事实时要求客观、规范,所用材料要具体、典型。

2. *以教育理论为主的教育研究成果*

该类型的研究报告包括各种学术论文、学术专著,以及部分学位论文。主要以深刻的理论分析和严密的逻辑论证来说明所研究的问题,以分析和阐述对某一理论问题的认识为主要内容。以理论为主的教育研究是在已有研究的基础上,以前人的研究为逻辑起点,提出有创新性的观点和看法,以进一步揭示事物和问题的本来面目和客观规律,因此在行文上要求论点明确,论据确凿、论述严密,清楚展示理论观点和体系的构建过程。

3. 理论与事实相结合的教育研究成果

顾名思义,这是以上两种教育研究成果的综合形式。在这种教育研究成果中,既有对教育过程和事实的展示和说明,也有在此基础上进一步提升的理论观点。在以调查或实验为基础的学术论文和学术专著中经常出现这种形式。在具体成文时,根据本人的经验、研究情况以及要求的不同,可以对某一部分有所侧重。善于理论分析和逻辑思维的研究者可以把更多的精力放在理论论证上,而对于初次进行教育研究的研究者则更多地侧重对过程和事实的分析。

(二) 根据教育研究报告的理论假设分类

1. 质的研究报告

越来越多的研究者认为质的研究更适合应用于教育领域的科学研究,而且更适合于作为研究者的教师。对幼儿教师来讲,他们更关心的不是如何建构高深的理论或提出有创新的理论观点,而是更在于日常的教育实践活动中出现的问题及其解决的办法。是什么问题?为什么会出现这些问题?该如何解决这些问题?作为幼儿教师该如何从事教育研究?等等问题可能会经常出现在脑海里。要解决这些问题,质的研究应该是最好的解决问题的途径。本书的第七章详细介绍了作为质的研究的行动研究法。该类型的研究报告主要以行动研究法、访谈法、观察法为基础,其主要内容是研究的整个过程以及过程中发现的事实。在呈现研究过程及事实时要求客观、规范,所用材料要具体,通常在结尾处需要对研究结果作出结论性的陈述,但强调不要使用过于绝对的语言,而应该给读者和作者留出进一步思考的空间。同时应指出研究的局限性、尚未解决的问题以及进一步研究的课题。一般的学术论文要求就研究的结论提出政策性建议,但是质的研究特别强调不要过分表明研究结果的意义与价值。

2. 量的研究报告

该种类型的研究报告以对研究假设的证明或证伪为目的,在方法上以实验法、调查法为主,在呈现形式上多配以表格、图表等。

不管是量的研究报告还是质的研究报告,在表现形式上具有一定的相似性。下面以表格的形式对两者作一些比较(见表8-1)。

表8-1 教育研究报告

			量的研究报告	质的研究报告
			标题	
			署名	
			摘要	
正文		一、绪论	1. 研究背景	
			2. 研究意义	
			3. 研究目的	
			4. 研究问题及假设	无假设
			5. 对有关研究概念和变量的界定	无界定
	二、文献综述			
	三、研究方法		1. 研究对象及其抽样	1. 如何进入研究现场
			2. 研究的主要方法及其设计	2. 研究资料的收集
			3. 研究工具	3. 研究资料的整理分析
			4. 实施研究的程序	4. 研究中的伦理
			5. 研究资料的整理分析	
	四、研究结果及分析		1. 研究结果	按照编码的形式进行分析
			2. 分析	
	五、研究结论与建议		1. 突出新发现	1. 结论需突出亮点
			2. 提出建议	2. 讨论应呼应文献综述
			注释与参考书目	

二、撰写教育研究报告的意义

教育研究报告的撰写主要有四个方面的意义:

(一) 可以展示研究成果以取得社会承认

教育研究成果转化成书面的形式,创造性地反映研究成果,展示研究所具有的价值,同时向社会提供了科研信息,与其他有关人员分享研究成果。通过对科研成果的展示,得到社会的鉴定、评价以及承认,以取得社会效益和经济效益。

(二) 可以促进学术交流和成果转化

教育研究成果通过提供有关研究过程的实际资料及对研究结果的评价分析,对学术交流与合作有一定的促进作用。同时,教育研究成果还用通俗易懂的形式向广大从事教育实践的工作者提供信息,使科研成果及时有效地指导教育实践活动,进一步推动教育实践工作的开展。

(三) 可以提升研究水平

对教育研究成果的表述过程同时也是对整个研究程序与思路的梳理过程。通过这个梳理过程,不仅可以促使该项教育研究的深化,而且有可能进一步发现新问题和新事实,从而进一步提高该研究的科学水平。教育研究成果的表述是对整个教育研究的再创造过程的表述,而不仅仅是对研究过程和成果的简单描述。

(四) 可以增强研究者的科研能力

教育研究成果的表述是对整个研究的再创造过程,而不仅仅是对研究过程和成果的简单描述。研究者通过这一过程可以进一步提高自身的分析综合能力、逻辑推理能力和系统表达能力。对研究者来讲,学会撰写研究报告和学术论文是一项基本素质。

另外,研究成果的数量和质量,无论对团体还是个人来讲都是一项重要的衡量指标。从一定意义上来讲,一个团体和个人的学术水平和学术地位在很大程度上取决于他的研究成果,所以必须及时总结和表述研究成果。

三、撰写研究报告的一般要求

教育科研论文或教育科研报告作为教育研究活动的全面总结和进行教育科研成果交流的重要方式,在撰写时需解决好以下几对关系与矛盾。

(一)处理好求实与创新之间的关系

创新是科学研究的核心。根据研究者自己的探索,在已有研究的基础上提出新观点、新理论、新事实,是科学研究的价值所在。科学研究的内容应该是前人所没有深入探讨过的、未知的,或是在新形势、新时代出现的新问题以及在前人研究的基础上,以新的材料、从新的角度对老问题进行新探讨,从而提出新颖独特的观点。学术论文或专著不同于教科书。教科书是系统论述已确定了的科研成果的理论论点,全面叙述该学科的一般基础知识;而研究论文则不能重复别人已做过的工作,而是要创新。创新,必须以科学性为基础。研究报告或学术论文的科学性表现在:(1)观点表达要准确、系统。研究报告是规范性的理论文章,区别于新闻报道、小说等体裁和政论文,必须是严谨的、科学的。要用充分的论据和严密的论证,或精确可靠的实验观察资料数据来证明科研成果的结论或证伪前人的某项结论。(2)论文内容要实事求是,从实际出发,无论是理论还是分析、论断,都要恰如其分,正确反映客观规律。不能为了验证自己先前的假设,而随意篡改研究结论或数据。

(二)处理好观点和材料之间的关系

处理好观点和材料的关系是写好研究报告的关键一环。科学研究必须以客观事实为依据,对研究中所获得的大量材料进行整理、提炼,精选出最有价值、最典型的事实材料作为理论的依据。如果不重视事实材料的整理、提炼而简单罗列,不重视材料的论证作用而任意猜测,就会使论据与论点脱节,使研究报告缺乏说服力。

要保证观点和材料的一致性,必须从选择材料和提出观点两方面入手。

选取材料时应注意:要分清主次,应紧紧围绕研究主要问题选材。所选材料要典型,具有广泛的代表性和说服力。材料要真实准确,符合客观实际,在选材时还应注意认真鉴别材料的真伪和价值程度。所选材料要尽可能新颖生动,具有时代感。

提出观点应注意:言之有据。以所选择的材料为依据,经过严密的逻辑论证得出观点,不能凭空臆造。尊重事实,排除偏见和陈见。提出观点时不能主观臆断,不能受权威和偏见的影响,而应该充分尊重事实,即使事实不符合研究者的倾向性和预期,也应该以事实为依据来提出观点。逻辑严谨、概括正确。在掌握大量事实的基础上,研究者应对材料进行正确、集中的分析、归纳、综合,提取论点,概括出结论。

(三) 处理好独立思考与借鉴吸收的关系

教育研究是一个复杂的系统工程,需要很多人甚至数代人坚持不懈的努力。研究成果每前进一步都建立在前人的基础上,因此,在研究报告和论文中必须正确处理借鉴吸收和自己独立思考的关系。既不能自恃高傲、故步自封,无视他人的研究成果,从而导致重复研究;又不能全盘照搬,为引用而引用,或断章取义、任意发挥,或只述不评,这些都无益于科学研究。

对所引用的观点和文献的要求:

1. 要弄清作者的原意、文献内容的价值所在以及文献内容的实质与当前课题的关系,以加强论证的针对性和两者之间的有机联系。

2. 要善于从众多的研究成果和文献中筛选最典型的、最富有说服力的材料。如果只是简单罗列和大量堆砌材料,只能降低文献材料的论证作用,并使文章臃肿拖沓。

(四) 处理好论文规范性、准确性与可读性的关系

研究报告的撰写是有一定的规范的。这些规范是人们在各种科研写作中形成的惯例，它有利于研究者对研究过程与结果进行完整而准确的表述，也有利于读者对研究成果的了解，迅速准确地把握研究内容。研究者在撰写研究报告时应尽可能利用一些已有的格式和规范，把创造性的思想和观点融会于较规范的格式之中。

撰写研究报告还要求语言文字准确、鲜明、生动。所谓准确，是指忠实客观地反映现实，不能滥用夸张比喻等修辞手法。既不可以用日常生活用语或文学用语代替学术用语，也不可生造词语以免造成理解上的歧义。鲜明，是说无论要点要义或要据都要清楚明白。生动，就是要求语言要讲究文采，不要呆板地说理。如果研究者能够深入浅出地表达研究内容，尽量让更多的人理解研究内容，将会收到更好的交流效果。

四、研究报告主要成分的撰写说明

研究报告各主要成分的撰写技巧与要求如下所示：

(一) 标题 (题目)

研究报告的标题就像文章的眼睛，要求用尽量简练的字概括地表达研究报告的内容或意义，尽量避免用字数较多的长题目。因为题目字数太多，读者会因为题目太长而不愿阅读。我们写文章的目的之一就是让读者阅读以后并有所借鉴。如果觉得一个正标题不足以概括文章的主要内容的话，可以加一个副标题。例如，《让幼儿生活在爱的蓝天下——中班幼儿移情训练中爱心的培养》。题目的关键词应该能反映研究的主要内容，并使人一看就能了解文章的大致内容以及研究的角度和领域，最大限度地引起有关人员的关注。此外，一些文摘、书刊索引也将根据题目中的这些关键词，决定收入索引的资料类别。

文章的题目应该在整篇文章完成以后再做定稿。我们可能在

写作之前并没有把文章题目想好,很可能是在写作中或完成后才想好的,这都是正常的现象。但不管是在什么时候想好的题目,最好都要在文章完成后再作进一步的斟酌,看该标题是否"称职"——准确、简明地概括全文。

(二) 署名

研究报告的署名有两个作用。一是标明该报告的著作人,同时也说明了是谁应对该研究负有主要责任。如果作者是惟一的,问题就无可争议,如果有多个作者参与了研究与研究报告的撰写,就出现了署名的排序问题。一般来说,排列第一的作者为第一作者。第一作者将受到读者更多的关注和重视。署名的排列顺序应该由所涉及的人协商决定。遵循的原则是:谁对该项研究负有主要责任,谁就是第一作者。所谓负有主要责任,是说如果有人对该项研究提出质疑和批评,应该由谁出面作出解释与争鸣,谁的名字便应该排在前面。例如,《重置教育活动中的发问权》,作者:黄进、万湘桂(《早期教育》,2003年第3期)。

(三) 摘要(提要)

摘要部分一般紧跟在题目之后,应该是研究报告中关键性内容的总结和概括,通常以150~300个字为限。摘要用词应该十分简明准确。在读完摘要之后,读者可以大概了解该研究报告的主要内容,如研究的目的和问题、研究方法、研究结果如何等。摘要最好在研究报告写完后再写。如果报告本身写得较好,那么,从中概括出摘要的简明信息,也是很容易的。

在研究报告的开端,先出现摘要是很重要的。摘要是使读者用很短的时间了解报告内容、以决定取舍的主要方式。另外,由于时间关系,人们在搜索信息时也不可能直接全文阅读许多论文与报告,而往往根据摘要来判断某篇报告是否符合自己的兴趣与需要。一项研究或一篇研究报告,如果能被较多的人引用借鉴,从某种角度而言,是对该研究报告有用性等价值的肯定评价。认真地撰写摘要,有助于提高研究报告的阅读率与取用率。摘要还有助于相关人员进行书刊索引和文摘的编写工作,能将研究报告不失作者的本意介绍给读者。

(四)文献综述

文献综述是围绕研究目的、对研究问题或假设的有关文献资料的综合性论述。报告中撰写这部分内容,能使读者了解研究背景,并能从综述中了解作者或研究者对哪些有关的研究成果已有所掌握。在文献综述部分,作者应该对有关文献有述有评,尽量做到融会贯通。当然,不能使读者感觉到研究者以介绍有关知识为名而高谈阔论,而忽视了对研究背景的介绍。

文献综述部分的篇幅与具体内容,应视读者对象的不同而区别对待。如果读者对象是对背景知识了解不深的人,文章引用的内容应作比较详细而通俗的介绍;如果读者对象是对该领域的理论与研究情况比较熟悉与了解的学者和其他研究者,则可用较抽象的概念表达,有时甚至只需要提及某些重要人物的姓名及其术语,便可达到交流的目的。因此,作者应确定研究报告的读者对象,分析特定对象的特点与需求,有的放矢地提供相关信息。

文献综述的撰写应具有针对性与选择性。如果引用的是某种比较高深、涉及面广泛的理论,则应集中在与本研究课题最密切相关的方面进行阐述。假如读者希望进一步了解该理论,可根据作者提供的资料来源,自行参阅。

在文献综述中引用他人的研究成果时,应在文中适宜处括号内写明原作者的姓名以及发表时间,或标明注释条号,使有兴趣的读者可在研究报告末尾的"参考资料目录"中,找到相应的资料来源,如篇名、书刊名称、出版单位、出版日期、册数、页数等。如果在报告中直接引用了别人的文字,则可用页末注、段后注、文内注等方式加以说明。

文献综述的末尾,有时可以自然延伸,进而简洁地阐述当前的研究目的,或要研究的问题与假设。

(五) 研究问题

文献综述的末尾部分应该自然过渡到本文研究的问题,研究者在报告中的研究问题部分或相当于研究问题部分应明确阐述研究问题,并适宜地限定其研究问题的范围。研究问题的提出,应与文献综述部分的内容密切相关,应客观地指出理论上的合理性或实用性。对与研究问题有关的重要名词术语,应作出适当的解释。

(六) 研究假设

在介绍研究的方法与步骤之前,应明确阐述研究假设,因为研究方法是为检验这些假设而选定的。研究假设一般是以文献综述中的资料作为支持性背景而提出的。此时对研究假设的阐述可以用理论性概念术语来表达,也可以用经操作定义解释的词语来表达。但一般而言,采用解释假设术语的具体而透彻的操作性定义,应在研究报告的方法部分详述,最好放在是否接受假设的结果部分之前。

研究假设的表述应十分清楚明确。如果假设比较复杂,包含多层含义,就应用多个句子分别进行表述,而不是用一个复杂累赘的长句子进行表述。

(七) 研究方法(略,因为各章已经详细描述)

(八) 结果与分析

该部分是研究报告的主要成分,主要是简要地说明研究结果与假设的关系——是证明假设还是证伪假设,不管是证明还是证伪,都要将研究结果实事求是地呈现给读者。

主要内容如下:

1. 对研究中所收集资料的整理分析。

2. 在对资料进行整理分析的基础上,采用一些思辨的、逻辑的或统计的方法,得出研究的最终结果与结论。

该部分的写作应注意:

1. 实事求是,真实可靠。应该以准确无误的数据资料和事实来说明问题,前人或他人的研究成果不应该包括在里面,也不外加研究者的主观议论和分析,从而保证研究结果的客观性和准确性。
　　2. 定性分析与定量分析相结合。在对数据进行分析时,在对数据严格核实的基础上,应采用一定的数据分析技术,从数据中揭示出事物的内在联系,而不是简单地罗列数据。
　　3. 资料翔实,层次清晰,表达准确客观。结论是在对收集资料的客观分析、综合、比较、归纳的基础上的自然延伸,因此必须是严谨的、合乎逻辑的、准确无误的,严禁对结论的任意夸大、引申。

（九）讨论与建议

　　讨论是对研究结果的评价。根据研究得出的结论,研究者结合自身的经验与认识,经过分析思考,讨论和分析与实验结果相关的问题和事实,对当前教育理论和实践提出政策性建议和设想。讨论的基本内容如下：对研究结果进行理论上的分析和论证,并进一步将本研究纳入某一理论框架,成为理论系统的一部分,从而建立和完善该理论。对本次研究方法的科学性和局限性的分析,如对实验误差、显著性的分析,对效度和信度的分析等,进行一些必要的反省认识和说明,进一步提出可供研究的问题以及本次研究由于一些原因尚未解决的问题,并对未来的研究以及研究的推广提出建议。

　　在此有必要说明一下结论与讨论的区别：研究结论呈现的是研究中的客观结果与事实,它应该是基本肯定的,并可以在相同的研究中得出相同的结论；而讨论则是研究者主观的分析和认识,是研究者将研究的结果提升成理论的过程。对研究结果,不同的人可以因观察问题的角度而有不同的看法,而对研究者来讲,必须对此有一个全面透彻的分析。要善于提升,善于提出问题和思考问题,善于从逻辑的角度,理论的角度,时间的角度,多侧面、多纬度地加以分析和讨论。

(十) 参考目录资料

科学研究总是在前人或他人已有研究的基础上进行的。论文中应列出直接提到的或利用的资料来源。一是帮助读者了解有关本课题的研究历史和已有成果，作为进一步研究的依据；二是尊重他人的研究成果，同时体现作者治学的严谨；三是为别人提供查证的线索，避免在转引他人研究观点时产生误解和不同的理解。另外，引用和参考文献的多少与质量，也反映了作者对本课题的历史和现实研究水平的把握，以及作者的科学态度和求实精神。

引文注释分为页末注也叫脚注、文末注、文内注。无论采用哪种注释类型，引用文字一定要注明出处，包括作者姓名、书刊名称、文献篇名、卷数、期数、页码、出版单位和时间等。如果是转引，一定要说明是转引自或参见等。

文后所列的参考文献，应有完整准确的出处，以便于读者查找。参考文献的呈现应按规范的格式要求，一般是作者姓名、文献标题、书刊名称或出版单位、卷数、册数或期数、出版版本、年代、日期、页码。参考文献可按时间顺序，或按内容重要程度，或作者姓名标以序号。在较大型的研究论文中常有附录。附录一般包括详细的原始数据、实验观察记录、图表、问卷、测试题或其他不宜放入正文中的资料，以资查找。

根据不同情况，报告或论文中可以将以上若干个部分结合在一起。例如，有人把文献综述和研究问题甚至假设结合在一起，共用一个标题；把结果、结论结合在一起共用一个标题，甚至有的文章全文仅分为三大段：简介、过程、结果，但具体内容却把以上成分全部包含进去。

上述主要成分出现在研究报告中的顺序虽然是相对固定的，但是在论文或报告的写作过程中却不一定按照固定的顺序来写。很多人都是从自己认为比较容易的部分开始，由易到难，各个击破。例如，可以把问题、假设以及方法与过程、结果、讨论部分放在前面先写,而把题目摘要放在最后写。之所以这样,是因为往往到了这时候,才知道自己究竟做了些什么,才能真正概括全文的重要内容。第一次写作时可以把草稿尽快写出来,然后再对内容进行修改。至于写作的风格和修饰,可以等到较后阶段再进行修改并定稿。

具体到某种类型的教育研究报告会有自身的特殊形式,也不可能每种研究报告都包含以上各个部分。

(具体范例参见本章附例)

第二节 教育科研成果的评价

一、教育科研成果评价的作用

从一般意义上讲,评价就是评定其价值,也就是依据一定的价值标准,对某一对象的作用、功能进行价值判断的社会活动过程。教育研究成果的评价就是人们依据一定的质量标准对已经取得的研究成果的科学性、效用性等方面进行价值判断的过程。它是完善和推广教育研究成果,改善教育研究工作,推动教育研究发展的一项重要工作。它既是一个阶段活动的结束,又是一个新的阶段的开始。

教育研究成果的评价作为促进教育研究发展的重要手段,对教育研究起着导向、鉴定、激励、调节和促进作用,具体表现如下:

(一)对科研成果的鉴定作用

通过评价,可以将教育研究成果本身蕴涵的丰富价值充分地挖掘出来,便于学术界和社会进一步了解和认识教育研究成果的价值,并通过社会实践活动充分发挥教育研究在理论与实践上的效益以及它的交流和推广。

(二）能促进学前教育研究工作的改进和研究水平的进一步提高

对教育科研成果的评价过程既是一个对科研成果的科学性和价值程度进行分析和判断的过程，又是一个对研究过程进行反省和回顾的过程。通过对教育研究成果的评价，可以使研究者了解到该次研究活动的成败、得失，并清醒地认识到自己在研究工作中的优势和问题所在，便于及时地调整和改进，为下一次科研活动作好准备。同时，通过评价也可以使研究者按照一个科学的教育研究应有的基本标准，总结经验，发现不足，提出问题，更好地把握教育研究的方向，对自己以后的研究工作提出更高的要求，促使自己的研究水平不断提高。

(三）评价能够促进研究工作整体质量的提高

对教育科研成果的评价有利于确立教育科研的基本要求和规范，有利于科研人员科研意识、科研素养的提高，对指导教育研究工作，提高教育研究工作质量，总结教育科研方法，建立教育科研体系，提高我国教育研究工作的整体水平等具有重要意义。

(四）能够为科研管理和教育决策的科学化提供建议

通过对研究成果的评价，可以收集教育研究的有关资料，有利于教育行政部门加强对本地区、本部门的教育研究活动的宏观调控和指导。尤其是在群众性研究活动广泛开展的同时，教育研究资源又十分有限的情况下，为了避免不必要的重复和资源的浪费，更需要对教育研究的选题计划性、实施过程以及成果检验的科学性等方面进行宏观调控和具体指导，尽量避免研究的盲目性导致的科研资源的浪费。而且在一些对理论和实践方面影响较大的科研成果推广和普及之前，一定要经过系统的科学评价。这是由教育活动效果的长期性和隐蔽性决定的。一旦不成熟甚至不科学的教育科研成果转化为实际的教育政策或大众化的教育观念，将会造成长期的、广泛的、无法估量的负面影响。

二、科研成果评价的内容

教育科研成果的评价从内容上看,可以分狭义和广义两种。狭义的评价指的是对教育科研成果本身的评价,如对研究报告或学术论文的评价;广义的评价强调的是以对教育科研成果的评价为基础,同时对研究成果所反映出来的教育科研目的、过程和结果进行综合评价。本教材强调的是后一种。

教育科研成果作为知识性的精神产品,对教育和人类精神生活所产生的作用和影响一般不会立竿见影,而是细水长流的、渗透性的影响。因此,对教育科研成果的评价无法做到对所有的方面和所有的价值都能进行评价,从目前来看,主要可以从以下三个方面进行评价。

(一) 科研目标评价

教育科研成果的目标评价主要是指对研究开始时确立的整体思路,而其核心就表现在理论构思之中。通过对目标的评价,可以使人们在研究工作中对目标的设定更加合理、科学。对教育科研成果的目标评价主要涉及两个方面:一方面是研究课题的创新价值;另一方面是所构建的理论体系和概念体系的科学性、可靠性。

(二) 科研过程评价

教育科研的过程评价主要说的是研究结束后,对研究过程进行全面、系统的分析,包括从研究的设计到资料的收集、整理,资料分析手段的使用,结果的得出等一系列科研工作。对研究过程的评价应根据所使用的不同的研究方法和资料的性质,在研究过程的开展方面有不同的要求,这在前几章都有比较详细的论述,在此不再赘述。

(三) 科研结果评价

该方面的评价主要从学术价值和社会价值两个方面进行。不同种类的教育研究成果有着不同的价值表现。一般来说,基础理论研究成果更多地表现为学术价值。学术价值主要指研究成果在学术上对增加教育科学知识的贡献表现在理论和方法应用的深广度、理论观点的创新度、研究方法的突破、学术空白的填补以及成果对其他学科领域的借鉴和启迪意义等方面。简单来说,表征教育科研成果在多大程度上向未知领域的推进。

应用型研究成果的学术价值更多地以社会价值的形式表现出来。所谓社会价值是说研究成果对教育发展和解决教育实际问题方面所发挥的实际作用,它包括为政府、教育行政部门和学校提供认识某一教育问题的理论观点,或为解决某些教育实际问题提出建议方案和方法,并在实践运用中取得了一定的社会效益或经济效益。

评价教育研究成果社会价值的大小,不仅要考虑成果对教育实践的直接效益和指导意义,也要考虑它对教育发展的间接推动作用,不能偏废。例如,某项教学实验的结果,在直接效益上能大面积提高教育活动的质量,而间接地在研究的思想和方法上对整个教学改革有启发意义。

三、研究报告的一般评价标准

(一) 教育研究成果评价的一般要求

教育研究成果的评价,大致要经历如下基本过程:确定总体目标—制定评价标准—选择制作评价工具—收集评价信息并整理分析得出结论。在这个过程中,确定评价标准是非常关键的一环。但是由于教育研究问题和研究对象的复杂性,在对教育研究成果进行评价时,要确立一套适用于所有研究类型的评价标准是非常困难的,也是不合理的。虽然如此,我们通过对各类教育研究的考察,从中找出些共同的要求,作为评价教育研究成果的基本规定,这些规定大致包括以下几个方面①。

1. 问题提出的合理性

所提出的问题必须有理论与实践的基础,在理论上,是否有坚实的理论依据;在实践上,是否有较强的针对性,即所提出的问题是否是一个真问题。

2. 研究方法的恰当性与新颖性

所选用的研究方法是否适合解决所研究的问题,研究方法与问题的性质是否吻合;同时还要考虑方法本身的特点,在对同类问题的研究中有无创新。

3. 研究结果的真实性

通过研究所得到的结果是否真实可信,有无人为因素的干扰,有无无关变量的影响。

4. 讨论与结论的科学性

在讨论与结论部分,所提出的论点是否与研究结果相关;对研究结果的解释是否准确合理;对研究中存在的问题是否有正确的分析;所得的研究结论概括程度如何。

(二) 教育研究成果评价的指标体系

在具体评价某一篇研究报告或学术论文时,还应根据该报告或论文的类型而选择不同的标准,也可以在考虑研究一般和总体特征情况的基础上,建立教育科研成果评价的指标体系,在具体编制教育科研成果评价指标体系时,应遵循以下要求:

1. 评价指标体系与总体目标的一致性

指标体系中评什么,不评什么,重视什么,忽略什么,都要直接反映研究总体的目标,研究目标决定评价指标体系的方向和内容。

---

① 参见董奇:《心理与教育研究方法》,广东教育出版社1992年,第573~574页。

2. 评价指标的相对独立性

所确定的评价指标应具有相对独立性,同一层次的指标之间内涵不雷同,外延不交叉,同一层次各指标不得具有重叠关系、交叉关系、因果关系或矛盾关系,而只能是并列关系,否则就可能出现重评现象。

3. 评价指标的可行性

每个指标都应该是具体的、可操作的,并可以进行实际测量或观察以获取信息。在指标体系科学完整的前提下,力求做到指标条目简明,指标条目越多,评价的工作量就会越大。因此,指标体系不宜庞杂,信息量少、区分度和效度不高的指标应剔除,并在使用过程中不断改善指标体系。

目前来看,如何将抽象、概括的总体目标转化为具体的、可测量的指标,从而使其具有操作性,又不影响总体目标的实现,仍是一个有待深入研究的问题。为了保证教育研究成果评价的科学性、有效性,应不断改进评价措施,提高评价质量。

四、教育科研成果评价的方法

(一) 教育科研成果评价的三种方式

1. 研究者自我评价

研究者自评是教育科研成果评价的基础一环。通过研究者的自我评价,一方面可以使研究者衡量自己的研究成果,总结经验教训,为今后进一步的研究提供帮助;另一方面当事人自己的评价是根据自己的主观感受和眼光来评价自己的研究成果,可以反映出许多有关的信息,为他人的评价提供参考。

2. 同行专家评价

同研究者自评相比,同行专家的评价更具有鉴定的意义。通过同行专家的评价,可以对教育科研成果有无价值和价值大小有一个更清楚和准确的认识。参加评价的专家应是与研究工作无关的人员,而且应该具备相当的学术水平和科学求实的态度。在具体评价方式上,同行专家评价可以个别进行,由每个专家各自按既定标准作出评定,最后汇总得出结论;也可以经过专家集体讨论研究得出评价结论。一般来说,同行专家评价是教育科研成果评价的主要形式。

3. 相关行政部门评审

行政部门评审一般是由某一级行政部门成立有权威性的成员相对稳定的教育研究成果委员会来实施具体的评价工作。为保证评审结果的科学性、严肃性和权威性,应严格挑选参评专家,避免由行政机构代替专家作出决定。

(二) 学前教育科研成果的评价方法及其相互关系

1. 定性评价与定量评价方法及其关系

教育科研成果评价的方法可大体分为定性评价和定量评价两类方法。

定性评价主要是按评定标准对科研成果作出评语式鉴定。在进行鉴定的过程中,为了保证评价的客观、全面,评定者除了阅读分析研究报告之外,还需要研究该报告的主要原始资料,包括研究计划、研究工作笔记、研究原始资料等。此外,评定者对研究的过程、方法也要作一番深入的了解,尽可能综合掌握研究过程发展变化的信息。在对一些应用性成果进行评定时,评定者还应深入到该课题研究的所在地,采用实地考察、参观,看课,与家长、幼儿等参与人员接触等形式作一番研究考证。然后将实地考察的结果与研究结果对照起来分析。评定者应注意主动避免偏见或倾向性因素的干扰,在形成评价结论时力求公正、客观,在文字表述上力求准确、具体、条理分明。在肯定研究的同时,指出不足或进一步研究的方向。

定量评价则是评价者通过借用或事先编制的教育科研成果评价指标体系,通过量化的评价方法来判定教育研究成果的质量和价值。由于教育现象的复杂性以及教育研究成果发挥作用的长期性和隐蔽性等特点,要对其成果进行量化往往存在相当大的困难,因此定量评价方法目前仍处于积极探索的阶段,有待于进一步完善。

在具体评价中,两类评价方法各有其特点和优势。由于教育研究是与人密切相关的研究活动,决定了影响教育研究因素的复杂性,特别是目前对教育研究成果的评价的研究还处于初始阶段,对各类方法的研究和使用还处在探索阶段,因此,在评价时要将两类方法结合使用,既要给出定性结论,又要给出量化信息,两者相辅相成,使评价尽可能公正、客观、有效。

2. 通信评价与会议评价方法及其关系

依据召集评价人的方式,可以把教育科研成果的评价方法分为通信评价和会议评价。通信评价是将相关单位和个人的教育研究成果以邮寄的方式交给评价人,请评价人依据评价标准对交寄的书面成果进行评价,并写出评价意见,在规定的时间内,评价人把评价结果寄回给有关单位和个人,由评价负责人进行汇总,得出评价结果。会议评价是由有关部门(例如答辩委员会)专门召开的研究成果讨论会,由评价者和有关研究人员之间展开充分的交流、讨论,依据讨论的结果得出评价结论。通信评价和会议评价在使用时各有利弊,前者的长处在于评价者之间的观点较为独立和客观,相互之间不受影响,但有可能因评价者水平的不同,对科研成果评价的角度、眼光不尽相同,而造成评价者之间评价结果相差悬殊;后者便于评价者之间充分对话与沟通,使有关问题得以澄清,但同时有可能受到权威评价者观点或人际关系、交往互动的影响。在具体评价时,可以根据不同情况使用不同方法,对于比较重要、涉及范围广、影响程度大的科研成果,应把通信评价和会议评价结合起来使用,尽量得出公正、客观的评价结论。

思 考 题

1. 教育研究报告有哪些基本类型？
2. 撰写教育研究报告有哪些基本要求？
3. 教育科研成果评价的内容有哪些？
4. 教育科研成果评价的标准是什么？
5. 尝试撰写简单的教育研究报告。

附例 1
小班幼儿不良情绪反应成因及教育对策的初步研究

胡彩虹

一、问题的提出

情绪是人类在种族进化过程中获得的一种心理功能,它在幼儿心理活动中起着十分重要的作用,是幼儿行为和认知的唤醒者。教育实践中一个突出的现象是:幼儿心理活动的无意识性是受情绪左右的。良好的情绪及其行为对于幼儿健康成长有着积极的意义,而不良的情绪反应及其行为反应则不利于幼儿正常活动的进行,对其发展具有消极作用。

3~4岁幼儿入园后,由于与家人的分离焦虑以及对新环境的不适应,在最初的几周常伴有强烈的不良情绪化反应,这对正常的教育活动和班级工作的开展带来了一定的消极影响。本文通过对3~4岁幼儿入园后不良情绪的反应特征、成因、强度及教师所采取的相应的教育对策的研究,旨在了解幼儿来园后不良情绪产生及其发展变化的特点,并将实践中教师采用的有效的教育对策予以总结归纳,以指导小班教师提高教育工作的针对性和有效性,使幼儿来园后能尽快稳定情绪,适应新的生活环境,以获得最大程度的发展。

二、研究方法及过程

(一) 研究对象

本研究的对象是吴江市鲈乡幼儿园三个小班的所有在园幼儿,共计78名,年龄均为3~4岁,男女幼儿人数相当,家长所从事的职业广泛。

(二) 研究步骤

1. 对幼儿不良情绪反应的界定

精神分析学派是在各种心理学派中最重视情绪研究的。该学派认为,情绪是人类本能的内驱力的满足。通过长期对幼儿不良情绪及其行为反应的观察,我们认为,不良情绪反应是幼儿内在需要未能得到充分满足时,伴随一定的生理变化所产生的一种简单的内在体验,具有较明显的冲动性、情境性,并伴随相应的外部行为表现和表情。

2. 研究方法

本研究主要采用观察法中的抽样观察法(行为抽样),依据幼儿不良情绪反应具有明显的外部行为表现,我们将幼儿情绪化反应方式主要定为四种,情绪反应成因定为五种,情绪化反应强度定为四种,教育对策主要定为五种(见表1),并制成便于日常及时观察记录的观察表,以便随时记录,我们同时辅之以个案分析、调查等方法。

最后将观察记录结果通过统计处理,数据结果以表格的形式体现出来(见表1)。

表1 抽样观察各类指标

不良情绪反应方式(F)	成因(C)	强度(Q)	教育对策(D)
1. 大哭大闹	1. 依恋家人	1. 每周5次以上	1. 情绪安慰(a. 语言 b. 动作)
2. 独自流泪	2. 能力差,不适应	2. 每周1~4次	2. 转移注意力(a. 玩具 b. 语言)
3. 情绪低沉(不主动参加活动)	3. 身体不舒服	3. 每周1~3次	3. 激发幼儿的活动兴趣
4. 拒绝活动	4. 对玩具、饭菜等不感兴趣	4. 基本没有	4. 主动鼓励幼儿
	5. 争抢玩具		5. 自然适应

(三) 研究时间

本研究分为三个阶段：

1. 第一阶段：收集资料，形成课题。
2. 第二阶段：通过观察等方法收集观察数据资料。
3. 第三阶段：整理数据，分析结果，总结讨论，形成研究成果。

三、研究结果及分析

(一) 幼儿不良情绪反应在整个研究阶段的表现强度(见表2)

表2 幼儿不良情绪反应在不同阶段的表现强度

	第一个月	第二个月	第三个月	第四个月	第五个月	第六个月
大哭大闹	69	17	6	1	2	5
独自流泪	49	11	10	13	8	14
情绪消沉	456	146	57	28	21	32
拒绝活动	89	24	6	13	7	11

注：* 人次以幼儿这一反应出现为一次，同一幼儿可重复。

** 第六个月为第二学期的第一个月。

从表2可以看出：

1. 随着幼儿来园时间的延续，通过教师的教育，幼儿的不良情绪反应逐渐减少，强度变弱，即使第六个月(新学期第一个月)，幼儿也未出现高强度的不良情绪反应。

2. 第一个月是幼儿不良情绪反应最为强烈的阶段，到第二个月明显减弱。可见第一个月是幼儿不良情绪由强烈对抗到逐渐缓和的阶段，也是对幼儿进行教育的关键期。

3. 在各类不良情绪反应中，情绪消沉、不主动参加活动是不良情绪的主要表现方式。这与幼儿对新环境的陌生和幼儿自理能力及参与能力较差都有一定的关系。

(二) 一日生活中，幼儿不良情绪反应的表现状况(见表3)

表3 不同活动领域中幼儿不良情绪反应的表现状况

	来园	游戏(户外)活动	教学活动	进餐	入厕	午睡	盥洗
大哭大闹	89	/	/	7	3	1	/
独自流泪	67	/	2	19	1	16	/
情绪消沉	704	2	9	21	/	4	/
拒绝活动	94	1	32	5	1	17	/

从表3可以看出:

1. 幼儿不良情绪反应主要集中在来园这一段时间。由于与家人的分离以及幼儿自控能力较差,所以易产生程度不同的不良情绪反应;除此之外,在一日生活中,进餐和午睡也会有少部分幼儿产生不良情绪。因为幼儿在家庭中进餐和睡眠时,一般会得到父母或其他成人的照料,在幼儿园,教师不能逐一亲自照料,易引起幼儿的情绪波动。

2. 幼儿感兴趣的活动可以转移或消除不良的情绪反应,如游戏(户外)活动、教学活动时,幼儿极少产生不良情绪;盥洗活动中,不良情绪反应为零。

(三) 幼儿情绪化反应成因表现(见表4)

表4 幼儿不良情绪化反应的成因状况

	依恋家人	能力差,不适应	身体不舒服	对活动不感兴趣	争抢玩具
大哭大闹	52	/	14	/	34
独自流泪	61	9	34	/	1
情绪消沉	114	187	196	246	/
拒绝活动	51	42	47	10	/

注:* 情绪消沉中部分人次原因不清楚。

从表4可以看出:

1. 幼儿不同类型的不良情绪反应往往有着特定的原因。例如,大哭大闹主要是由于依恋家人和争抢玩具引起的,幼儿身体不适时也会哭闹,而独处流泪主要是由于依恋家人和身体不适引起的。

2. 引起幼儿不良情绪反应的主要原因是:依恋家人,由于能力差而对活动不感兴趣和身体不适,其反应方式是多样的。这说明3~4岁幼儿由于对家人的依赖加之活动能力差,使其在某些方面不能独立地进行活动;当有困难需要教师帮助时,又不能及时与教师沟通,导致幼儿一些内在需要不能及时得到满足,从而产生不良的情绪反应。此外,幼儿身体不适也会直接影响幼儿的情绪。

(四)幼儿各类情绪化反应及相应的教育对策(见表5)

表5 幼儿各类情绪化反应及相应的教育对策

	情绪安慰(语言、动作)	转移注意力	激发活动兴趣	积极鼓励	自然适应
大哭大闹	11	89	/	/	/
独自流泪	68	6	/	31	/
情绪消沉	42	3	321	138	236
拒绝活动	/	/	37	41	72

从表5可以看出:

1. 教师对待不同类型的情绪反应时一般采用相应的对策。例如,大哭大闹是幼儿极度化的情绪反应,如不马上加以制止,会影响班级整体,所以教师主要采取转移注意力、情绪化安慰的教育对策加以控制。当幼儿情绪消沉或拒绝活动时,教师多采取自然适应的教育对策,因为这两类情绪化反应的成因较广,而这两类反应对其他幼儿不会产生显著的干扰和影响,所以在调动他们活动的兴趣和鼓励的前提下,自然适应也是一种较好的方式。

2. 从表5中还不能看出教师总体上选用最多的是哪种教育对策,这说明,对于不同类型的情绪化反应就应采用相应的教育对策。例如,当幼儿情绪消沉时,教师常用激发活动兴趣来使幼儿进入积极的情绪状态。

四、讨论及教育建议

3~4岁幼儿入园后产生的不良情绪化反应是幼儿对新环境不适应的必然反映。3岁以前幼儿的生活主要依赖于成人的照料,3岁以后幼儿进入心理断乳期,自我意识开始萌芽,有了社会化交往的意识;但由于其身心发展的水平较低,尤其是3岁左右的幼儿能力发展(包括自理能力)较差,所以进入幼儿园过集体生活,一些基本的生活自理活动的完成有一定的困难,如大小便不会脱裤子、吃饭时不会正确使用小勺子等,常常使幼儿产生不安全感和恐惧感,加之初入园幼儿的言语能力发展和思维水平均较有限,因此不能很好地表达自己的愿望和与别人沟通,只能被动地沉浸于自己消极的情绪状态之中。

教育建议:教师应将小班幼儿的不良情绪反应看做是一种正常的现象,在开学初应尽可能地通过家访,了解每位幼儿的家庭背景及家长的抚养方式和幼儿能力的发展状况,做到心中有数,尽可能有效地帮助幼儿克服不良的情绪反应。总之,应尽量采取多种方法帮助幼儿顺利摆脱不良情绪。

附例2
电脑绘画与构建幼儿兴趣、技能、成就感"金三角"素质的实证研究

顾一平

一、课题的提出

跨入21世纪,以计算机和网络技术为主的信息技术,已在社会各个领域中得到广泛应用。而计算机教学的低龄化是现代教育发展的一个趋势,早在1984年,邓小平就提出:"计算机的普及要从娃娃做起。"这是一个具有前瞻性的要求,当今天幼儿园的孩子在十几年后踏上社会时,那是一个高科技的信息时代,抓住黄金时期,进行计算机信息技术启蒙教育,也就为提高新一代的国民素质,迎接新世纪的挑战打下了良好的基础。

《幼儿园规程》提出:"幼儿园以游戏为基本活动。"正所谓习之于嬉,而幼儿学习计算机从电脑绘画入手,满足了孩子在游戏中学习的需求,让孩子在学中玩,在玩中学,为孩子提供尽情发挥想像力和创造力的机会。而且电脑绘画这一独特方式能使幼儿萌发学习的动机,从而促使幼儿产生积极的内驱力,在轻松愉悦的气氛中主动地学习,积极地探索。

鉴于上述从时代发展的需要、幼儿身心规律等方面的分析,我力求探索让孩子学习电脑绘画,利用计算机为幼儿开辟了一个可供自由想像、自由驰骋的广阔天地,使幼儿体验电脑带来的方便与乐趣,从而激发幼儿的学习兴趣,提高幼儿表现与创造的欲望与能力。

二、研究假设

学龄前幼儿的思维是活跃的,想像是丰富的,内心世界是多彩的。他们不受时空的约束与限制,对物体的线条、形状与色彩有着

独特的感受力和联想能力,但由于手部小肌肉发育不完善,因此绘画活动时运笔不那么自如,涂色不那么均匀,所以往往画画时坚持性不够。而计算机 Windows 绘画软件,可以成为幼儿学习绘画的一个操作性工具,幼儿操作时可以随意更改,不断变化色彩,不留任何痕迹。边画边改,启迪心智,拓宽思路,作画时间短,成果明显,使幼儿在电脑绘画活动中充分享受计算机带来的自动化绘画功能的乐趣,感受成功的体验,从而激发学习的兴趣,提高艺术表现力,并把这种"兴趣"、"能力"、"成就感"有效地迁移到其他生活、学习中,从而促使幼儿素质的全面提高。

三、研究目标

幼儿电脑绘画的实证研究,以发展幼儿对电脑绘画的兴趣和初步具有计算机绘画操作技能为主要目标;以培养幼儿在绘画过程中的审美能力、创造力、想像力、思维能力为主要任务;以让幼儿有目的地感受成功的体验为目的。

(一)通过运用绘画工具来创作画画,满足幼儿自由表现的心理需要,培养幼儿手脑协调能力,提高幼儿对学习活动的积极性,激发幼儿对现代科技的关注。

(二)让幼儿学习运用电脑技术表达自己对生活的感受,同时在感受计算机绘画带来成功的喜悦后,激发幼儿积极思维、想像创造的欲望,让幼儿在自由的探索中获得新知,得到发展,使学习与兴趣高度统一、知识和情感高度统一。

(三)在初步培养幼儿运用电脑工具绘画时的观察、理解、思维、分析综合能力的基础上,提高幼儿的综合素质。

四、实施的原则

主体性原则:指体现幼儿作为电脑绘画活动主体的属性,包括自主性、主动性和创造性三个基本本质特征。

创造性原则:指发挥幼儿学习的主动性、体现幼儿首创精神的属性,包括引导幼儿运用电脑绘画工具,培养幼儿通过创作绘画主题、构图、色彩等来表现情感时,独立的思维以及促进创作作品的个性化。

审美性原则:指体现幼儿审美情趣的属性,内容包括作品欣赏、创作体验和审美表现。

适度性原则:指体现符合幼儿身心发展特点的属性,包括心理刺激、身心健康和吸收心智的适度。

协同性原则:指体现以点带面的教学效应的属性,包括对相应学科教学质量的影响、对幼儿个体多维度(学习习惯、思维品质、情趣爱好等)的发展、对同伴协作学习的进步以及活动促进幼儿尽情体验丰富人生的内容。

五、课题内容

运用 Windows 的画笔等绘画软件学习电脑绘画:学会使用鼠标;运用绘画软件中的各种工具去自主地构图填色创新;充分发挥幼儿的想像力、创造力;培养幼儿手部精细动作的协调控制能力,做到手、眼、脑并用;在动作的准确性和精确性的基础上,加强绘画表现力的培养,在绘画中努力提高幼儿的审美素质。

1. 每周呈现一次新的内容,每次 10~15 分钟;每周上机两次,每次 15~30 分钟。

2. 学习运用 Windows 画笔等软件中的绘画工具进行绘画。(1)启动软件;(2)鼠标运用;(3)工具探索(笔、橡皮、剪刀、长方形、点、线、面、重叠、切割、喷墨、旋转、镜面等工具以及 24 种颜色的选用);(4)运用工具画简单图形和组合图形;(5)选色、填色;(6)综合运用绘画工具创作电脑绘画作品。

3. 幼儿作品展示,幼儿操作演示。

六、研究对象、方法与步骤

(一)研究对象

在本园随机抽取一个大班为该课题的研究对象。

（二）研究方法

1. 行动研究法。通过电脑绘画的实践活动，编排幼儿电脑活动的课程与内容，探索教育方法与途径。

2. 观察法：通过问卷了解幼儿在家庭中对幼儿电脑绘画的兴趣及家长对幼儿电脑绘画的态度。

3. 调查法。通过时间取样，对幼儿在规定时间内持续作画时的情绪状态、注意力、作品完成情况与规定时间内绘画作品是否完成、是否持续作画或操作的观察研究。

（三）研究步骤

准备阶段：2002.2～2002.3

实施阶段：2002.3～2002.12

实证与总结：2003.1

七、主要研究成果

研究和实践证明：在电脑绘画活动中，幼儿的"兴趣"、"技能"、"成就感"这三者之间相互依存、相互促进，电脑绘画把三者有机地糅合起来，形成"金三角"，有效地促进了幼儿素质的全面提高。

（一）利用计算机绘画软件的特殊性，激发幼儿的学习兴趣

Windows中的绘画软件具有快速性、覆盖性、组合性、可变性等特点，使孩子操作时见效很快，他们可以利用鼠标不断地练习，擦了又擦，改了又改，而画面上又不留痕迹，因此培养了幼儿对计算机绘画的极大兴趣，常常有孩子在活动结束时久久不肯离去。

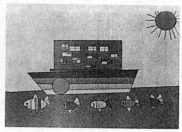

例如,幼儿在创作《我喜欢的海鱼》时,大胆畅想形态各异、色彩斑斓、栩栩如生、情趣盎然的海鱼,不断改变或修改作品的形态、色彩、布局、装饰效果等,由于这是一个经验的积累、想像的驰骋、美感的体验、童心的构思、灵感的表达过程,幼儿往往会被变化无穷的画面深深吸引,激发创作的欲望。

美国詹妮斯丁·比蒂在《计算机与幼儿教育》一文中曾经这样描述:多数人对3岁到5岁的幼儿学习使用计算机持怀疑态度,但对那些已在幼儿活动室开辟了"计算机角"的教师来说,回答却是肯定的。确切地说:不是我们教孩子如何使用计算机,而是他们自己教自己。我的研究也验证了这一点,在绘画中,孩子的学习兴趣在不断的成功积累中获得提升,因而带来了学习的内驱力,促使他们更主动地去学习、去探索,形成了良性循环。

(二)利用幼儿电脑绘画的操作过程,训练幼儿的综合能力

电脑绘画是一个严谨、规范的操作过程,这本身对孩子是一种逻辑思维的训练,因此,我坚持在活动中着重指导幼儿掌握方法性的知识,如工具的使用、线条的选择、图形的组合、颜色的搭配等,

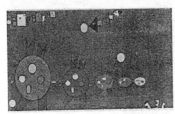

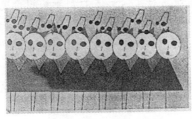

当孩子掌握了方法后,就会自由构图、自己创造、互相启发、充分表现。如幼儿掌握了复制功能后,创作了一幅幅如《海龟一家去赶集》、《变脸》、《六一合唱》等童趣盎然的作品。

正所谓:授之以鱼不如授之以渔。在这种整合的学习过程中,幼儿得到了全方位的提高。

1. 锻炼了幼儿的手眼协调能力

幼儿进行电脑绘画,需要靠手腕的移动和食指的按动相协调才能运用好鼠标,当幼儿在电脑上勾画出他们心中的图画时,内心充满成功的喜悦,于是更努力地去掌握鼠标,使自己手部小肌肉的控制能力和手眼协调能力得到了进一步的发展。实验班的幼儿在大班上学期的电脑作画的技能已达到娴熟的水平,教师教学活动所需的图片常常请幼儿帮忙,因为他们的作品画面丰富,作画速度又比一般教师快。如活动室的主题角要布置"绳子的用途",孩子们创作的图画十分有趣。

2. 培养了幼儿对几何形体的判断和组合能力

电脑绘画软件提供了各种图形,幼儿常常通过用图形的组合来完成基本构图,通过对几何图形的反复认识与组合,培养了幼儿对事物的概括能力和空间感,增强了幼儿对部分与整体相互关系的认识。如幼儿作品《脸谱》等,通过不同的图形组合,表达了动态的世界,画面栩栩如生。

3. 提高了幼儿的想像力和创造力

幼儿是富有幻想的,在他们的世界里太阳是五彩的、小鸟是歌唱的、孩子们是最快乐的,但他们的想法往往受到表达能力的限制,电脑绘画为孩子的表现提供了广阔的天地,小小的一个鼠标使

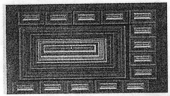

孩子的梦想插上了翅膀,尽情地把自己的体验、情感渗入画面。孩子们在充满乐趣、自由自在的探索活动中获得新知、得到满足、促进发展,从而进一步激发了创造欲。如作品《苏州园林》,通过复制把园林中的宝塔、亭子倒影表现得栩栩如生。《白天与黑夜》、《树爷爷》则创造性地表达了孩子对童话故事的理解。

4. 训练了幼儿对知识与经验的迁移能力

这具体表现在幼儿的社会交往经验丰富了,电脑绘画中获得的情感体验、技能技巧及学习品质不同程度地迁移到手工绘画、现代科技学习、排练演出等活动中,而且幼儿在不同活动中的经验能互相传递、互相作用,发展更全面、更均衡。实验班的孩子把在电脑绘画中获得的构图、运笔、色彩搭配能力迁移到手工绘画中,提高很快,在全国、省、市、区的多项比赛中共获1个特等奖、7个一等奖,参加画展展出50人次。

（三）利用电脑特有的视觉效果，使幼儿充分感受成功的体验

电脑绘画通过工具可以把道路画得笔直，把太阳画得滚圆，还可以不断剪接整理，重新组合，天马行空，任意驰骋，几乎幅幅幼儿作品都画面风格独特，富有较强的艺术感染力，达到手工绘画无法比拟的效果，真是做到了给孩子一只鼠标，记录今天的生活，描绘未来的世界。当孩子的作品在大屏幕上介绍、在打印机中传出、在画馆中展出、在书报杂志中刊出时，孩子喜悦、自信的感受深深地感染了我们。

为了让孩子进一步感受成功的体验，体现自身的价值，幼儿园举办了助残画展及义卖活动，实验班所有的孩子都精心绘制作品。当装裱一新的图画在"邻里中心"画馆展出和义卖时，吸引了许多来宾，争着购买孩子的绘画作品。开馆当日，90%的作品被抢购一空，孩子们当即把义卖所得的一万多元全部捐献给盲聋哑学校的残疾学生。在这样的活动中，孩子锻炼了技能，培养了爱心，获得了自信。

总之，在电脑绘画活动中，幼儿兴趣、技能、成就感的有机联系,形成了一个螺旋状上升的良性循环系统,建构了一个素质教育的"金三角",幼儿在这个尽情宣泄天真情感的新天地里充分实现了个性化的自主学习。

八、课题研究后的思考

1. 适度的电脑活动不会影响幼儿的情感和社会交往能力,更不会影响视力。

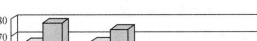

幼儿视力测试对照表

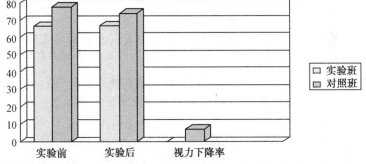

2. 电脑呈现给人们的是一个丰富多彩的天地,幼儿教育者要善于从中挖掘孩子的身心特征所能接受的内容,探索相适应的目标与方法,避免惊险、刺激的电脑游戏把孩子引入歧途。通过实践,我认为:幼儿电脑绘画通过形象、生动、有趣的活动,使幼儿思维更活跃、更有条理,是孩子进入计算机世界的一把金钥匙。

3. 幼儿教育要着眼于未来,采用与未来发展相适应的计算机教育教学是幼儿教育现代化的任务之一,抓住机遇,锐意改革,才能有所创新、有所前进。

4. 要向家长宣传幼儿园电脑活动的内容目标,并向家长举办公开展示活动,赢得家长的理解与支持,使家园达成共识,构成现代启蒙教育的"联网"。

附例 3

师幼互动中教师的爱心

——一次关于"教师的爱心"的调查报告

夏晓华

一、调查的前提

幼儿教育最根本的任务是促进幼儿的发展,新《纲要》充分肯定了能否对幼儿实施高素质的教育,促进幼儿生动、活泼、主动的发展,关键在于教师的素质,特别是专业素质。在新的师幼关系中,教师是否具有爱心、具有什么样的爱心是专业素质水平高低的重要方面。实施爱心教育,我们教师的自我评价就包含广泛的内容,它建立在老师事业心、敬业精神和职业道德的基础上。

幼儿教育的整合教育观,包括教学资源的整合,家长是不可或缺的重要资源。家长的配合是幼儿发展的重要手段,而家长和老师之间的相互理解是家园合力的重要前提。那么,家长是如何理解老师的爱心的呢?

为此,我们设计了这次调查。本次调查的角度是家长怎样看待老师的爱心。了解目前家长对老师爱心的要求和看法,了解家长眼中有爱心的老师应该具备怎样的条件?老师和孩子的关系应该是怎样的?怎样从孩子的言行中评价老师是否有爱心?

二、调查的指导思想

老师是否具有爱心,特别是对全体孩子的理解和信任的爱是教育有效的前提,它关系到孩子良好品质的形成。爱的教育,最终目的是使幼儿在感受到老师无私的爱之后,再把这种无私的爱自觉地传播给周围的人,进而爱我们的社会、民族和国家。

老师的爱心关系到和谐民主、平等的师幼关系的建立,有利于孩子从小具备大胆开拓,善于发表自己的见解,能勇敢地向老师、同伴提问等学习素质。

爱孩子是所有家长都希望老师做到的。

针对目前有些家长和老师之间缺乏很好的沟通,好多真实想法不能或不愿直接和老师讲的情况设计本次调查,意在通过访谈、问卷,了解家长对老师"爱心"看法的真实情况。

三、调查对象

访谈对象是随意抽取的四位家长,性别、年龄、知识水平、孩子所读学校均不要求统一。

问卷对象:幼儿园小、中、大三个年龄班共 150 位幼儿家长。

四、调查的手段和方法

观察法、个别访谈、问卷测查和内容分析。

五、调查的过程和时间安排

1. 时间安排

4 月 8~9 日抽样进行访谈;

4 月 11~13 日向家长开放活动时发放问卷;

4 月 15 日统计问卷数量、内容;

4 月 16 日撰写调查报告。

2. 访谈实录(A 为访者;B 为被访者)

第一位:男家长(个体老板)

A. 老师应该怎样爱孩子?

B. 现在的老师不喜欢孩子(皱眉)。

A. 为什么?

B. 有亲和力的老师,孩子才喜欢。

A. 老师摸摸孩子的头这样的行为,好吗?

B. 孩子不一定喜欢。

A. 为什么?

B. 我认为男孩子不喜欢,他们觉得自己长大了,可摸头就好像把他当做小孩子。

A. 现在的孩子有爱心吗?

B. 有。

A. 他们的爱心受什么因素影响?

B. 环境。

A. 老师的爱心一定程度上也体现在耐心上,你怎么看老师有爱心?

B. 不轻易发火。

第二位:男家长(公务员)

A. 老师应该怎样爱孩子?

B. 因材施教。

A. 老师摸摸孩子的头这样的行为,好吗?

B. 好,是爱的表现。如果爱孩子,还可以轻轻摸摸他们的小脸(很愿讲这话题)。

A. 现在的孩子有爱心吗?

B. 不一定。

A. 他们的爱心受什么因素影响?

B. 父母的修养、家庭氛围、环境。

A. 老师的爱心一定程度上也体现在耐心上,你怎么看老师有爱心?

B. 首先是敬业,其次是有爱心,再有就是性格也有影响,最起码对孩子不烦,这是前提。

第三位:女家长(工厂职工)

A. 老师应该怎样爱孩子?

B. 多和孩子交流。

A. 你的孩子喜欢和老师交流吗?

B. 不太喜欢。

A. 为什么?

B. 怕讲错,孩子有些胆小内向。

A. 老师摸摸孩子的头这样的行为,好吗?

B. 好。

A. 现在的孩子有爱心吗?

B. 有。

A. 孩子的爱心受什么因素影响?

B. 家庭成员的有无爱心。

A. 老师的爱心一定程度上也体现在耐心上,你怎么看老师有爱心?

B. 和孩子说话不带自己不愉快的情绪。

第四位:女家长(银行职员)

A. 老师应该怎样爱孩子?

B. 主要在生活上多关心,像关心孩子喝水呀,热了帮孩子脱衣服,关心孩子的身体状况,等等。

A. 你考虑得很细,为什么想到喝水呢?

B. 有几次发现孩子在幼儿园很渴,但没喝水。等我接他回家,就很急地要水喝(停顿了一会再说出这些理由)。

A. 你的孩子喜欢和老师交流吗?

B. 有的老师她喜欢,有的不喜欢。

A. 为什么不喜欢和有的老师交流呢?

B. 有的老师有架子,孩子看她很严肃,不敢和她交流。其实,老师应该是大孩子(看上去很有感触)。

A. 老师摸摸孩子的头这样的行为,好吗?

B. 不要为摸头而摸头,并不是摸了头就是爱,爱要发自内心(有手势)。

A. 现在的孩子有爱心吗?

B. 要看什么样的家庭出来的孩子,不能简单地判断。

A. 怎样理解?

B.看家庭,最直接的因素是家庭,如父母孝敬老人呀,向贫困的人捐助等(讲得很详细)。

A.还有没有其他原因?

B.其他也有,老师与老师之间的行为,老师和孩子间的,孩子和孩子间的。

A.老师的爱心一定程度上也体现在耐心上,你怎么看老师有爱心?

B.对个别有障碍的孩子不厌其烦,循循善诱(音量较高)。

3.访谈分析

家长考虑的角度和老师不一样,但好多观点很独特,如老师认为摸摸孩子的头是一种亲昵的动作,可有些孩子不喜欢。老师的身体语言须对不同孩子有不同的表达,爱的表达有不同的方式和程度,需要建立在理解和信任的基础上。家长眼中的爱心包含多方面的内容,首先是生活,其次是学习和心理需要,且对孩子的爱应是发自内心的,不是为了爱孩子而去爱。它是一种基本的职业需要,是教师职业素质之一。爱心是广义的,同时具有它的基础:理解和信任。由此看来,现在家长的观念也更新了。新《纲要》中充分发挥各种资源的教育合力是建立在家长的基础上的。

4.家长问卷

以访谈结果分析看,作为有双重任务的幼儿园,在实施爱心教育的同时,有必要充分了解家长的心理和家长对老师爱心所关心的侧重点,真正解决家长的后顾之忧,更为重要的是从中了解不同孩子的不同特点,使个别教育、因材施教更有实效。

问卷样本:

选择:

(1)你的孩子喜欢老师吗?

  A.非常喜欢   B.喜欢   C.不喜欢

(2)你的孩子愿意跟老师交谈吗?

A．非常愿意 　　　B．愿意 　　　C．不愿意
(3) 你的孩子会向老师提问吗？
　　A．敢问 　　　　B．不太敢 　　　C．不敢
(4) 你希望老师对你的孩子采取什么样的态度？
　　A．能依顺孩子 　　B．以理服人 　　C．放任自由
(5) 你的孩子在幼儿园生活开心吗？
　　A．很开心 　　　B．比较开心 　　C．不开心
(6) 你的孩子在家经常模仿老师的言行吗？
　　A．经常 　　　　B．有时 　　　　C．从不
(7) 你觉得孩子在幼儿园哪方面受到了更好的照顾？
　　A．身体 　　　　B．心理 　　　　C．两方面都有
(8) 你的孩子在幼儿园与同伴争执后，老师会如何处理？
　　A．向你说明情况 　B．了解事情的经过并教育孩子
　　C．不予理睬
(9) 你在哪些方面看到了老师的爱心？
　　A．照顾孩子的生活 　B．活动中与孩子的关系
　　C．孩子的口中
(10) 对你孩子的进步，老师一般是什么态度？
　　A．赏识鼓励 　　　B．不够重视
　　C．老师从没注意

5．问卷统计结果

下发问卷150张，返回问卷107张。

6．问卷内容分析

在分析中的百分比相加有些不等于100%，是因为有些项目有些家长没有填满，空缺。有些超过100%，是因为有家长在一个项目中进行了多项选择。

内容1：

项目	选项	小班		中班		大班	
		数量	100%	数量	100%	数量	100%
你的孩子喜欢老师吗？	非常喜欢	21	48.8	16	64	16	47.1
	喜欢	22	51.2	9	36	17	5
	不喜欢	0	0	0	0	0	0

析：问卷结果表明，幼儿园老师和幼儿间的关系比较和谐，孩子非常喜欢老师的比例很高，基本上都非常喜欢老师或是比较喜欢老师，没有不喜欢老师的。

内容2：

项目	选项	小班		中班		大班	
		数量	100%	数量	100%	数量	100%
孩子愿意和老师交流吗？	非常愿意	13	26	9	36	8	26.7
	愿意	31	62	15	60	20	66.7
	不愿意	6	12	1	4	2	6.7

析：师幼间的交流很大程度上能反映老师对幼儿表现出的信任和理解的爱，从内容2可以看出，愿意和老师交流的比例最高，其次是非常愿意和老师交流的，但不愿意和老师交流的孩子也有，小班比例相对要高一点，大班其次，中班居中。

内容3：

项目	选项	小班		中班		大班	
		数量	100%	数量	100%	数量	100%
孩子会向老师提问吗？	敢问	22	44	14	56	14	40
	不太敢	19	38	8	32	17	48.6
	不敢	10	20	3	12	5	14.3

析：孩子会提问是一种能力，需老师在日常生活中经常性地训练和给予孩子鼓励，培养孩子，师幼间没有爱心的交往很难使幼儿和谐、轻松、自然地向老师提问。表中显示，敢向老师提问的幼儿中，小、中、大三个年龄段比例相似，约占一半；不太敢提问的小班和中班比例略少于一半，大班稍微高一点，占48.6%。

内容4：

项目	选项	小班		中班		大班	
		数量	100%	数量	100%	数量	100%
你喜欢老师怎样的教育态度？	能依顺孩子	0	0	0	0	1	2.7
	以理服人	49	98	24	100	35	94.6
	放任自由	1	2	0	0	1	2.7

析：家长对老师教育态度的观点很集中，均认为应该是以理服人，分别是98%、100%和94.6%，只有个别家长认为孩子不可管得太多，自由发展很重要。

内容5：

项目	选项	小班		中班		大班	
		数量	100%	数量	100%	数量	100%
你的孩子在幼儿园开心吗？	很开心	33	66	18	72	26	74.3
	有时开心	16	32	7	28	9	25.7
	不开心	1	2	0	0	0	0

析：和谐充满爱心的环境能给人带来一份喜悦和快乐，内容5的数据显示，只有一个孩子在幼儿园表示不开心，其余的均表示开心，或有时开心，有时不开心。

内容6：

项 目	选 项	小 班		中 班		大 班	
		数量	100%	数量	100%	数量	100%
孩子在家经常模仿老师的言行吗？	经常	12	24	9	36	7	20
	有时	33	66	15	60	23	65.7
	从不	6	12	1	4	5	14.3

析：孩子模仿的对象主要有三类：自己喜欢的人或事；自己很害怕的事；奇怪和不合常理的事。所以，把是否模仿老师也作为一个问卷内容进行调查统计。相对而言，有时模仿老师言行的比例较高，分别是66%、60%和65.7%；经常模仿要比从不模仿的比例高一倍。

内容7：

项 目	选 项	小 班		中 班		大 班	
		数量	100%	数量	100%	数量	100%
孩子在园哪方面受到了更好的照顾？	身体	3	6	0	0	1	2.9
	心理	8	16	5	19.2	4	11.4
	两方面都有	39	78	21	80.8	30	85.7

析：访谈中表明，家长眼中老师的爱心应主要体现在身体、心理两方面，对此所做的问卷结果显示，80%的家长都希望老师对孩子身心两方面均能付出爱心，让孩子得到很好的照顾，要求对身体多一点照顾的家长，小班比例偏高，随着年龄的增大，有少数家长对孩子心理上的照顾和关注有一定的要求。

内容8：

项 目	选 项	小 班		中 班		大 班	
		数 量	100%	数 量	100%	数 量	100%
你孩子和同伴争执后,老师是如何处理的?	向你说明情况	7	13.2	1	4	5	14.3
	了解事情经过并教育	46	96.8	24	96	28	80
	不很在意	0	0	0	0	1	2.9

析：对孩子间的争执如何处理是独生子女的一个独特问题,家长对此和以往有不同的看法,如果老师处理的结果和家长的要求距离较远,家长往往会产生不满意的情绪,认为老师不爱自己的孩子,但从问卷结果看出,家长的要求也相对比较集中,要求老师了解事情的经过并能正确教育孩子。也有约15%的家长认为老师须向家长说明情况。

内容9：

项 目	选 项	小 班		中 班		大 班	
		数 量	100%	数 量	100%	数 量	100%
你在哪些方面看到了老师的爱心?	照顾孩子的生活	19	38	3	12	5	14.3
	活动中与孩子的关系	17	34	11	44	16	45.7
	孩子的口中	25	50	12	48	20	57.1

析：家长了解老师是否有爱心的途径有很多,小班50%来自于孩子的口中,34%来自于活动中老师与孩子的关系,38%来自于老师对孩子生活的照顾;中班和大班这三个选项的比例和小班一样,依

次递减,中班分别是 48%、44%、8%;大班分别是 57.1%、45.7%、14.3%。

内容 10:

项 目	选 项	小 班		中 班		大 班	
		数量	100%	数量	100%	数量	100%
孩子的进步,老师是如何处理的?	赏识鼓励	50	98	20	80	33	94.3
	不够重视	1	2	0	0	2	5.7
	老师不很注意	0	0	0	0	0	0

析:爱心也是教育成功的基础,是老师专业素质的基本功,赏识教育包含爱心、耐心、细心等,本次问卷中家长对教师如何对待孩子的进步问题结果显示赏识鼓励占 98%、80%、94.3%;不够重视的也有,小班 2%,大班 5.7%。

六、结论

1. 爱心和诚心、细心、耐心密不可分

幼儿教师的职业和工作不能很清晰地加以量化,评价的标准也以一定的细则为参考,很大范围内需要教师以自己的人生观、世界观和工作责任感为依托,从内心深处赋予孩子爱心。在实践中,爱心也不可能光表现在语言表达上,也应在具体的教育行为上得到体现,就像统计中家长们所持的观点,老师和孩子之间最直接的爱心体现在诚心、细心和对孩子教育中的耐心上,照顾好孩子的生活,引导好他们心理的正常发展,细心帮助幼儿养成有价值的学习习惯,对孩子有爱才可能将精力投放到教育上。

2. 爱心是实质,不是形式

如摸摸头这个动作,一定程度上体现了师幼间融洽的感情世界,为此,幼儿园也把这个行为引进到每一位老师的观念中,要求每位老师每天至少摸孩子的头一次。总体来看,这是实施爱心教育的起点,用肢体语言和孩子进行交流和沟通,但从调查表明,家长对这一动作不是简单地加以评判是不是爱心的体现,主张老师爱孩子不能为动作而动作、为摸头而摸头、为爱孩子而机械地爱孩子。爱心应是一种很自然的情感流露,它不是任务,同时老师对孩子亲切的动作应从孩子的性格出发,有些孩子就不喜欢老师摸自己的头,虽然只是很少的一部分,但它证明了孩子有自己的喜好,有自己喜欢的表达方式,老师走进孩子的世界,了解孩子的所思、所想,才能将爱心教育不停留于形式,如处理好孩子间的争执,生活中贴心的交流,琐碎生活、学习细节的照顾。

3. 爱心的实效是双向的

爱心不仅能建立良好的师幼互动关系,为教育作好铺垫,同时也是孩子爱心的前提和基础。幼儿期孩子好模仿,榜样的作用在孩子行为、个性、品行养成中占据重要地位,大部分家长认为除了家庭因素以外,教师的言行是孩子爱心养成的主要因素,在孩子的生活中有对他们很重要的、很熟悉的形象,他们喜欢将这些形象的一举一动都模仿给别人看,如调查中也发现,有65%的幼儿在家要模仿自己的老师。如果所模仿的对象是积极的,那无形中成了孩子宝贵的教育资源,如经常接受爱心的熏陶,孩子就能明白爱别人是一件多么好的事,爱别人,别人也会爱自己,大家在一起就会非常开心。

4. 爱心教育是广义的,不是模糊的

教师的爱心教育要建立在对孩子的理解和信任的基础上,不能盲目地偏爱哪一位或哪一些孩子,教师爱幼儿和家长爱孩子很相似,不能溺爱、无原则的爱,更不能打骂式的爱。赏识教育很重要,但它有一定的尺度,太夸奖则往往导致孩子的骄傲,太不在乎他们的成功、过于严厉也会让他们感受压力,适得其反。

5. 爱心教育是一个循序渐进的过程

实施爱心教育不能一蹴而就。它必须建立在了解孩子、走进孩子的基础上,以孩子的心理为出发点,如用肢体语言的感情交流:摸摸孩子的头,蹲下来做孩子的玩伴,了解他们想些什么、他们的喜好、他们的世界。老师只有走进孩子的童心世界,才能从真正意义上关注每一位孩子,及时捕捉信息赏识鼓励孩子,从而让每一位孩子都获得成功,体验成功。可见,爱心教育的实施有一定的步骤,从摸摸孩子的头—走进童心世界—关注每一位孩子—赏识鼓励孩子—让每一位孩子都获得成功。

七、其他问题

调查中发现,小班和大班孩子的争执多于中班,如确实,原因是什么呢?有些家长为了让孩子自由发展,担心幼儿园的集体规则影响了孩子的能力培养,事实上有没有道理呢?有多少孩子不喜欢摸头,他们喜欢怎样的肢体语言呢?这些在这次调查中发现的题外话非常值得研究。

[资料来源:刘晶波《师幼互动行为研究》,南京师范大学出版社2000年]

第九章 学前教育研究面临的问题以及发展趋势

第一节 当前学前教育研究面临的问题

一、学前教育研究中未能处理好"建构理论"与"解决实践问题"的关系

学前教育实践改革需要科学理论与具体实践相结合。然而，当前学前教育研究并没有恰当处理科学理论的建构与解决实践问题的关系。具体表现在以下两个方面：学前教育理论工作者经常对日常的教育实践活动视而不见，而专注于理论体系的构想之中；往往试图通过揭示一般知识、普遍规律，探询现象与本质、原因与结果之间的关系，建立起逻辑严密的理论；这样使得教育理论远离甚至背离了学前教育实践，无法真正对教育实践问题给予恰当的指导。外显的教育理论与其说是先于教育活动，作为教育实践的"规范"而发挥作用，不如说是在教育行动之后，是使教育行动成为"可说明的"、可描述的一种"工具"。而对处于第一线的教师来讲，他们虽然面对着大量需要解决的实际问题和研究机会，可是由于缺乏研究意识和理论指导以及必要的研究方法的训练，教育情境中的问题无法得到有效解决。

二、学前教育研究片面追求客观化与科学规范性

受科学主义和理性主义的影响，学前教育研究中有片面追求

研究的客观化和科学化的现象。在方法上强调实证主义，在结果上追求量化，认为量化等于科学化，想方设法模仿甚至人为制造自然科学中的实验情境，人为地控制某些变量，因此，学前教育实验研究遍地开花，欣欣向荣。从方法论的角度来看，由于任何一种研究方法都是使自己符合自己的研究对象的内在特性，片面追求客观化与精确化的实证主义显然与教育领域研究对象本身的特性有一定的距离。学前教育研究的对象是对作为人的特殊阶段——儿童的教育问题。人不同于客观物理世界，人是符号动物，是有意识、有理性的，对人的教育尤其是对儿童的教育就更加复杂；学前教育活动也不是存在于一个没有任何干扰的实验室，而是在一个随时可能出现变化的真实的生态环境之中的；教育实践活动中的因果关系也相当复杂，不仅存在多种因素相互作用的情况，而且在过程中还存在着因果相互转化的现象，使得变量很难得到真正的分解。学前教育研究对象、活动情境，以及教育活动内部规律的复杂性与特殊性决定了教育研究照搬其他领域的研究方法，尤其是自然科学领域的研究方法是不可能得出真正科学的结论的。

第二节 学前教育研究的发展趋势

随着教育研究的不断发展，越来越多的人开始认识到当前教育研究的弊病，并且开始有意识地借鉴一些新兴理论，应用到学前教育中，努力提高学前教育研究的科学性。

一、学前教育研究发展的理论背景及其启示

（一）后现代思潮对学前教育研究的启示

随着西方后现代主义哲学思想在中国的传播，人们开始把这种思想中所蕴涵的某些积极的思维方式应用到学前教育研究中来。

1. 学前教育研究中需要一种反思、批判精神

目前在学前教育研究中,更多的是一种纯粹的拿来主义,把自然科学研究方法和哲学思辨方法完全搬进学前教育研究中来。好像别的学科科研方法论和教育的其他分支学科方法论都是可以直接拿来用的,学前教育工作者也不用费尽心思去思考本身的方法论体系,无视学前教育是研究幼儿的意识和活动。后现代主义的一个基本观点是倡导反思批判精神。批判固然是一种否定,但并非全盘否定,同时也是一种有限的肯定。批判按其本义就是运用理性进行实事求是的分析,本身就包含着反思。后现代主义是针对现代主义对理性的过分张扬,过度迷恋权威、统一,过分依赖自然科学的确定性而进行的一种反思。现代主义崇尚理性带来了科学技术,却没有想到科技这把"双刃剑"对人类的实践和人类自身生存的空间及人本身带来了巨大的威胁,这是理性带给人类的负面影响。后现代主义正是基于对人类自身及其生存环境的考虑,对现代主义的理性、确定性、统一性、连续性、普遍性提出了一种反思批判。后现代主义作为一种思维方式,是对传统思维方式的挑战和扬弃。具体到学前教育领域,我们要反思目前学前教育研究的现状,要有一种批判精神。尤其是新一代的学前教育研究者以及工作者,不应当迷信权威、迷恋前人的"树阴",应该敢于批判,依据所处时代的特点,对阻滞学前教育研究的不合理的东西进行批判,以求进一步发展。

2. 学前教育研究方法的多元化

后现代主义还提倡多视角、多元化对现实生活世界的解释。学前教育研究应当在坚持马克思主义认识论这一方法论的基础上,以发展和开放的眼光从其他学科引进方法论,尤其从人文科学研究方法论的群系中来选择适合自身发展的方法论。后现代主义多元化方法论倡导者费耶阿本德认为,从认识论上看,我们所探索的世界在很大程度上还是未知的,因此我们不能保守、封闭,而必

须保持我们选择的开放性原则。从人道主义角度上看，人只有摆脱唯科学主义，才可能最终摆脱思想被奴役状态而获得做人的尊严。传统方法论坚持理性与非理性、逻辑与非逻辑的对立，限定于这一领域自己的独特的理性方法和逻辑，直觉、想像等一切非理性的方法都被排除在科学方法之外。传统的普遍方法论原则及建立在这种原则之上的教育妨碍了人性的全面发展。体现在学前教育中就是非个性化，既有无个性的专家，又有无个性的教师和儿童。这种教育制度执行一种落后的、无知的顺从主义；它导致儿童创造力的衰败；它破坏了儿童最珍贵的东西——想像力与好奇心。这种做法是具有灾难性的，是对人性的摧残，是对人的全面发展的压制。教育研究的最终目的就是促使人的全面发展，因此，我们必须提倡教育研究方法论的多元化。

3. 学前教育研究中对定性研究的重新审视

学前教育研究最初是用哲学思辨的方法对研究对象的简单的定性描述，后来受科学主义的影响，逐渐发展到对定量研究的极力推崇，把学前教育研究中的一切现象都力图定量化。强调一种绝对的量化，利用纯粹的实证主义做法，使教育实验、教育测量、教育评价层出不穷，一浪高于一浪，似乎没有人反思过把纯粹的数学、自然科学所采用的定量研究方法拿到学前教育研究中是否合适，这种纯粹的理性工具是否能完全应用在学前教育研究中。当发现定量研究论发展到了高峰，而学前教育研究始终还维持在一个很低的水平上时，人们又重新想起定性研究，然而，此定性研究已非彼定性研究。后现代主义中的非理性主义强调，人应当由现实的冷静观察者、分析者变为现实的关心者、参与者、行动者。受后现代主义的影响，今天的定性研究已完全不同于以往的定性研究。后现代主义非理性提出的定性研究，正是基于理性全然定量化而提出的一种新研究方法论。学前教育科学是人文科学的一种，它不应当完全模仿自然科学研究的方法。今天所提出的定性研究，是一个开放的、动态的系统,要采用新的思维方式,它更多地强调一种对教育过程的研究,对被研究者的一种陈述与体验的研究。定性研究方法是以人文社会科学研究方法为基础,糅和自然科学研究方法,重新审视这一关于人的教育研究。

4. 学前教育研究应在研究者与被研究者之间建立一种对话

对开放性、平等性、对话性的强调是后现代主义思潮给学前教育研究方法的一个重要启示。以往教育研究常用的方式是这样的:研究者完全以学术权威的身份出现在被研究者面前,所有的主动权都掌握在研究者手中,他们要么完全左右研究过程,要么利用各种先入为主的暗示诱导被研究者。这样就使得教育研究结果缺乏真实性,教育研究的对象往往并不是被研究者主体,而是一个研究者头脑中假设或创造出来的"被研究者",使得教育研究成果不能有力地指导教育实践,其原因就是研究者和被研究者之间是不平等的、封闭的。研究者高高在上,完全忽视了被研究者的真实体验,两者是不平等的,没有进行对话、交流的可能,因此,在教育研究者和被研究者之间必须首先建立一种平等的对话世界,教育研究才能得以进行。另一个启示就是,平等对话世界是对人的自由创造性的强调。因为只有平等、信任的对话,才能为人的自由创造敞开空间。对话世界强调真理本质上是自由的,强调认识主体在对话中的主动介入。这样,我们的自我形象就是去创作而不是去发现形象,这是曾经被流浪主义用来称赞诗人的形象,而不是被希腊人用来称赞数学家的形象。比如,在学前儿童主体性教育研究中,强调一种主体的参与、体验。如果没有平等的对话,被研究者主体的真实态度与体验,研究者是无法真正理解的。

后现代主义极大地冲击了传统的思维方式,特别是理智的或形而上学的思维方式,将人们从形形色色的"先验的、自明的、绝对的"思维中解放出来,为人们提供了一种看世界的新视角。

(二) 人文主义的兴起

自教育科学作为一门独立的科学以来,已经历了一个世纪的发展。回顾20世纪人类教育的方向主要表现为:重视教育研究领域中人文主义的回归,即重视人在教育中的地位、人的发展的可追求等。重视人的主体意识问题研究,教育目的价值取向中人文精神的回归。随着当代哲学领域中关于人的问题研究的深入,教育理论中的人文主义价值观也开始了它的现代复兴。西方近现代哲学的发展,以黑格尔为界,可以视为两大发展阶段,到黑格尔为止的近代哲学,基本上是受理性主义支配的,这不管在经验论还是唯理论中,黑格尔以后的现代西方哲学,是人的主体意识的全面觉醒,这种思潮一直持续到当代。正因为如此,有的哲学家把哲学视为"人学",把哲学要解决的根本问题视为人与外界的关系问题。20世纪70年代以后,由于现代科学在造福于人类的同时,也带来了许多弊端,致使许多人从人类发展的全球视野来考虑人的状况,进而提出对科学、特别是科学主义要重新认识。哲学领域中对人的主体意识的关心,必然影响着教育理论研究的价值导向。看看当代西方教育理论,我们不难发现,存在主义教育理论、人本化教育思潮、非学校化论点、西方马克思主义、批判教育理论对当代资本主义的批判,后现代主义表现出来的沮丧情绪等等,无一不是在高唱着对人的赞歌。到了20世纪90年代,许多学者意识到,以掠夺资源为代价的发展终究是有限的,他们倡导通过人的素质的提升与国家宏观调控,使社会获得可持续发展。很显然,作为专门培养人的教育事业,在社会的可持续发展中占据着极为重要的地位,它通过提高人的素质,形成人正确的社会责任感,去影响社会。新人道主义(人文主义)的确立,对人类前途具有极其重要的意义,因为,只有新人道主义能造成人的变革,能把人的素质和能力提高到与其新责任相称的水平。无疑,可持续发展理论体现着极为浓厚的人文色彩,是几十年来国际理论界关于人的问题探索的必然归宿。在这种人文主义国际化思潮的影响下,教育研究领域中在人的发展的人文主义维度上进行了许多探讨。

(三) 常人方法学的启示

传统教育理论认为教育规律或教育理论是先于教育实践者而存在的,正是通过教育实践者对教育规律或教育理论的内化,教育实践者得以共享教育规律或教育理论,最终教育实践者共同维持现有的教育秩序。而常人方法学者却与此相悖,认为教育理论或所谓的教育规律确实存在,但它并不是先于教育实践者而存在,它是教育实践者用以对自己教学行为进行陈述、观察,从而使其他人能理解其教育行动的工具。就是说,常人方法学是根据具体的研究对象及其所处的局部场景的特点,"因地制宜"地选择研究方法,从而达到研究方法与研究对象相统一的目的。常人方法学者认为,传统社会学研究中所谓"系统的方法"正是系统地使"社会现象消失"。因此,他提醒我们应严格按照"方法的独特适当性"原则,将具体研究的问题与方法更加紧密地结合起来,而不是将一个预先设计好的固定模式套用在各种不同的经验环境中,否则就会导致常人方法学家所谓的"系统地使社会现象消失"的结果。

常人方法学给予我们以下几点启示:

1. 教育研究要以"教育现象"为对象

现有的教育理论与揭示出来的教育规律,都只能作为研究的工具而出现,其本身并非教育研究的对象,真正的教育研究对象应是"教育现象"。只有当我们将现存的教育理论与教育规律"悬置"起来,通过我们认为"想当然的教育系统"进行破坏时,我们才能洞悉"教育现象"的存在及其支撑教育现象发展的每一个常人教育行为的努力。也只有当我们展开对"教育现象"的考察时,现有的教育理论与教育规律才能以"研究工具"或"描述语言"的身份而出现,既体现对教育现象考察的"显微镜"功能,也是对自身进行反省与检验的过程。远离组成教育现象的教育行动与教学行为的教育研究,是常人方法学者所批判的没有寻找到研究题目的研究,是对教育理论进行重组与繁殖的过程,当然其中也不乏对教育理论本身的精彩提炼与深刻反思之作,但这是一种"无涉(研究对象)研究",所带来的后果是使教育理论本身自成体系、自我繁殖,而教育研究者对理论体系的建构又易于阻碍大家对教育现象的观察,或使大家失去对教育实践问题的敏感性。正是由于研究目的转移与教育理论发展的错误定位(对自我体系"完美性"的构建替代了对教育现象进行考察的工具功能),使教育理论与教育研究越来越偏离甚或远离了教育实践。对教育现象发展过程的"想当然"认识正是阻碍教育研究者走近"教育现象"的意识障碍。由于我们对教育理论与教育规律的顶礼膜拜,使我们认为教育现象的发展过程是受教育规律所支配的,而教育现象中的教育行动者则由于对教育理论与教育规律的内化,包括自我学习、领导指挥等所谓的社会化过程,所以教育研究者往往以改变教育实践者的教育理念为第一责任。问题在于是否能改变,而且改变了他们的教育理念就能达到用教育理论与教育规律对所有教育实践进行统一的目的吗?

2. 具体的教育行为是个体努力的结果

教育研究的中心工作是对教育者的日常教育实践的关注,这是教育研究者所普遍予以认可的看法。然而,当前的教育研究者往往在承认这个最为简单的教育研究原则的同时,却以自己的教育研究行为来违背这个原则,对日常教育实践行为"视而不见",从而完全忽视了教育学中最基本问题的研究。最为基层的决策执行者在最为基本的执行行为上都需要自己进行决策,完全没有决策权的个人在教育实践中是不存在的,不作任何决策的执行者只能是机器而不可能是人。由于我们总是认为这些常规或日常行为是理所当然发生的,它们的出现是"想当然的",因此,只有当这些日常行为发生"意外"时,我们才关注行为发生发展的过程。这使研究者的目的发生了一个错位,即关注与预防"意外"事故的发生,但对事情本身的正常发展过程缺少注意。教育中的每一个教育行为都是教育者努力的结果,他们在每一个"局限而又具体的场景"中,需要动用自己的智慧、知识、技能与意志来完成,但这一个努力的过程却往往被简单的"教育规范"或"教育规则"所掩盖,而被认为是想当然的结果。要想使这些普通的个体努力的结果的教育过程成为可见的,就需要教育研究者采用一些特殊的方法,来"系统地破坏"这些"想当然性",在教育实践的场景中引入"混乱",造成"局部失范",从而发现教育者在教育实践中的"内在组织过程",洞悉这一组织过程的内在规律并利用这些规律来提升教育实践的质量。就我们的教育教学活动而言,教学活动的每一步都是师幼努力的结果,而非单一的教学规则所能规定。只是有些师幼受到"特殊的教育工作环境"的影响而总是乐于将自己的"教育行为决策权"委托别人来享用,从而认为自己单纯地模仿别人是最有利于自己目的的达成。这种教学行为的发生即使最终的决策权还是由教育者自己实施的。

3. 教学方法与教育研究方法的独特适宜性

教学的过程是生成性过程,是教育者在局限性场景中诸多"权宜性教学行为"汇总的结果。因此,教学方法是随着权宜性教学行为的发生而选择的。然而,在实际的教育教学过程中,我们总是认为教师的教学行为对教学方法的使用是想当然的事,因此,更多地关注教学方法的形式上的统一性,而对作为教学个体的教师在实施"权宜性教学行为"时,各自对教学方法使用的努力却忽视了。方法是个体的方法,而不存在离开个体的方法,只有将方法与具体的个体行为相联系时,方法才融入了个体的权宜性行为之中,也才能在"权宜性行为的结果"中得以体现。从教师对教学方法的选择来看,我们应更关注方法在不同教师身上展现的"个性"。教师不是方法的奴隶,而是方法的主人,只有教师赋予了教学方法的"个性",才能达到教学方法对教学行为的独特适宜性。在教育研究中,更需要重视教育研究方法对具体研究对象与研究过程的独特适宜性。在当前的教育研究中,对方法本身的重视被提升到了一个新的高度,这或许是由于教育研究者中"新手"比较多,大家对方法的内化不够;或许就是研究的方法导向强于研究目的的导向,将方法对研究目的的适宜性颠倒为目的对研究方法的适宜性,这使得教育研究方法作为一个预先设计的固定模式而套用在不同的教育场景中,使真正需要研究的"教育现象"遭到"系统的消失",于是留下的是方法自身而无内容。教育研究的目的在于揭示"教育现象"内在的确定性与规律性,而研究方法的选择依赖于教育行为的个性及其所处的教育场景,这一选择的过程可能是对现有教育研究方法的综合亦或是肢解。真正适宜的研究方法,也即真正能达到教育研究目的的研究方法已经内化在研究过程与研究结果之中,我们无从寻找到它,甚至无法说明它、理解它。

二、学前教育研究的发展趋势

学前教育研究经历了漫长而曲折的发展历程,展望未来,特别是进入21世纪以后,它会如何发展呢? 有的专家认为,可能会出现五个方面的发展势头。

(一) 研究主体的平民化

研究权利将不再仅仅是理论工作者的权利,这种权利将会下放到广大的工作在学前教育第一线的幼儿教师身上。幼儿教师不再仅仅是被研究者与教育理论的实践者,他们将成为学前教育研究的参与者、合作者。他们通过对自身生存环境的反思,通过对教育教学活动过程的反思,针对当前所需解决的问题,通过行动研究,不断提高自身素质以及专业修养,最终获得精神上的解放,不再受到权威的压迫,同时提高教师行业的社会地位,改变传统幼儿教育中"阿姨"的形象。

(二) 研究者与被研究者关系的平等化

传统的学前教育研究同教育领域的其他分支学科一样,研究者和被研究者的地位不平等。这表现在理论工作者是指导者,而实践工作者是被指导者,不管具体情景如何,作为实践者的幼儿教师要按照一般的规律、普遍的知识来指导自己的工作,而很少有自己的权宜性。一旦幼儿教师越权根据当时的情境作出自己的决定,就有可能被理论工作者视为擅自做主,可能会被领导或教研员批评。因为这种决定可能不符合前人的某个理论。这种不平等导致了研究者与被研究者之间关系的不和谐、不信任甚至对立。理论工作者居高临下地指责幼儿教师缺乏理论意识、理论素质,甚至自身素质不够高,而幼儿教师会反击理论工作者"站着说话不腰疼",空口说白话,所谓的理论并不能给予有效的指导。通过对这种不平等关系的反思,我们逐渐意识到学前教育研究方法的急需改进以及发展的方向。正如马克思指出的,每个人是手段同时又是目的。幼儿教师和幼儿决不仅仅是我们建构完美理论的工具,相反,他们恰恰是我们追求的目的。因此,以下两种途径将会促使两者关系的平等化。一是教师也是研究者,而理论工作者可以以外援的方式进行理论上支援、研究方法上的训练。二是理论工作者通过参与式观察、体验式研究,对幼儿教育现状作出解释性说明和进一步分析,而不仅仅是作为一个价值中立的研究者,或者像法官一样作出是与非的判断。教育研究者也正是在把自己的研究过程看做对教育实践的"说明"过程、"反思"过程,才既能真切地体会教育实践,又能揭示教育实践自身存在的困难。站在教育实践的旁边而不把自己融入教育实践之中的研究者是旁观者。旁观者清并不意味着旁观者就完全了解行动者的每一项努力的"结果",他对教育实践的观察不具有对教育实践进行反思的"真切体会",也达不到对教育实践进行"反思"的深刻性。

(三) 研究情境的自然化

学前教育研究曾深受实证主义的影响,但是现在我们在迎接人文主义的回归。我们不再空想着建造一个学前教育研究的实验室,而是在一个活生生的生态自然情境中进行研究。正如麦考尔所言:如果我们不是在真实家庭、真实学校和真实环境中对真实被试成长作研究,那么我们的知识还有什么价值呢?我们力求对真实情境中的真实被试进行真实的研究。

(四) 研究领域的微观化

学前教育研究中对"教育现象"、"教育日常行为"等领域的贴近可能是一种必然的研究趋势。常人方法学告诉我们,现有的教育理论与揭示出来的教育规律,都只能作为研究的工具,其本身并非教育研究的对象,真正的教育研究对象应是处于微观层面的"教育现象"。只有当我们将现存的教育理论与教育规律暂时搁置起来,对我们认为"想当然的教育系统"进行分解时,我们才能洞悉"教育现象"的存在,才能发现支撑教育现象发展的每一个常人教育行为的努力。同时,现有的教育理论与教育规律也才能以"研究工具"或"描述语言"的身份出现,既是体现对教育现象考察的"显微镜"功能,也是对自身进行反省与检验的过程。

对教育研究来说,对教育现象的贴近,对普遍而又基本的教育人员、学习人员以及他们的教学行为、学习行为的关注,才会真正达到教育研究者的基本目的。没有一个执行者是无须作出决策的执行者,只有尊重每一位行为者的决策权,我们才能重视他们的主体性,而这一行为者包括教育行政官员、教育理论专家,当然也包括最为基层的普通教师与幼儿,甚至只有他们才是教育研究者最为普遍、最为重要的研究对象。

(五) 研究方法的综合化

自近代,尤其是 20 世纪以来,教育研究领域由于长期受科学主义与人文主义(主要指以非理性主义哲学为代表的现代人本主义)两大哲学、社会思潮的浸润和影响,逐渐形成了两大方法论传统或范式,即科学主义的量的研究和人文主义的质的研究。

自1632年《大教学论》问世,教育学从其哲学母体中脱颖而出并成为一门独立的学科以来,三百多年已经过去了。在此期间,教育研究曾长期停留在传统的经验总结和哲学思辨的层次上。随着20世纪初西方实证主义的发展,量化的、实验的等精密的科学方法得以广泛运用,定量研究方法在教育研究中一度备受青睐,对教育测量的崇拜和对统计结果的依赖成为研究中的一种时尚和潮流。当时就有学者提出,没有任何一种科学研究方法应该成为对社会现象进行推论的主宰,占主导地位的量的方法在发挥自己作用的同时,应该吸收别的研究方法的长处。随着定量方法缺陷的暴露,社会科学界对质的研究方法的研究和应用的队伍越来越壮大,有关这两种研究方法结合的呼声也越来越高。进入20世纪90年代以后,在世界范围内重视多元、强调对话的后现代思潮推动下,社会科学研究界日益关注多种研究方法之间的结合。而作为社会科学研究中的两种主要的研究方法——量的研究与质的研究之间的结合,已成为一个跨学科、跨范式的热门话题。

1. 两者的区别

量的研究与质的研究两大阵营之间的相互对立与论战由来已久,至今已有一百多年的历史。19世纪中叶,随着实证主义的兴起,社会科学界开始借鉴自然科学的研究方法,对量的研究方法产生了兴趣,认为量化具有自然科学的客观性和科学性,应该引入社会科学研究领域。20世纪四五十年代,以抽样调查和实验为主要形式的量的研究方法在社会学、心理学以及其他社会科学领域里占据了主导地位。直到60年代,质的研究方法才在这些领域里重新兴起,其价值逐渐得到广泛的认可。目前,虽然双方开始讨论结合的可能性,但对立情绪仍旧非常激烈。之所以存在如此激烈的论战,是因为社会科学界普遍认为,量的研究与质的研究是两种截然不同的研究方法,它们分别被认为属于硬科学和软科学,遵循的是两种十分不同的科学主义和人文主义路线。量的研究者往往钟情于数字的精确性与统计方法的科学性,对质的研究的直观性缺乏足够的信任。而质的研究者则偏好丰富翔实的、发生于具体情境中的细枝末节,不相信纯粹的数据统计。建立在实证主义之上的量的研究认为,质的研究只能对研究的问题进行初步和表面的探索和描述,不能进行逻辑的论证和科学的检验;而建立在建构主义之上的质的研究则认为,自己的研究传统无论是在经验的层面、哲学的层面还是伦理的层面都比量的研究更加优越。

(1) 质的研究方法以间接的方式把握教育事实的主观性存在。客观性的事实,是人可以观察到的事实,或者是可以收集到的人的物质活动结果的事实。对于这样一些事实,我们研究者可以去观察,可以去调查,可以数量化。主观性的事实,是人不可以观察到的,它只能够理解、推论、诠释。主观性虽然不可以观察,但是人的主观世界总要通过一定的方式表现出来,因而我们可以推知。

(2) 质的研究方法注重研究者与被研究者的"相互主观性",即人们观察世界的方式是不一样的,研究者必须以被研究者的观察世界的方式来了解对象,才能真正把握对象的主观世界。譬如,"我喜欢学习"这句话,我们可能在许多学生的口里听到,但是不同的学生运用这句话,表达的意思是有差别的。喜欢学习,可能是出于对知识的渴求,也可能是出于学习可以获得的奖赏。研究者在理解研究对象的语言或行为的时候,也是根据自己的表达习惯来理解的。因此,在教育研究中,要以"质"的方法来把握教育事实的主观性存在,就必须以研究对象的主观表达方式和理解方式来把握研究对象。

(3) 质的研究方法注重作为研究对象的人或人的生活的"整体性"。"客观化"的、"量化"的研究,往往注意对象的某个或某些外显的特征,而舍弃了与这个或这些特征无关的材料。因而,在量化的研究中,人是被分解的,我们所看到的人不是活生生的完整的人,而是某些人们共有的特征。质的研究,则要把完整的人或人的完整的生活揭示出来。

关于质的研究的收集材料的方法,有学者提出主要有:访谈、观察和文献分析。质的研究在收集材料上,所采用的方法从名称上看是量的研究也采用的,但是在使用方法上却有根本的不同。质的研究的访谈是开放式的,观察是参与式的;而文献收集则强调完整地占有对象的材料。这些方法在质的研究与量的研究中一个最重要的区别在于质的研究在运用访谈、观察和文献分析手段时,不是把这些手段只是当做"客观的工具"来使用,而是与研究者努力把握对象的主观世界活动联系在一起的。因此,质的研究认为研究者本人自身"学习、理解、沟通"的能力本身就是研究方法。

提出教育事实的双重性质和两类研究方法问题,是要强调教育研究对象的特殊性,由此而产生的教育研究方法的特殊性,是以往为人们所忽略、现在正受到重视的方面。人的行动是有意义的行动,是在意志与情感作用下的行动,没有对这一"事实"的"质"的分析,要想准确地把握教育事实是不可能的。

2. 结合的原因

之所以要把两者结合,是因为两者各有利弊。

量的研究的长处和短处。一般来说,量的研究方法有如下长处:适合在宏观层面大面积地对社会现象进行统计调查;可以通过一定的研究工具和手段对研究者事先设定的理论进行验证;可以使用实验干预的手段对控制组和实验组进行对比研究;通过随机抽样可以获得有代表性的数据和研究结果;研究工具和资料收集标准化,研究的效度和信度可以进行相对准确的测量;适合对事情的因果关系以及相关变量之间的关系进行研究。量的研究的不足之处是:只能对事物的一些比较表层的、可以量化的部分进行测量,不能获得具体的细节内容;测量的时间往往只是一个或几个凝固的点,无法追踪时间的发生过程;只能对研究者事先预定的一些理论假设进行验证,很难了解当事人自己的视角和想法;研究结果只能代表抽样总体中的平均情况,不能兼顾特殊情况;对变量的控制比较大,很难在自然情景下收集资料。

质的研究的长处和短处。质的研究比较适合下列研究:在微观层面对社会现象进行比较深入细致的描述和分析,对小样本进行个案调查,研究比较深入,便于了解事物的复杂性;注意从当事人的角度找到某一社会现象的问题所在,用开放的方式收集资料,了解当事人看问题的方式和观点;对研究者不熟悉的现象进行探索性研究;注意事件发生的自然情境,在自然情境下研究生活事件;注意了解事件发展的动态过程;通过归纳的手段自下而上建立理论,可以对理论有所创新;分析资料时注意保存资料的文本性质,叙事的方式更接近一般人的生活,研究结果容易让人信任,因此容易起到迁移的作用。质的研究的短处在于:不适合在宏观层面对规模较大的人群或社会机构进行研究;不擅长对事情的因果关系或相关关系进行直接的辨别;不能像量的研究那样对研究对象进行工具性的准确的测量研究,其结果不具备量的研究意义上的代表性,不能推广到其他地点和人群;资料庞杂,没有统一的程序,很难建立公认的质量衡量标准;既费时又费力。

虽然,量的研究方法和质的研究方法有很多不同的方式,可以结合起来使用,但是最好不要完全消除两种方法之间的差别。方法就像文化一样,应该是越丰富多样越好,而不应该趋于同一。中国的老庄哲学和西方的对话哲学都告诉我们,真理是两极在相互肯定与相互否定中生发出来的。只有通过不同范式和不同方法之间平等的对话,才能真正使研究者和被研究者获得解放,也才能在视域的融合中找到新的生长点和新的生成境界。

三、研究方法综合运用举例

(一) 观察法、调查法、访谈法的综合运用
例:《对幼儿园各年龄班部分幼儿进餐缓慢原因的调查》
1. 问题的提出
众所周知,幼儿身体素质状况不仅与先天的遗传因素、后天的生长环境,特别是体育锻炼有关,还与幼儿每天膳食营养的合理性和摄取量有着密切的关系。在幼儿园里,如果幼儿经常不能定时定量吃完自己的一份饭菜,那么必然会影响幼儿每日必须摄取的营养量,最终将影响幼儿身心的正常发展。我园是一所全日制日托幼儿园,全园三百多名幼儿均在园午餐。多年来,我们一直面临着这样的问题,各年龄班均有少数幼儿长期进餐缓慢且量少,老师们也采用了诸如表扬鼓励、让其提前吃饭、饭菜略少于定量等方法,但对某些孩子来说收效甚微。为了从根本上解决这个问题,促进每个幼儿健康活泼地成长,我园拟对各年龄班部分幼儿进餐缓慢的原因进行调查,以求找出规律,采取相应措施,改变现状。

2. 程序和方法
(1) 调查对象:进餐缓慢的幼儿、家长、本班老师。
(2) 研究方法:
观察法:观察幼儿每日进食情况和饭菜内容相关的情况。
问卷法:家长问卷,家庭教养情况、一般生活情况、孩子身体情况。
访谈法:就多种问题向老师、家长进行访谈。
(3) 调查程序
a. 确定调查对象:采用观察法和与本班老师访谈的方法,确定调查对象。
时间:十天
范围:全园从托班到大班四个年龄段共八个班。

标准:每周有三天吃饭超过30分钟未吃完的幼儿。

b. 设计访谈提纲和问卷题目,并打印问卷和观察记录表。

时间:三天

c. 向家长、老师发放问卷、观察表格,并根据反馈情况进行个别访谈。

d. 问卷、观察表格回收后,根据情况对家长、老师补充访谈。

时间:二十天

3. 调查资料的整理分析。(略)

4. 结论(略)

南京市玄武区如意幼儿园
任捷

(二) 实验法、问卷法、访谈法、观察法的综合运用

例:《家长在教养方式上的信念与其教养特点之关系》

1. 问题的提出

某幼儿家长在教养方式上有某种信念,即指该幼儿家长倾向于或偏爱某种教养方式。国外的许多研究证明,父母的信念可以影响他们对儿童的教养,从而影响儿童的社会化以及家庭作为一个学习环境的质量。我国在家长的教养方式及其对子女的影响方面已有不少研究和介绍,而对教养方式本身的受制因素——家长的信念体系注意较少。故本文拟通过调查和实验就此方面进行一些初步的探讨。

本文提出的基本假设是:家长在教养方式上的信念对其实际的教养态度和行为有明显影响,其信念和行为之间有一致性。

2. 研究步骤

(1) 操作定义和测量工具

a. 家长在教养方式上的信念,在本研究中指家长对各种教养方式的倾向和偏好。本研究使用了由全国家庭教育学会课题组编制的幼儿"家庭教育问卷"中的有关教养方式信念的题目。该问卷

于1991年编制,并经预测后作了初步修订。此问卷将家长对教养方式的信念分为七种类型,即民主型、高期待型、保护型、溺爱型、虐待型、忽视型和放弃型。根据家长在问卷上选择和填写的情况,计算出每位家长对以上七种类型教养方式的倾向度。

b. 家长的教养态度和行为。在本研究中指家长在子女教养中表现出的实际行为倾向和特点。本研究以自编幼儿家长教养态度和行为观察实验表进行测量,目的是通过在幼儿家中设置幼儿操作活动(拼摆图形)的情景,对其父母的态度和行为进行观察,从而了解家长对幼儿学习活动的指导、控制和干预的方式和特点。观察记录的内容由非控制和控制两个部分组成。其中的非控制又分为关注性的(即不作指导但表现出关心,如注视等)和不关注性的(不作指导也不关心,如目光移向别处、走开等)。控制则分为情绪性的和非情绪性的,前者包括积极的控制(表扬、安慰、诱导等)和消极的控制(责备、呵斥、打骂等),后者则根据其指向性分为指向操作结果的控制(如评价、替做、催促等)和指向思维过程的控制(如讲解、提问、演示等)。

此外,本研究中还通过谈话了解家长的思想、信念和教养上的特点,作为问卷和实验结果的补充。

(2) 样本的选择和施测(略)。

3. 统计结果与讨论(略)

[资料来源:何大慧《学前教育研究》1994年]

思 考 题

1. 当前学前教育研究面临的问题是什么?
2. 后现代思潮对学前教育研究有哪些启示?

附：

《学前教育研究方法》
自学考试大纲

I 课程的性质与设置目的

《学前教育研究方法》是江苏省中小学教师及幼儿园教师自学考试学前教育专业(本科段)课程中的必修课和必考课,是为培养和检验考生在学前教育研究方法方面的基本理论和应用能力而设置的一门专业课程。

学前教育研究方法是学前教育科学的一个重要的分支学科,是其理论体系的重要组成部分。该课程具有以下特点:一是以马克思辩证唯物主义与历史唯物主义的教育理论为指导;二是努力借鉴现代科学方法论和其他相关学科的最新研究成果;三是立足于我国现代学前教育中的各种实际问题来阐述理论,分析问题。因此,它具有基础性、理论性、科学性、现代性和可操作性等特点。

自学考试者通过本课程的学习,应该能够比较全面系统地掌握学前教育科学研究方法的基础理论和基本知识;并能运用所掌握的研究方法开展高质量的教育研究,分析和解决学前教育机构教育、教学情境中的现实问题。

设置本课程的具体目的和要求是:

1. 了解学前教育研究方法的基本框架;了解学前教育研究方法的基本理论和发展趋势;了解进行学前教育研究的一般过程;了解各种研究方法的概念和使用;等等。

2. 通过学习,加强理论联系实际,并提高在中国进行学前教育科学研究的能力。

3. 通过阅读、思考、书面作业和在真实教育教学情境中的具体实践,进一步体验学习后自我提高、自我发现的快乐,受到乐业、敬业精神的熏陶,树立理论联系实际的治学作风。

Ⅱ 课程内容与考核

● 第一章 绪论

〔学习目的与要求〕

通过本章的学习,重点了解学前教育研究方法的学科性质、发展历程以及学习本课程的意义和要求。

〔学习内容〕

第一节 学前教育研究方法概述

一、方法与科学方法

(一) 定义

(二) 科学方法的特征

二、科学研究与教育研究

(一) 定义

(二) 教育研究的一般过程

三、学前教育研究与学前教育研究方法

(一) 学前教育研究

1. 定义

2. 特点与原则

3. 类型

(二) 学前教育研究方法

1. 定义

2. 研究对象和内容

3. 学科性质
4. 方法简介

第二节 学前教育研究方法的历史进程

一、直觉观察时期

二、以分析为主的方法论时期

三、教育研究成为独立学科时期

四、20世纪50年代以来的发展概况

第三节 学习学前教育研究方法的意义和要求

一、学习的意义

二、学习的要求

〔考核知识点〕

一、研究方法及其特征

二、教育研究及其一般过程

三、学前教育研究与学前教育研究方法

四、学前教育研究方法的发展

五、学习学前教育研究方法的意义和要求

〔考核要求〕

一、研究方法及其特征

1. 识记：研究方法的含义和主要特征

2. 领会：研究方法的主要特征是怎样体现在实际研究活动中的

二、教育研究及其一般过程

1. 识记：教育研究的定义及其一般过程

2. 领会：教育研究活动是动态的过程

3. 应用：举例分析传统研究设计模式中的研究过程

三、学前教育研究与学前教育研究方法

1. 识记：学前教育研究的定义、特点和原则、类型

2. 领会：幼儿教师是学前教育研究的重要参与者之一

四、学前教育研究方法的发展

识记：学前教育研究方法的发展历程和趋势，以及每一时期的主要特点

五、学习学前教育研究方法的意义和要求

1. 领会：为什么要学习这门课程

2. 应用：结合自己的经验，分析学习这门课程要注意哪些问题

● 第二章　基本概念

〔学习目的与要求〕

通过本章的学习，重点学习几个基本概念（包括抽样、变量、测量、操作性定义、效度与信度等）的定义、作用和使用方法等。

〔学习内容〕

第一节　抽样

一、抽样的定义

二、抽样的原因

三、抽样的要求

四、抽样的方法

五、抽样误差与抽样偏差

第二节　变量

一、变量的定义

二、变量的分类

第三节　测量

一、测量的定义

二、测量量表的种类

三、测量的基本类型

四、测量误差

五、教育与心理测量的特点

第四节　操作性定义

一、操作性定义的定义

二、操作性定义的要求

三、操作性定义的作用

第五节　效度与信度

一、效度

（一）内在效度与外在效度

（二）内在效度与外在效度的关系

（三）系统误差

二、信度

（一）定义

（二）内在信度与外在信度

三、效度与信度的关系

〔考核知识点〕

一、抽样

二、变量

三、测量

四、操作性定义

五、效度和信度

〔考核要求〕

一、抽样

1. 识记：抽样的定义、要求和主要方法

2. 领会：各种抽样方法的特点和适用范围

二、变量

1. 识记：变量、自变量和因变量的定义

2. 应用：在具体的研究活动中区分出自变量和因变量

三、测量

1. 识记：测量的定义

2. 领会：怎样减少测量误差
四、操作性定义的定义、要求和作用
1. 识记：操作性定义的定义
2. 领会：下操作性定义有什么要求和作用
3. 应用：为具体的研究设计下适宜的操作性定义
五、效度和信度
1. 识记：效度、信度、内在效度与外在效度的定义
2. 领会：效度和信度的关系

第三章 研究问题的确定

〔学习目的与要求〕

通过本章的学习，重点了解和掌握如何在研究活动中确定研究的问题。

〔学习内容〕

第一节 概述
一、什么是研究问题的确定
二、为什么要确定研究问题

第二节 确定研究问题的原则
一、所确定的研究问题必须是有价值的
二、所确定的研究问题应是可行的
三、所确定的研究问题应是有创新性的
四、所确定的研究问题应符合科学性原则

第三节 研究问题确定的过程与方法
一、初步选定研究问题
二、对初步选定的问题进行初步的探索
三、对所选的问题进行陈述
四、对选定的研究问题进行论证，并撰写课题论证报告

〔考核知识点〕

一、确定研究问题的意义

二、确定研究问题的原则

三、确定研究问题的过程和方法

〔考核要求〕

一、确定研究问题的意义

领会：为什么要确定研究问题

二、确定研究问题的原则

1. 识记：确定研究问题的重要原则

2. 领会：各条原则的具体含义

3. 应用：在具体研究的问题确定中体现这些原则

三、确定研究问题的过程和方法

1. 识记：确定研究问题的一般过程包括哪些步骤和主要方法

2. 领会：研究问题来源于哪些途径；文献法是怎样进行的；怎样进行课题论证

第四章 观察法

〔学习目的与要求〕

通过本章的学习，了解观察法的作用、特点以及使用观察法的优点和局限性，掌握观察的主要策略和方法，并学会根据不同的研究目的和观察形式设计出观察过程和观察表格，在实践中正确地运用观察法进行科研活动。

〔学习内容〕

第一节 概述

一、观察法的概念

二、观察法的类型

第二节 非结构性观察

一、非结构性观察的设计

二、观察的实施

三、非结构性观察法的类型

四、观察中的自我反思

五、观察资料的整理分析

第三节　结构性观察

一、确定观察项目

二、选定观察对象

三、规定记录方法

〔考核知识点〕

一、观察法的概念

二、观察法的类型

三、非结构性观察的实施

四、观察中的自我反思

五、结构性观察中的确定观察项目

六、结构性观察中的规定记录方法

〔考核要求〕

一、观察法的概念

1．识记：观察法的概念

2．领会：观察法的特点

二、观察法的类型

1．识记：参与性观察与非参与性观察

2．领会：

(1) 参与性观察与非参与性观察各自的特点

(2) 结构性观察和非结构性观察各自的特点

三、非结构性观察的实施

1．识记：

(1) 非结构性观察的现场观察记录的格式

(2) 非结构性观察的类型及其各自的特点

2. 应用：能根据不同情况选择合适的非结构性观察类型，进行清楚的现场观察记录

四、观察中的自我反思

1. 领会：

（1）在观察中反思的必要性

（2）在观察和观察记录中可能会犯的错误

2. 应用：能在观察过程中保持一个反思的习惯，作出客观、公正、清楚的现场观察记录

五、结构性观察中的确定观察项目

1. 领会：

（1）观察项目的要求

（2）在确定观察项目时会遇到的问题

2. 应用：能根据不同的研究目的设定不同的具体的外显的、可以被观察到的观察项目

六、结构性观察中的规定记录方法

1. 识记：时间取样法、事件取样法、等级评定法的定义

2. 领会：

（1）时间取样法的特点及适用范围

（2）事件取样法的适用范围

（3）等级评定法的适用范围

3. 应用：能根据不同的观察目标，从不同的方面来记录观察项目所列的目标行为的表现

● 第五章 调查研究

〔学习目的与要求〕

通过本章的学习，了解调查法的基本内容、方法和特征，了解调查问卷法的特点和类型，了解访谈调查的一般程序和相关因素，并掌握调查问卷的设计方法和实施中的原则，掌握访谈调查的设

计方法,学会正确、合适地使用访谈调查并能了解和尝试观察法与调查法在教育科研中的综合运用。

〔学习内容〕

第一节 概述

一、调查研究的特点

二、调查研究的类型

三、调查研究的设计

四、调查研究的过程

第二节 问卷调查

一、问卷法及其特点

二、问卷的一般格式

三、提高回答率和回答质量

第三节 访谈调查法

一、访谈及其优缺点

二、访谈的类型

三、前期准备工作

四、访谈中的提问

五、访谈中的记录

〔考核知识点〕

一、调查研究的特点

二、调查研究的类型

三、调查研究的设计

四、问卷的一般格式

五、提高回答率和回答质量

六、访谈的优缺点

七、前期准备工作

八、访谈中的提问

〔考核要求〕

一、调查研究的特点

领会：调查研究的优点和局限性

二、调查研究的类型

1. 识记：学前教育领域的调查研究的四种类型（现状调查、相关调查、发展变化调查、原因调查）

2. 领会：各种调查类型的实例

三、调查研究设计

领会：

（1）纵向设计涉及随着时间推移收集资料的调查，常用于发展变化调查和趋势研究

（2）根据抽样次数的不同，纵向设计可以分成两种情况

（3）横向设计是指对一个代表总体的随机样本，在一段时间内进行一次性收集资料，现状调查可以使用横向设计

四、问卷的一般格式

1. 识记：问卷题目的类型

2. 领会：

（1）问卷调查的优、缺点

（2）问卷前言和指导语的要求

（3）问卷编题的原则

3. 应用：在教育科研以及幼儿园工作中使用问卷调查法

五、提高回答率和回答质量

领会：

（1）各种导致回答率及回答质量不高的原因

（2）提高回答率和回答质量的方法

六、访谈的优缺点

1. 领会：访谈的优缺点

2. 应用：尝试将访谈与观察法和问卷调查相结合，使自己的

研究结果更全面更科学

七、前期准备工作

1. 领会：

(1) 访谈提纲的作用

(2) 访谈提纲的开放性

2. 应用：设计合适的访谈提纲，与受访者商量有关事宜

八、访谈中的提问

1. 领会：

(1) 访谈中提问、追问和倾听的关系

(2) 对开放型问题与封闭型问题的运用

(3) 追问的运用

(4) 各种倾听的方式

(5) 回应的方式

2. 应用：学习做一个真诚的访谈者，同时会使用访谈的技能技巧

第六章 实验法

〔学习目的与要求〕

通过本章的学习，了解实验研究法的基本内容和特点，了解实验法的基本逻辑以及由此产生的实验要素的作用，了解影响实验的因素，掌握教育实验研究的特点，掌握实验控制的必要性和方法，并学会根据自己的工作情况和科研目的进行实验设计，在自己的工作实践、教育科研中尝试做自己的实验。

〔学习内容〕

第一节 概述

一、实验法的定义

二、实验法的特点

三、实验法的逻辑和三对基本要素

四、实验的分类

第二节　教育实验的基本构成和实验控制

一、实验研究的基本构成

二、影响实验的因素

三、实验的控制

第三节　教育实验设计模式

一、实验设计的作用

二、教育实验设计的分类

三、教育实验设计的模式

第四节　动手做自己的实验

〔考核知识点〕

一、实验法的定义

二、实验法的特点

三、实验法的逻辑和三对基本要素

四、实验的分类

五、实验研究的基本构成

六、影响实验的因素

七、实验的控制

八、实验设计的作用

九、教育实验设计模式

十、动手做自己的实验

〔考核要求〕

一、实验法的定义

识记：实验法的定义

二、实验法的特点

领会：教育实验研究的优点与局限性

三、实验法的逻辑和三对基本要素

1. 识记：实验法的三对基本要素

2. 领会：
(1) 实验法的逻辑（确认事物间因果关系的标准）
(2) 三对基本要素各自解决的问题
四、实验的分类
识记：标准实验和准实验
五、实验研究的基本构成
1. 识记：实验研究的基本构成（实验假设、实验被试、实验变量、实验控制、实验步骤、实验结果与结论）
2. 领会：实验变量与实验控制的含义
六、影响实验的因素
领会：影响内在效度的八项因素（见教材第 182~185 页）
七、实验的控制
1. 识记：
(1) 如何寻找两组相同的对象
(2) 实验控制的原则及其三层含义
(3) 实验控制的几种方法
2. 领会：实验控制的必要性及相对性
3. 应用：在自己的实验中想办法对变量进行控制
八、实验设计的作用
领会：良好的实验设计的作用
九、教育实验设计的模型
1. 领会：单组实验设计和等组实验设计的原理和基本模式
2. 应用：设计出简单的单组实验或等组实验设计
十、动手做自己的实验
应用：能结合自己的工作实践，运用本章所学的内容尝试做自己的实验，并尝试将多种科研方法结合使用

第七章 行动研究法

〔学习目的与要求〕

通过本章的学习能够对行动研究法有初步的了解,知道教师成为行动研究者的必要性与可能性,通过学习与实践能够进行简单的行动研究。初步了解行动研究与原本课程发展的关系。

〔学习内容〕

第一节 概述

一、含义

二、来源以及发展趋势

三、行动研究的特点

四、行动研究的类型

五、适用范围以及局限

第二节 教师成为行动研究者

一、教师成为行动研究者的必要性

二、教师成为行动研究者的可能性

第三节 行动研究法应用

一、行动研究举例

二、应用中应注意的问题

三、行动研究的评价

四、行动研究的意义

第四节 教育行动研究与园本课程发展

一、教育行动研究与园本课程的关系

二、教育行动研究对园本课程发展的作用

〔考核知识点〕

一、行动研究法的含义

二、行动研究的特点

三、行动研究的类型

四、教师成为行动研究者的必要性

五、教师成为研究者的可能性

六、设计一个行动研究方法

七、行动研究的意义

八、教育行动研究与园本课程发展的关系

九、教育行动研究对园本课程发展的作用

〔考核要求〕

一、行动研究法的含义

1. 识记：行动研究法的定义

2. 领会：行动研究法的来源及发展趋势

二、行动研究的特点

识记：行动研究法的特点

三、行动研究的类型

识记：

(1) 根据研究参与成员成分的不同,行动研究的三种类型

(2) 根据研究的侧重点的不同,行动研究的三种类型

四、教师成为行动研究者的必要性

识记并领会：教师成为研究者的必要性

五、教师成为研究者的可能性

领会：教师成为研究者的可能性

六、设计一个行动研究方法

应用：能够应用行动研究法进行研究（包括研究设计以及撰写研究报告）

七、行动研究的意义

领会：行动研究的意义

八、教育行动研究与园本课程发展的关系

领会：教育行动研究与园本课程发展的关系

九、教育行动研究对园本课程发展的作用

领会：教育行动研究对园本课程发展的作用

● 第八章　教育研究报告的撰写与评价

〔学习目的与要求〕

通过本章的学习了解各类研究报告的概况及其撰写要求,能够撰写有一定水平的研究报告,并能对研究报告作出科学评价。

〔学习内容〕

第一节　教育研究报告及其撰写

一、教育研究报告的分类

二、撰写教育研究报告的意义

三、撰写研究报告的一般要求

四、研究报告主要成分的撰写说明

第二节　教育科研成果的评价

一、教育科研成果评价的作用

二、科研成果评价的内容

三、研究报告的一般评价标准

四、教育科研成果评价的方法

〔考核知识点〕

一、教育研究报告的含义

二、教育研究报告的基本类型

三、撰写研究报告的意义

四、研究报告撰写的一般要求

五、各主要成分的撰写技巧与要求

六、教育研究报告评价的作用

七、教育科研成果评价的内容

八、教育科研成果评价的标准

九、教育科研成果评价的方法

〔考核要求〕

一、教育研究报告的含义

识记:教育研究报告的含义

二、教育研究报告的基本类型

识记:教育研究报告的基本类型

三、撰写研究报告的意义

识记:撰写研究报告的意义

四、研究报告撰写的一般要求

识记并领会:研究报告撰写的一般要求

五、各主要成分的撰写技巧与要求

1. 领会:研究报告各部分的撰写方法

2. 应用:能够撰写简单的教育观察报告、教育调查报告、教育实验报告

六、教育研究报告评价的作用

领会:教育研究报告评价的作用

七、教育科研成果评价的内容

识记:教育科研成果评价的内容

八、教育科研成果评价的标准

识记:教育科研成果评价的标准

九、教育科研成果评价的方法

识记并领会:教育研究报告评价的方法

● 第九章 学前教育研究面临的问题以及发展趋势

〔学习目的与要求〕

通过本章的学习了解学前教育研究面临的问题,并在此基础上把握学前教育研究的发展趋势。

〔学习内容〕

第一节 当前学前教育研究面临的问题

一、当前教育研究中未能处理好"建构理论"与"解决实践问题"的关系

二、学前教育研究片面追求客观化与科学规范性

第二节　学前教育研究的发展趋势

一、学前教育研究发展的理论背景及其启示

二、学前教育研究的发展趋势

三、研究方法综合运用举例

〔考核知识点〕

一、当前学前教育研究面临的问题

二、教育研究发展的理论背景及其启示

三、学前教育研究的发展趋势

〔考核要求〕

一、当前学前教育研究面临的问题

领会：当前学前教育研究面临的问题

二、教育研究发展的理论背景及其启示

识记：后现代思潮对学前教育研究的启示

三、学前教育研究的发展趋势

识记并领会：学前教育研究的发展趋势

主要参考书目

1. 北京市教育科学研究所:《陈鹤琴教育文集》(上卷),北京出版社,1983年。
2. 常亚慧、林澍峻:《后现代主义对教育研究方法论的启示》,《绵阳师范高等专科学校学报》,2001年第1期。
3. 陈向明:《质的研究方法与社会科学研究》,教育科学出版社,2000年。
4. 陈向明:《教师如何作质的研究》,教育科学出版社,2001年。
5. 陈向明:《王小刚为什么不上学了——一位辍学生的个案调查》,《教育研究与实验》1996年第1期。
6. 董奇:《心理与教育研究方法》,广东教育出版社,1992年。
7. 霍秉坤、黄显华:《课程行动研究模式之探讨》,《华东师范大学学报(教育科学版)》,2000年第6期。
8. 李学农、王晓柳:《教育研究的理论与实践》,南京师范大学出版社,2001年。
9. 皮连生:《学与教的心理学》,华东师范大学出版社,1997年。
10. 施铁如:《学校教育科学研究》,广东高等教育出版社,1998年。
11. 王坚红:《学前儿童发展与教育科学研究方法》,人民教育出版社,1990年。

12. 王建军、黄显华:《校本课程发展与教育行动研究》,《华东师范大学学报(教育科学版)》,2001年第2期。

13. [美]维尔斯曼,袁振国主译:《教育研究方法导论》,教育科学出版社,1997年。

14. 吴康宁:《课堂教学社会学研究中的现场观察》,《教育研究与实验》,1998年第1期。

15. 许卓娅:《学前儿童音乐教育》,人民教育出版社,1996年。

16. 杨爱华:《学前教育科学研究方法》,南京师范大学出版社,2001年。

17. 杨钋、林小英:《聆听与倾诉:质的研究方法论文集》,教育科学出版社,2001年。

18. 阴国恩:《心理与教育科学研究方法》,南开大学出版社,1996年。

19. 周彬:《教育研究中的常人方法学取向》,《教育理论与实践》,2001年第10期。

20. 周兢、王坚红:《幼儿教育观察方法》,南京大学出版社,1990年。

21. 裴娣娜:《教育科学研究方法导论》,安徽教育出版社,2001年。

后 记

　　《学前教育研究方法》是根据《江苏省中小学幼儿园教师自学考试学前教育专业(专升本)课程考试计划》的要求编写的。在本教材中,我们对学前教育研究中的一些常用的研究方法作了介绍,但我们希望自学本门课程的读者,请尽量注意学习本门课程的目的主要是为了解决工作中遇到的问题,而不是为了学习而学习。另外,影响幼儿发展的因素是很复杂的,每一种方法都有其局限性,所以请对由一种研究方法而得出一个绝对的结论持慎重态度,也就是说不能为了方法而方法。

　　本教材由南京师范大学教科院许卓娅教授主编,第一、二、三章由崔薇薇执笔,第四、五、六章由季云飞执笔,第七、八、九章由王丽燕执笔。最后由许卓娅教授审稿。由于时间仓促,参考文献说明有疏漏、错误之处请读者批评指正,若有参考文献没有被列明,谨在此向作者表示感谢和歉意。

编　者
2003 年 3 月 20 日

江苏省中小学幼儿园教师自学考试学前教育专业专升本教材编写委员会

主 任 委 员 王斌泰
副主任委员 许仲梓 朱小蔓 杨九俊 孙建新
　　　　　　　鞠　勤 李学农
委　　　员 (以姓氏笔画为序)
　　　　　　　孔起英 许卓娅 朱　曦 邱学青
　　　　　　　张　俊 陈春菊 周　兢 耿曙生
　　　　　　　唐　淑 顾荣芳 徐文彬 虞永平

前　　言

为加快我省幼儿园教师本科学历培训步伐,优化教师队伍结构,提高幼儿园教师素质和学前教育质量,江苏省教育厅决定从2001年起启动幼儿园教师学前教育专业(专升本)自学考试,以南京师范大学为主考单位。

学前教育专业(专升本)自学考试,既是我国自学考试的一种全新形式,也是江苏省21世纪推进幼儿园教师继续教育,提高学历,以适应教育现代化需要的重要举措。

1999年,原江苏省教育委员会组织专家着手进行了幼儿园教师学前教育专业(专升本)自学考试方案和课程考试计划的制定工作。2000年,江苏省教育厅组织专家对此进行了论证,确定了《江苏省中小学幼儿园教师自学考试学前教育专业(专升本)课程考试计划》。在此基础上,江苏省教育厅又组织了一批专家根据课程计划编写教材,确立了教材编写的指导思想:根据21世纪对幼儿园教师素质的要求,适应基础教育改革的需要,突出思想政治及道德素养的提高和教育思想的转变,进一步夯实幼儿园教师文化科学素质基础,强化在教育实践中进行学习研究、自我提高的意识及能力,进一步提高幼儿园教师现代教育理论素养,树立正确的教育思想和观念,提高教育技艺水平。教材编写力求体现先进性、科学性、专业性和实用性的原则。

学前教育专业(专升本)自学考试是一项全新的事业,需要不断发展和完善,希望广大自学考试辅导教师和自学考试者在教材的使用与学习中,提出宝贵意见,为这一事业的发展和提高作出贡献。

江苏省中小学教师自学考试办公室
2001年10月

目　录

第一章　绪论 ·· (1)
　一、本章结构与内容提要 ······························ (1)
　二、基本概念简释 ······································ (1)
　三、重点问题解答 ······································ (2)

第二章　基本概念 ··· (5)
　一、本章结构与内容提要 ······························ (5)
　二、基本概念简释 ······································ (5)
　三、重点问题解答 ······································ (7)

第三章　研究问题的确定 ·································· (9)
　一、本章结构与内容提要 ······························ (9)
　二、基本概念简释 ······································ (9)
　三、重点问题解答 ····································· (10)

第四章　观察法 ·· (12)
　一、本章结构与内容提要 ····························· (12)
　二、基本概念简释 ····································· (12)
　三、重点问题解答 ····································· (15)

第五章　调查研究 ··· (20)
　一、本章结构与内容提要 ····························· (20)
　二、基本概念简释 ····································· (20)

1

  三、重点问题解答 …………………………………………(25)
 第六章 实验法 ……………………………………………(34)
  一、本章结构与内容提要 …………………………………(34)
  二、基本概念简释 …………………………………………(34)
  三、重点问题解答 …………………………………………(37)
 第七章 行动研究法 ………………………………………(45)
  一、本章结构与内容提要 …………………………………(45)
  二、基本概念简释 …………………………………………(45)
  三、重点问题解答 …………………………………………(46)
 第八章 教育研究报告的撰写与评价 …………………(48)
  一、本章结构与内容提要 …………………………………(48)
  二、基本概念简释 …………………………………………(48)
  三、重点问题解答 …………………………………………(50)
 第九章 学前教育研究面临的问题以及发展趋势
  ……………………………………………………………(78)
  一、本章结构与内容提要 …………………………………(78)
  二、基本概念简释 …………………………………………(78)
  三、重点问题解答 …………………………………………(78)

第一章 绪 论

一、本章结构与内容提要

通过本章的学习,重点了解学前教育研究方法的学科性质、发展历程以及学习的意义和要求。

二、基本概念简释

1. 方法与科学方法

方法作为一种思维方式和行为方式,是研究问题的一般程序和准则。其实质在于对规律的运用,遵循规律就成了方法。一般来说,科学方法的含义有广义和狭义之分。广义概念中的科学方法包括科学方法论和具体的科学方法。科学方法区别于非科学方法的特征在于它具有客观性、预见性和准确性。

2. 科学研究与教育研究

科学研究是指人们在科学理论的指导下,采用科学的方法,遵循一定的研究规范,探究客观事物的现象和规律,以获取科学知识和解决问题的实践过程。其核心是知识的拓展和问题的解决。教育研究就是人们在教育理论和其他相关科学理论的指导下,通过对教育领域内的各种现象和问题的解释、预测和控制,以促进教育理论体系的建立和发展,并且着眼于解决实际问题的实践过程。教育研究活动是一个动态的过程。

3. 学前教育研究与学前教育研究方法

学前教育研究就是研究者在学前教育理论和其他相关科学理论的指导下，采用科学的研究方法，去探讨该年龄阶段教育的各种现象和问题，揭示其规律，进而有效地提高学前教育质量的实践过程。幼儿教师是学前教育研究活动的重要参与者。学前教育研究方法正是在科学的理论思想指导下，有组织、有计划、有系统地进行学前教育研究和构建学前教育理论体系的方式。学前教育研究方法是学前教育理论体系的一个有机组成部分，是学前教育的一个分支学科。

4. 学前教育研究方法的历史进程

在教育研究的发展线索中回顾学前教育研究方法的发展，它大约经历了采用自然观察和经验总结的直觉观察时期，到以分析为主的方法论时期，向独立学科发展的时期，20世纪50年代以来更是取得了长足的发展(详见教材相关部分)。

5. 学习学前教育研究方法的意义和要求

学习和掌握学前教育研究方法，有助于发展和完善我国的学前教育理论体系；有助于增强学前教育工作者的科研能力；有助于有效地解决实践领域的问题，提高学前教育实践活动的质量。

在学习中，学习者首先要了解这门学科的性质，明确学习这门学科的意义；需要一定的知识和能力的准备；掌握这门学科的基本知识，包括各种概念、原理等；加强理论联系实际，在"做"中掌握和运用各种研究方法，并能创造性地解决问题。

三、重点问题解答

1. 就你目前的经验谈谈你是怎样理解"幼儿教师是学前教育研究的重要参与者之一"。

(1) 学前教育理论和实践的发展要求：幼儿教师不仅是学前教育实践的主体，也是学前教育研究的主体。教育科学是实践性很强的科学,而且当前的学前教育研究越来越关注教育实际问题的有效解决,更强调学前教育研究的应用性和幼儿教师的参与程度。幼儿教师成为研究的主体,使学前教育研究进一步根植于广泛的教育实践中,加强了教育研究与实践工作的融合。教育实践中存在着大量值得研究的问题,这些问题与幼儿教师的日常工作和生活紧密相连,而且幼儿教师的教育实践工作也需要使用科学研究方法。这一切都要求幼儿教师应当掌握一定的研究能力,成为研究者,也就是我们现在经常说的研究型教师。

(2) 幼儿教师参与学前教育研究的可行性分析。幼儿教师进行学前教育研究活动,主要是一个发现问题、分析问题和解决问题的过程。只要符合这一研究的基本过程,符合研究的内在精神,即对事实的尊重,幼儿教师就可以成为教育研究者。而且,幼儿教师的研究活动与日常教育教学过程是结合在一起的,研究不脱离工作。目前,人们已经认识到幼儿教师可以通过反思性教学进行研究性学习,实现自身专业素质的提高。

(注:以上仅提供一般性叙述,学习者还应根据自己的实践经验对此问题进一步叙述。)

2. 举例分析传统研究设计模式中的研究过程。

传统研究设计模式强调研究活动按照规定的步骤一步步进行,且忠实于研究初期制定的研究计划,对研究活动中出现的新情况采取忽略和遮蔽。例如,某一研究者研究两种舞蹈教学法对幼儿舞蹈学习的影响,主要采用实验法。研究者在研究初期制定了详细的研究计划,把计划当做程序一步步进行下去。在收集资料的过程中,研究者发现所选择舞蹈的难度与所选择幼儿的发展水平之间是不恰当的(过难或过易),但是他仍然按原计划进行资料收集,不更换所选舞蹈。舞蹈难度成为影响幼儿舞蹈学习的一个重要却被忽视的因素。研究者又发现实验班和对照班的孩子对舞蹈的兴趣受原来老师的影响而不同。幼儿的兴趣又成为影响研究结果的另一个重要因素。在这个研究中,对上述两个因素的发现不作分析,使研究者所收集到的资料不能作为得出合理结论的依据,研究者丢失了一些研究情境中其他相关人员可提供的有用信息。从这个例子我们可以发现传统研究设计模式下的一些弊端,主要是研究过程前后联系被割裂,新的情况不能反馈给已有的研究活动,对有意义的信息不重视。而新的研究设计模式则针对这些弊端强调研究活动应当是开放的、动态的,已进行的研究工作要与先行研究工作形成一个信息交流和反馈的对话状态,研究活动本身也应当与研究所处的整个社会文化情境相互影响,研究结果也被看做一个暂时性的、需要进一步发展的结论。总之,研究过程要根据具体情况作出相应的变化。

第二章 基本概念

一、本章结构与内容提要

通过本章的学习,重点学习几个基本概念(包括抽样、变量、测量、操作性定义、效度与信度等)的定义、作用和使用方法等。

二、基本概念简释

1. 抽样

抽样是指从一个总体中选取一部分作为研究对象。从中抽取研究对象的这个总体又称为母体或全域,是一定时空范围内研究对象的全部总和;抽样总体中的单个成员是抽样单位;抽取出来的那一部分叫做样本,是能够代表总体的一定数量的研究对象。

随机抽样也叫概率抽样,是指在抽取样本时,研究者严格遵循随机性原则的抽样方法。这种抽样方法是通过某种随机化过程,以保证总体中每一抽样单位被抽取的概率非零,即每个成员都有被选择成为样本的机会。非概率抽样是指研究者不用严格遵循随机性原则而进行的抽样。非概率抽样不能保证每一个单位被抽取的概率非零,但是也不能算出被抽概率。

抽样误差,又叫做随机误差,是由随机抽样方法的先天局限造成的。

2. 变量

变量是随条件或情景的变化而在质和量的方面起变化的个体

的某些特征或方面。一个研究活动中可能包含着多种类型的变量。变量依据其相互关系可以分为自变量、因变量和控制变量。在学前教育研究中,人们广泛采用的变量描述语是自变量和因变量,这是一对非常重要的变量。因变量是随着自变量的变化而变化的变量,是研究中需要观测的指标。在学前教育研究中,一般是指研究对象所具有的可以进行测量的某些方面或因素,如上述舞蹈教学例子中测量出的幼儿学习舞蹈的成绩。自变量,也称研究变量,是能引起因变量发生变化的变量。一般是由研究者主动操纵而变化的变量,是能独立地变化并引起因变量变化的条件、因素或条件的组合。

3. 测量

在学前教育研究中,测量就是一个按照一定的研究目的和法则,对一定的事件或物体的某些特征或属性给出具有规定意义的数值的过程。测量误差是使用各种测量工具进行测量时所造成的误差。

4. 操作性定义

操作性定义,就是研究者按照特定研究中对变量进行测量时所要进行的必要操作过程给变量定义,包括对必须测定的活动及操作过程的详细说明。操作性定义在本质上就是关于如何或用什么方法测量变量的描述。操作性定义是对需要定义的变量的操作或特征确定具体内容。

5. 效度和信度

效度是指研究结果的正确性,即其研究结果所能正确揭示研究对象某方面属性的程度。它是研究设计质量的评价标准。具体地说,效度同时包含了两个概念:内在效度和外在效度。内在效度是研究结果能被精确解释的范围,是特定研究中自变量与因变量之间存在的因果关系的程度。研究的外在效度关系到研究结果能被推广的范围,是研究结果能被正确地应用到其他非实验情境、其他变量条件以及其他总体中去的程度。

信度,是研究结果的可靠性与稳定性,指研究的方法、条件和结果是否可以重复,是否具有前后一贯性。

三、重点问题解答

1. 什么是自变量和因变量? 能够在实际研究活动中区分出自变量和因变量。例如在下面几个研究活动中,它们的自变量与因变量分别是什么?

研究一:研究不同材料(如图片、语音、文字等)对 5 岁幼儿理解某一概念的影响。

研究二:研究男、女幼儿教师的职业态度。

自变量是能引起因变量变化的变量,研究中常指那些能引起被测量的行为特性变化的变量,是研究者选定的条件,以决定其对行为的影响。因变量是随着自变量的变化而起变化的变量。

在研究一中,自变量是材料的种类(如图片、语音、文字等),因变量是 5 岁幼儿理解该概念所需的时间、速度之类的指标。在研究二中,自变量是教师的性别(男、女),因变量是职业态度的各项分类指标。

2. 什么是操作性定义? 操作性定义有什么作用? 能够在实际研究活动中下适宜的操作性定义。例如,在某一研究家长对孩子不同的关心程度中,研究人员依据的概念定义是"家长对孩子的关心程度是家长将孩子的身心发展与成长需要经常放在心上的程度",请为本研究中"家长对孩子的关心程度"下一个适宜的操作性定义。

操作性定义,就是研究者按照特定研究中对变量进行测量时所要进行的必要操作过程给变量定义,包括对必须测定的活动及操作过程的详细说明。操作性定义在本质上就是关于如何或用什么方法测量变量的描述。操作性定义是对需要定义的变量的操作或特征确定具体内容。

操作性定义有助于研究者精确而客观地测量变量,使结果更为可靠。它使研究者思路清晰、准确,使测量活动具体化、活动化。它是对研究者的共同指导语,可以增进研究者之间的相互沟通,减少来源于研究者之间差异的误差。一个变量可能不止一个操作性定义,在一项研究中规定相应的操作性定义,能使研究者确认同样的研究主题和研究问题之间的相似点和差异。它还可以用于重复的研究,为后来的研究者提供具体的做法,并能提高研究结果的可解释性。

建议的操作性定义:如家长每月给孩子讲故事所用的时间,给孩子买书和玩具的花费,和孩子谈话的次数和内容,等等。以上时间、花费、次数所占比例越高,则表示关心程度越高。

第三章 研究问题的确定

一、本章结构与内容提要

本章主要介绍了研究问题的含义、确定研究问题应遵循的原则、确定研究问题的一般步骤。通过本章的学习,重点了解和掌握如何在研究活动中确定研究的问题,比如怎样找研究问题、怎样做文献综述、怎样做课题论证报告等。

二、基本概念简释

1. 研究问题,即科研课题

研究问题,即人们通常说的研究课题,是研究者在专业学习或实践活动中经过反复思考、验证,从众多理论或实践问题中挑选出来,并作为某一项研究活动所要具体解决的问题。

2. 文献法

文献法是指通过查阅、整理、分析文献资料,了解某一研究的相关信息,探索某一研究问题的方法。文献泛指运用文字、图形、符号、音像等手段记录人类知识的一切有价值的典籍,包括手稿、书籍、报刊、文物、影片、录音录像、幻灯片、缩微胶片和各种形式的电脑软件等。在学前教育研究中,文献是记载关于学前教育的各种知识和信息的,对学前教育研究有价值的,包括有关的书籍、报刊杂志、档案、录像、幻灯片、手稿、文物以及儿童的作品等。

三、重点问题解答

1. 研究者在确定研究问题时要遵循哪些原则？

（1）所确定的研究问题必须是有价值的。一般来说，可以从学术价值和社会价值两方面进行分析。学术价值是指该研究问题是否有助于深化人们对该领域的认识，是否有助于发展相关理论等。从社会价值的角度分析就是考察该研究课题是否关注了人们在实践活动中迫切需要解决的问题，是否能促进人们有效地解决实际问题等。

（2）所确定的研究问题应是可行的。首先，必须具备相应的客观条件。研究者要考虑所要研究的问题需要具备什么样的人力，物资设备，测量工具，研究对象总体等因素。其次，必须具备相应的主观条件，即研究者本人的专业知识、理论修养、实践经验和研究能力等。最后，研究者要善于把握实际，依据有关理论、研究工具及条件等的发展成熟程度，适时提出研究课题。

（3）所确定的研究问题应是有创新性的。这就要求研究者所确定的研究问题，应当是该领域中他人未曾解决或尚未完全解决的，而且要有时代的特点。

（4）所确定的研究问题应符合科学性原则。首先，所确定的研究问题要有一定的事实依据，即实践基础。其次，还表现为要以科学的理论为指导。

2. 我们可以从哪里寻找到研究问题呢？

（1）从学前教育实践中表现出的问题中寻找值得研究的问题。首先，研究者可以从某一时期影响学前教育的关键问题中选择适合的进行研究。其次，研究者可以从自身实践工作中发现的有意义的、有兴趣的问题中选择研究课题。

（2）从专业理论的学习和思考中发现研究问题。研究者可以为证实某种理论观点而选择研究课题；可以从不同理论观点的争论中发现研究的问题;也可以寻找有关理论的薄弱点和空白点。

(3)在研究过程中发现新的课题。首先,研究者可以在查阅文献的时候去发现问题。其次,研究者在研究过程中注重所能收集到的资料,不放过任何有意义的"特殊现象",也可能发现新的值得研究的问题。

第四章 观察法

一、本章结构与内容提要

通过本章的学习,了解观察法的作用、特点以及使用观察法的优点和局限性,掌握观察的主要策略和方法,并学会根据不同的研究目的和观察形式设计出观察过程和观察表格,在实践中正确运用观察法进行科研活动。

二、基本概念简释

1. 观察法

教育观察法是研究者凭借自身的感觉器官和其他辅助工具,有目的、有计划地考察学生或教育现象等研究对象的一种研究方法,具有直接性、情感性、重复性和目的与计划性的特点。

2. 参与性观察

参与性观察是参与到被观察者的活动中去,在密切的相互接触和直接体验中观察他们的言行。这种观察的情景比较自然。由于参与进去,对观察对象的活动就有了比较深入的体验和理解,有助于理解观察对象背后的心理活动和动机,使观察比较深入。但是,正由于其参与性,就要求研究者在参与活动的同时,必须保持研究所必需的心理和空间距离。很多时候由于研究者的投入参与而导致自己的研究失去了应有的客观性。

3. 非参与性观察

在非参与性观察中,研究者不直接介入被观察者的活动,而是通常置身于被观察的活动之外,作为旁观者了解事情的发展动态。非参与性观察者可以保持一定的距离对研究对象进行比较"冷静客观"的观察,操作起来也比较容易一些。但是,观察的情景是人为制造的,被研究者知道自己在被观察,可能比参与性研究更容易产生"研究者效应",这就有可能使研究者得不到客观可靠的资料。另外,研究者很难对研究现象进行深入的探究。

4. 结构性观察

结构性观察对于观察的内容、程序、记录方法都进行了比较细致的设计和考虑,观察时基本上按照设计的步骤与项目进行,对观察的记录结果也适于进行定量化的处理。结构性观察有一套明晰而严密的确定目标、对象和记录、计量系统。结构性观察在正式进入观察现场前的步骤是:确定观察项目、选定观察对象、规定记录方法。

5. 非结构性观察

非结构性观察对研究问题采取弹性的态度,在事先没有严格的设计,只有一个粗略的观察思路,比较灵活、机动,能够抓住观察过程中发现的现象而不必受设计的框框的限制,但是难以进行定量化处理。记录内容较多,有时会有繁琐之感,但有利于以后作深入的分析。

6. 非结构性观察中的现场观察记录格式

实地记录纸张的页面至少应该分为三部分:时间;研究者观察到的事件;观察者个人的感受、疑问或解释,可以在事后对被观察者进行询问。

叙兹曼和斯特劳斯(1973)提出一种现场观察记录的格式,把记录分为四部分:第一,实地笔记,用来记录观察者看到和听到的事实性内容;第二,个人笔记,用来记录观察者个人在观察时的感受和想法;第三,方法笔记,用来记录观察者所使用的方法及其作用;第四,理论笔记,用来记录观察者对观察资料进行的初步理论分析。

7. 实况详录法

实况详录法是指观察者在一段时间内(如一堂课、半天或一个星期)持续地、尽可能详细地记录观察对象所有的行为表现,包括观察对象自己的言行以及与他人的互动。观察者使用实况详录法的目的是无选择地记录全部细节,获得对这些行为的详细的、客观的描述,而不加以主观的筛选、推断和评价。

8. 日记描述法

日记描述法又称儿童传记法,即对同一个或同一组儿童长期跟踪、反复观察,以日记的形式描述性地记录儿童的行为表现。日记描述一般分为两种类型,一种是综合性日记,常记录婴幼儿各方面发展过程中具有里程碑意义的、新出现的动作或行为现象;另一种是主题日记,主要记录儿童语言、认知、情绪等特定方面的新进展,如皮亚杰对自己孩子的认知发展日记描述。

9. 轶事记录法

轶事记录法是教师常用的一种方法。它不限于观察与记录儿童显著的新行为或言语反映,还可以记录观察者认为有价值、有意义的任何可表现儿童个性或某方面发展的情景。因此,所观察记录的可以是典型行为或异常行为。

10. 理论性偏见、角色性偏见和期待性偏见

理论性偏见是指观察者因受某种理论观念的影响而对观察到的现象作出不符合客观事实的评判与解释的现象。

角色性偏见是指观察者因受社会对某类研究对象的"角色定位"的影响而对观察到的研究对象的行为作出不客观的评判与解释的现象。

期待性偏见是指观察者因受对研究对象期望值较高(低)的影

响,而在观察时对研究对象的行为作出与事实不符的评判与解释的现象。期待性偏见比较容易出现在研究者对被观察者有一定的了解的情况下。

11. 时间取样法

时间取样法是以一定的时间间隔为取样标准来观察预先确定的行为是否出现以及出现次数的一种观察方法。它不必详尽地描述被观察者的行为表现,只需在预先确定的时间段内观察记录确定的行为发生与否,发生的次数,以及持续的时间。

12. 事件取样法

事件取样法注重观察某些特定行为或时间的完整过程。事件取样法不受时间间隔和时段规定的限制,在自然情景中目标事件一旦出现,便立即进行记录。事件取样法注重的是行为如何发生、如何变化、结果如何等问题。事件取样法适用于记录呈现频率较高的行为,如儿童的争执行为、同伴间的友好行为、对成人的依赖行为,等等。

13. 等级评估记录

等级评估记录是在观察的同时,对目标行为的表现程度作出等级评定。有些行为不一定能够以频次或时间长度为测度来说明研究的问题,而更适宜采用等级评估。等级评估把目标行为按其表现程度分为若干等级,对各等级都定出相应的标准。观察者就根据这些标准对目标行为作出主观评定。

三、重点问题解答

1. 观察中的自我反思

在观察中,我们除了对看到和听到的事实进行描述外,还应该反思自己是如何看到和听到这些"事实"的,也就是"我看到和听到的这些事实是事实吗"？我们需要不停地询问自己："我的思维方式、我的观察角度、记录时使用的语言会对观察有什么影响？我在观察中是否违背了伦理道德问题？我自己对研究问题的假设、个人生活经历、宗教信仰、性别、社会地位、受教育程度等对观察可能会产生什么样的影响？"

（1）对推论的反省。

观察是我们主动建构的过程，是我们头脑中的意识与感觉材料相互作用的结果。任何观察活动都离不开观察者的思考，都必须经过观察者推论的过滤。所以，我们特别要注意将自己的推论与观察到的事情分开，这就要求我们在观察时有意识地对自己的推论进行反省。要完全做到这一点十分困难，但确立这一意识可使我们的观察活动更加客观。

例如，一位研究者一天在观察晨间活动时记录道："在跳找朋友的舞蹈时，一个小女孩表现得很奇怪，面部表情呆呆的。有两个男孩跳到她面前都被她拒绝了，直到老师过来与她耳语，鼓励了她一下，她才不情愿地与一个正好跳到她面前的女孩跳了一遍。这个小女孩好像发展有点问题，特别是在与人交往方面。"对该研究者的推论反省一下，会发现并不一定是事实。小女孩不高兴与别人跳舞，有可能是她人际交往能力发展不好，但也有可能她那天身体不舒服，又说不出来；也有可能早晨与爸爸妈妈闹别扭了，还带着情绪呢；还有没有可能是她认为自己的舞跳得不好，而不好意思与别人跳呢；又或者她不喜欢与男孩跳舞？如果该研究者能有意识地对自己的推论反省的话，她会记下自己的疑问，过后与带班老师甚至与那个小女孩交流一下。

另外，在对观察现象作出自己的推论、评价和解释时，我们要注意自己是否因为某种偏见而影响了我们推论和评价的公正性和客观性。一般来说，我们可能会产生三种主观偏见：理论性偏见、角色性偏见和期待性偏见。

理论性偏见是指观察者因受某种理论观念的影响而对观察到的现象作出不符合客观事实的评判与解释的现象。比如,一位老师持有的观点是"老师的活动安排应该丰富,不能使幼儿出现等待现象",那么在观察到幼儿有等待现象时,她可能会对带班老师的活动安排作出消极评价,这有可能就是一种理论性偏见。但是,如果她不急于作出评价,而是在个人笔记部分记下自己的疑问,过后向带班老师询问,发现带班老师就是针对班上幼儿没有等待的耐心和无法自我调节等待的过程这一现象而故意安排的,这样,她就能消除自己的理论性偏见。

角色性偏见是指观察者因受社会对某类研究对象的"角色定位"的影响,而对观察到的研究对象的行为作出不客观的评判与解释的现象。比如,社会的性别角色定位让人们觉得"男孩子应该玩点打仗、踢球等游戏,女孩子一般喜欢玩过家家、小舞台"。那么,如果一位怀有这样的偏见的研究者在观察到一个小男孩总是积极参与到过家家中,他就很有可能作出有失偏颇的评价。

期待性偏见是指观察者因受对研究对象期望值较高(低)的影响,而在观察时对研究对象的行为作出与事实不符的评判与解释的现象。期待性偏见比较容易出现在研究者对被观察者有一定的了解的情况下。比如,同一个行为出现在两个幼儿身上,一个是班上最受老师宠爱的"小公主",另一个是时常让老师头疼的"淘气包",老师在观察时很可能会出现期待性偏见而作出不同的评价。

(2)对叙述角度的反省。

在事实性笔记中,观察者应该保持第三人称的角度,对"客观"事实进行如实的记载。如果我们对观察到的事实有疑惑,应该放到"个人笔记部分",而不应该放到"事实部分",否则会给读者一种错觉,好像这也是我们看到的"事实"。还是看上面举的晨间活动对一个拒绝与别人跳舞的小女孩的观察记录的例子。事实上,"表现得很奇怪"、"鼓励了她一下"、"不情愿"、"正好跳到她面前的女孩"、"这个小女孩好像发展有点问题,特别是在与人交往方面"。这些都是观察者的感觉或猜测,可是与事实放在一起,很容易使别人误解。

另外,因为我们从事的是学前教育工作,在这一"我们自己的领域"进行观察研究时,还可能会出现这样一种视角混淆现象,即我们自认为是局内人,对所观察到的一些事实会有一些自己的先入为主的知识和解释,因此有可能会不自觉地将自己这些知识和解释与看到的"事实"混杂在一起记录。比如,一次在麦当劳进行的大班的记录活动。观察者记录道:"老师让幼儿在位置上报告记录结果,自己在小黑板上用图形做记录,这是因为场地的原因。"你看,"这是因为场地的原因"就是在利用自己的个人经验对现象进行解释了。我们最好把这段记录分别列到实地笔记和个人笔记中。

2. 在结构性观察中如何确定观察项目

作为结构性观察,事先就要确定所要观察的行为,即目标行为或观察项目。观察项目不应该只是空泛的概念,而应把研究问题从概括到具体逐层考虑,直至转化为操作性定义,每一观察项目都应该是具体的,并且是外显的可以被观察到的。比如,从"表扬或鼓励"到"表扬或鼓励学生的行动或行为",再具体到"包括开玩笑以消除紧张,而这种玩笑不伤害第三者;点头同意,或者说'是吗'或'继续下去'"这样的可操作的定义。

但有时即使事先确定了观察项目,由于项目边界的模糊性,不同的观察者甚至同一观察者在不同的时间也会对同一观察项目作出不同的划定。例如我们在研究幼儿攻击性行为时,有一项操作性定义是"故意推倒别人的积木",但是在游戏过程中故意推倒别人的积木,与游戏结束时出于快点收好积木可得到老师表扬的目的而推倒旁边小朋友的积木,则应有不同的判定。所以要在事先对行为的范围及意义作出明确的界定。

在观察中,我们应该根据不同的研究目的设定不同的观察项目。例如,对晨间体育活动的观察。如果我们想研究幼儿对上肢活动和下肢活动有无偏好,我们设定的观察项目要包括上肢活动和下肢活动分别的活动人次和活动时间;如果我们想研究选择晨间体育活动中幼儿自发形成的群体状况,我们设定的观察项目就主要是经常性地参与某种活动的孩子的名单以及他们的协调情况。

第五章　调查研究

一、本章结构与内容提要

通过本章的学习,了解调查法的基本内容、方法和特征,了解调查问卷法的特点和类型,了解访谈调查的一般程序和相关因素,并掌握调查问卷的设计方法和实施中的原则,掌握访谈调查的设计方法,学会正确、合适地使用访谈调查并能了解和尝试观察法与调查法在教育科研中的综合运用。

二、基本概念简释

1. 调查研究

调查研究是通过对事实的考察、现状的了解、材料的收集来认识教育问题或探讨教育现象之间联系的研究方法。调查研究通常按一定的程序,从全体研究对象中抽取一部分样本进行研究,并以访谈、问卷、测验等间接手段获取资料,然后概括全体对象的特征。

2. 调查研究的类型

根据研究课题性质的不同,学前教育领域的调查研究一般可分为四种类型:

(1) 现状调查　现状调查旨在研究学前儿童发展中某些特征、方面的现状,或学前教育中某些现象、问题的基本现状。例如,"母子分享阅读现状调查",通过现状调查,可把握研究对象的现实状态,可有针对性地施加教育影响,可发现实际问题,为今后改进教育教学工作、促进儿童发展提供依据。

(2) 相关调查　相关调查旨在探讨两个变量相互联系的性质和程度,如"惩罚与幼儿侵犯行为的关系调查"。相关调查首先要获取两个变量的数据资料,然后计算其相关系数,再根据相关系数的值来判断两个变量之间存在的关系。

(3) 发展变化调查　发展变化的调查研究,主要探讨儿童的某种特征如何随着年龄的增长而发展变化。这类研究可帮助我们了解不同年龄阶段的儿童在某些方面的发展特点和规律。例如,"中国 5~7 岁幼儿数的守衡能力发展变化调查",进行发展变化研究,可以采用纵向追踪,也可采用横向研究,各有利弊。如能将二者相结合,既可节约时间,保证样本数量,又可以看到发展趋势,互相验证,可增强结论的说服力。

(4) 原因调查　具有某种特征的儿童或教育现象形成的可能原因是什么,这是原因调查要解决的问题。如"儿童自虐原因探究"。

3. 纵向设计

纵向设计涉及随着时间推移收集资料的调查,常用于发展变化调查和趋势研究。一些纵向设计延续时间短,另一些时间长,有可能会持续几年。但在任何情况下,数据资料都是在一定时间内分两次或多次收集的。

根据抽样次数的不同,纵向设计可以分为两种情况:

一种是在不同时段、在同一总体内多次随机抽样并调查,每一次抽取的样本,可能与上一次不一样,也有的个体可能不止一次被抽为样本,但这些样本都代表同一总体。例如,我们要调查某一幼儿园老师在该幼儿园进行的反思型教师培养活动中,对某一教学活动的认识的变化过程,我们可以在一年时间里进行两次调查,第一次从该幼儿园所有老师 100 人(总体)中随机抽取 30 个个体作为样本;十个月后第二次调查时,再从 100 人中随机抽取 30 个个体作为第二次的样本。有些老师可能被抽到两次。通过两次调查的比较,我们可以看出整个幼儿园老师的观念的变化。

纵向设计的另一种情况是对同一组被试在不同时段进行多次调查,即对总体只进行一次抽样,然后对该组样本进行多次调查。还看上面这个例子。我们可以从所有老师中随机抽取 30 名老师作为样本,然后在一年中对这一随机样本进行两次或两次以上的调查。由于是随机抽出的,这些样本的变化也能代表总体的变化。

4. 横向设计

横向设计是指对一个代表总体的随机样本,在一段时间内进行一次性收集资料。一般来说,横向设计不能测量个体的变化,因为它仅测量一次。现状调查可以使用横向设计。但是,在横向设计中,不同被调查小组间的差异却代表了一个范围较大的总体的变化。比如,要研究"儿童空间能力的发展",如果条件限制的话,我们可以从小、中、大班三组各随机抽取 100 名儿童,对这 300 人进行一次性调查,统计出每组的资料,画出发展曲线。

5. 问卷法

问卷法是将一系列事先设计好的问题组合起来,以书面形式征询被调查者的意见,通过对问题答案的回收、整理、分析,获取有关信息的研究方法。

6. 选择回答型题目

选择回答型题目也称封闭型题目,就是要求答卷人从两个或更多的选项中选择一个。选择回答型题目的好处是,调查对象的回答客观化,便于统计整理。但提供的选择项可能会限制答卷者回答的广度。由于许多选择型题目涉及到我们研究的问题或假设,所以我们要花更多的时间和精力来制定这些题目。

7. 结果开放性题目

结果开放性题目也称自由答题式题目,它要求答卷人自行填写答案。比如,您认为 3 岁前孩子的自理能力包括哪些内容?结果开放性题目更具有弹性,它能向我们提供更多的个人性质的信息。但是处理这些资料会花费我们的时间和精力,也可能会影响答卷人完成答卷的兴趣,因为这毕竟要他们花时间和精力组织答案。

8. 社会认可效应

在涉及具有社会道德评判意义的问题时,人们往往会有拔高自己的倾向,也就是说,被调查者往往希望自己的回答是可接受的,能得到社会认可的,而不愿选择那些看起来违反社会规范或容易遭到别人指责的答案。比如,在一个对幼儿教师职业观的问卷调查中,问道:"你在班上,有电话来说你家孩子生病了,你会怎么办?"供选择的答案为:"A. 牺牲小我,坚持把课上好。B. 请别人代课,赶紧回家。"出于"社会认可效应",大多数人都选了A,尽管事实上大多数人内心更倾向于B。为了避免这种效应,我们在编题时,尽量使题目处于中性,不明显侵犯社会规范。

9. 访谈提纲的作用

一般来说,访谈者在开始访谈之前要设计一个访谈提纲。提纲中列出访谈者认为应该了解的主要问题和应该覆盖的内容范围。但是值得我们注意的是,访谈问题与研究问题不一样。研究问题是我们从教育实践中或文献中提炼出来的,需要通过研究予以回答的问题;而访谈问题是在研究问题的基础上转换而成,是为了回答研究问题而设计的。访谈问题应该明白易懂,简要具体,具有可操作性。比如,上面举的家长对幼儿园教育工作的看法的访谈例子,它的研究问题就是"某幼儿园家长对该幼儿园教育工作的看法",但落实到访谈提纲中,就被具体为"对教学质量、教师的工作能力、工作态度、家园配合、学校设施"等的看法。

访谈提纲在访谈中,只起一个提示作用,以免遗漏重要的内容,但决不是"金科玉律"。访谈的过程应该因人、因具体情况而定,不必拘泥于提纲预设的语言和顺序提问。访谈的过程应该是自然的,受访者感觉不到过多的限制。如果受访者在访谈结束时还没提到提纲中列出的重要问题,访谈者可以再询问对方,访谈提纲应该处于随时修改的状态中,前一次访谈的结果是下一次访谈提纲的依据。

在设计访谈提纲的时候,我们往往不知道什么访谈问题比较适合受访者的实际情况,只能进行猜测。因此,访谈提纲中列出的问题应该尽量保持开放,不至于出现过于封闭的问题而使访谈陷入僵局。

10. 开放型访谈

开放型访谈也称非结构性访谈,指事先没有设计固定的访谈问题,访谈者鼓励受访者发表自己的看法,访谈可根据情况随机应变。这类访谈的目的是"了解受访者自己认为重要的问题、他们看待问题的角度以及对问题所作的解释"。

11. 半开放型访谈

半开放型访谈是受访谈者一定控制的访谈,访谈者根据自己的研究设计提出问题,但同时也鼓励受访者参与。

12. 开放型问题

访谈中的开放型问题没有固定的答案,通常是一些"什么"、"如何"以及"为什么"之类的问题,期待受访者作出自己的、多种的回答。

13. 封闭型问题

访谈中的封闭型问题指那些对回答方式和内容均有严格限制,回答往往只有"是"或"否"两种选择的问题。比如,"您认为送小孩上兴趣班合理吗?""您认为您是个民主型的还是权威型的家长?"

14. 主观判断式的听

访谈者把受访者的回答内容,按照自己的观念、价值观、思维习惯等去理解,用自己的观念体系理解对方的话,迅速作出自己的判断。

15. 客观接受式的听

访谈者尽量把自己的观念暂时存放起来("悬置"),客观地接受受访者的话,尤其重视受访者自己使用的一些独特的概念("本土概念"),尽可能理解其真实的意义。

16. 意义建构式的听

访谈者在倾听的同时,积极地与对方对话,与对方共同建构事物、概念等的意义。意义建构式的听对访谈者的个人素质有较高的要求,访谈者必须具有较强的自我反省能力,能够与对方共情,通过互动共同对"现实"进行重构。

三、重点问题解答

1. 在学前教育科研领域,调查研究有什么优缺点?

调查法收集资料的方法是向有关的对象进行间接的了解,而不是直接研究动作行为本身。我们可以用观察法研究幼儿在特定条件下表现出来的动作或行为,但实际上有很多现象,比如,幼儿的一般性的情绪状态、认知上的"强项弱项"、平时喜欢玩的和不喜欢玩的游戏,等等,研究者在很短的时间内是很难或无法直接观察到的,这就需要用间接的方法去考察。在婴幼儿阶段,家长和老师是接触孩子时间最长、机会最多的人,故而许多研究就需要通过向家长和老师的间接了解,来考察儿童的情况。而一些情感、观念、看法,如家长对幼儿的期待,家长的教育观,家长对老师教育方法的看法,老师的教育观等更是无法看出来的,需要通过问卷、访谈等方法进行了解。

另外,调查研究不受时间、空间的限制,研究涉及范围广,运用比较灵活简便,收集资料速度较快。电视节目收视率和民意调查都是这一特点的很好的例证。

但调查研究也有其自身的局限性。调查可以发现事物之间的联系,但却难以确定因果关系。例如,我们可以通过调查发现 A、B 两现象之间关系密切,但我们却难以断定谁是原因谁是结果,因为这两个关系密切的现象之间可能具有多种关系:A 是 B 的原因;B 是 A 的原因;A、B 同是另一现象 C 的原因;A、B 之间并无必然联系,表现出关系密切只是一种偶然。此外,调查的成功往往取决于被调查者的合作态度,更多地受制于研究对象;调查者自己的主观倾向、态度如果得不到很好的控制,将会影响被调查者,使调查的客观性降低;再有,调查往往只能反映被调查者个体的情况,很难作出普遍性的结论,推论到总体中去要慎重。

2. 在使用问卷法进行调查时,在操作上需要注意些什么?

设计前言时应注意:前言的文字应该直截了当,前言中的信息应包括:

(1) 介绍调查主办单位和调查人员;

(2) 调查的目的和潜在价值,以及特定被调查者被选中的原因;

(3) 承诺对涉及个人内容的调查结果保密;

(4) 说明被调查者回答的重要性,对他们的合作表示感谢。

例 1

一份给家长的问卷调查,前言如下:

亲爱的家长:

您好!我们是南京师范大学学前教育专业的研究生。为了对"幼儿同伴冲突"这一大家比较关注的问题作深入的研究,我们很想听取您的意见和想法。本问卷不具有任何测试或评估的性质,您尽可以真实地表达自己的观点,也不必填写您和孩子的姓名。希望请家庭中和孩子接触时间较多的家长填写。完成这份问卷所需时间不会超过 10 分钟。在研究结束之后,我们会把结果及时通报给你们。在此感谢您的帮助和支持!

分析：这是一份写得比较好的前言，得到了较高的回答率和回答质量。它注意到了以下几点：有关调查者的身份和调查的目的在开始就给予了简要说明；说明"不具有测试和评估性质"和"无须填写姓名"可以保证答卷的真实性和客观性；对完成问卷提供了一个估计的大致时间，可以使家长有心理准备，一旦家长认为这个时间是可以承受的，他们就会在这一段时间内认真答题；承诺通报研究结果，是对家长参与的尊重和回报。

设计指导语时应注意：指导语要简明易懂，使人一看就明白如何填写。

例 2

在一份让老师回答的问卷的开头有这样的指导语：

要求：请根据您的学生最近一年的情况，按 1、2、3、4 四级填到括弧内。

1 = 从不如此　2 = 偶尔如此　3 = 经常如此　4 = 几乎总是如此

例 3

你的孩子是否上幼儿园？是　　否

如果您的答案为"是"，请回答第(1)题。

如果您的答案为"否"，请回答第(2)题。

(1) 您的孩子进的幼儿园为何种类型？

(2) 与您孩子常住在一起的成人为何种职业？

设计问题时应注意：

调查问卷的题目一般有两种类型：

如选择回答型或封闭型，应要求答卷人从两个或更多的选项中选择一个。如：

与现在相比,您刚工作时幼儿入园适应情况如何? （　　）
A. 和现在差不多。
B. 比现在好得多。
C. 比现在好一些。
D. 比现在差。

选择回答型题目的好处是,调查对象的回答客观化,便于统计整理。

如选择开放型或自由答题式题目,应要求答卷人自行填写答案。如:

(1) 当时幼儿入园不适应情况表现在哪些地方?原因有哪些?
(2) 您认为3岁前孩子的自理能力包括哪些内容?

结果开放型题目更具有弹性,它能向我们提供更多的个人性质的信息。但是处理这些资料会花费我们的时间和精力,也可能会影响答卷人完成答卷的兴趣,因为这毕竟要他们花时间和精力组织答案。所以从某种程度上说,问卷中最好较多地使用选择型问题。

有时我们也采用一种半封闭型的题目。如一份向在各种课外小提琴班就读的幼儿家长的调查问卷中有这样一道题目:

为什么要让孩子学小提琴?(请勾出自己认为"是"的答案,数量不限,答案中没有包含的情况可自行添加。)
a) 希望将来能从事专业音乐工作。
b) 希望不要让空余时间都玩掉。
c) 希望孩子可以有一种丰富多彩的生活。

d) 希望将来升学、择业可以多一条出路。
e) 希望孩子能提高智力及非智力因素。
其他_____。

当然,题目类型可以从没有结构到完全结构之间灵活地变化。另外,制定问卷调查题目时还应注意:

在内容上:题目的类型是否正确而合适;题目是否切合研究假设的需要;题目是否含混不清,容易引起歧义;题目是否涉及社会禁忌与爱好;要避免或减少社会称许性;题目是否产生暗示作用;题目是否超出受测者的知识和能力。

在言语上:文字应浅显、易懂,不要超过受测者的领悟能力;用语应简单,不能太复杂;字句的意义力求清楚明白,不要含混或暧昧;一句话代表一个单一事物,不要用两个以上的观念或事件;要用标准的语言叙述或描述,把概念、范围界定清楚。

在情绪上:避免主观及情绪化的字句;避免不受欢迎或涉及隐私的问题;避免难以回答的问题。

在理解上:在能理解的范围内提出问题;问题不要引起误解或争论,即题目不能引起歧义;尽量使用肯定的叙述,避免使用双重否定的格式;不用或少用假设语句或猜测语句。

问卷中题目的数量没有统一的规定,但总的说来不能太多,以30分钟内答完为宜。题目排列的顺序应先易后难,先封闭后开放,敏感性问题放在后面,以防止开头就遇到难题或敏感性问题而产生畏难、厌恶情绪,以致影响后面问题的回答。问题要按一定的逻辑顺序排列。

为了提高回答率和回答质量,设计问卷时还需要注意:

问卷应以简单的事实性问题或易于引起答卷人兴趣的、容易回答的问题安排在开头,使答卷人一开始就感到顺手,愿意继续做下去;复杂的或敏感的问题应放在靠近末尾的地方;题目的排列顺序应是自然的、合乎逻辑的、谈话方式的。问题与该题的答案要相对集中,不能分列在两张纸上;问卷题目编制好后,在正式实施之前,最好有一个预测的过程,以防止调查时出现问题。在以幼儿为调查对象时,针对幼儿的特点设计出形象生动的问卷,也是可以对幼儿进行问卷调查的,但是,只能当面实施,并加以语言指导。

3. 在使用访谈法进行调查时,在操作上需要注意些什么?

提问、倾听、回应被认为是访谈中的三项主要工作。有时,回应的方式就是提问的方式,只是回应更强调与受访者已说内容之间的关联,而提问更多地指以后的方向。而倾听对提问和回应都具有指导性的作用,因为如果我们听不到受访者的真实想法,就无法对对方的意图作出积极的回应和进一步的探询。

按问题的语句结构可以分为开放型和封闭型;按问题所指向的回答可以分为具体型和抽象型;按问题本身的语义清晰程度可以分为清晰型和含混型。在访谈中,封闭型问题应该尽量少用。访谈的目的是了解受访者看待问题的方式和想法,因此,访谈问题要为受访者用自己的语言表达自己的想法留有余地。而封闭型问题首先在结构上就限制了回答者的选择,使其无法自由地表达自己的思想。比如,"您认为送小孩上兴趣班合理吗"这个问题,受访者只能回答"合理"或"不合理",但事实上他对这个问题可能有很多很矛盾、很复杂的想法(如"小孩子很苦,也没有玩的时间,但不上兴趣班,比不上别人,名校也不收"等等)。但是如果我们不继续追问对方不说的话,这种提问获得的信息就类似于问卷调查,没有了面对面访谈的优势了。

另一方面,封闭型问题往往带有提问者的"偏见"或"倾向",有意无意地将自己对事物的概念定义和分类方式强加给对方,从而限制了受访者的思路;比如,上面的"您认为,您是民主型还是权威型的家长"这个问题,把家长的类型就分成了两类,"民主型"和"权威型",受访者只能二选一。可是,这位受访者很可能不用"民主"

和"权威"来区分家长的类型;也有可能他对"民主"和"权威"的理解与访谈者不同;或者即使他认同这样的区分,但他并不认为自己就必然地不是"民主"就是"权威",而视场合、情境而定。但面对这样一个先入为主的问题,他也许会随便答一个,也许会受"大众观点"的影响,认为"民主"比"权威"好,便说一个"民主型",也许他会对这个问题不太满意,心里觉得别扭,可是只有配合访谈者。如果连续不断地被问到这类封闭型问题,受访者可能会感到自己很被动,因而失去主动谈话的兴趣。

虽然在访谈中应该尽量使用开放型的问题,但也必须考虑受访者的特点。例如,如果问一位幼儿:"你对幼儿园有什么感觉?"他可能会茫然不知所答。如果改变一下提问方法,问:"你喜欢幼儿园吗?"这位幼儿可能会回答"喜欢"。然后如果再继续追问:"为什么喜欢?幼儿园里有什么你最喜欢的事吗?你最喜欢哪个小朋友?最喜欢玩什么?"这位幼儿会告诉你很多东西。所以,如果受访者对过于开放的访谈结构不习惯(多半为受教育程度较低及年龄较小的受访者),我们可以适当地问一些封闭型的问题。

让受访者能听懂问题是访谈得以进行的最基本前提。在访谈中,尽量使用开放型、具体型和清晰型问题。

在访谈中,我们应就受访者所说的概念、语词、观点、事件和行为进一步追问,这可以帮助我们进一步了解受访者的思想,进一步了解事情发生的根源以及发展的过程。

追问的一个基本原则是:使用受访者自己的语言来询问他们曾经表达过的看法和行为。

比如,我们在倾听一位老师谈论她的教学观点时,发现她提到了"对话性教学",希望能进一步了解,于是追问道:"您刚才使用了'对话性教学'这个词,请问这是什么意思?"在该老师解释过后,也许我们还想了解她在平时教学中是如何进行"对话性教学"的,因此又继续追问:"请问您自己在教学中是怎么做的呢?"

一般来说,追问不要在访谈的开始阶段频繁地进行。访谈初期应该尽量让受访者有一个自由表达的机会。如果是对一些具体的细节问题可以即时追问,但如果希望追问的内容,涉及到重大的概念、观点或理论问题,我们应该将这些问题先记下来,等访谈进行到后期时再进行追问。这样访谈可以进展得自然顺畅。

访谈中最忌讳的追问方式是:不管对方在说什么或想说什么,我们只是按照事先设计的访谈提纲,把问题挨个抛出去。这样的追问不仅妨碍访谈自然地向前推进,而且会忽略受访者的思路,强行把自己的设计甚至偏见塞给对方。

听的态度,从认知层面上看,有三种:主观判断式的听、客观接受式的听和意义建构式的听。

客观接受式的听是开放型访谈中最基本的倾听方式,是访谈者理解受访者需要掌握的基本功。在此基础上,访谈者在倾听的同时,积极与对方对话,与对方共同建构事物、概念等的意义。意义建构式的听对访谈者的个人素质有较高的要求,访谈者必须具有较强的自我反省能力,能够与对方共情,通过互动共同对"现实"进行重构。

在访谈中,访谈者不仅要提问题,认真地倾听,而且还要适当地作出自己的回应,可以通过呼应、重复、重组和总结以及在受访者的话能够引起自己的共鸣时,适当地诉说自己的相关情况和自己的感受、体验等,将自己的态度、意向和想法及时传递给对方。

4. 为什么我们提倡将观察法与调查法结合起来进行研究?自己选择一个研究问题,尝试着将观察法与调查法结合起来进行研究。

各种科学研究方法都具有自己独特的功能,但也有自己的局限性。

观察法简单易行,但往往只能看到或听到被研究者的外显行为,很难探究到如此行为的原因,行为者做出行为时的内心活动,行为后对行为者的影响,等等。而调查法给了被调查者表达自己的机会,特别是访谈能深入到受访者的内心,了解他们的所思所想,包括他们的价值观、情感感受及行为规范,能从受访者的角度对研究现象获得多种描述和解释。

另外,访谈能使受访者感到更加有力,因为"自己的声音被听到了",而与访谈者的对话能使他们"在言说中思考",从而对自己的行为历程进行反省,影响到对自身文化的解释和建构。

在使用观察法的同时使用问卷、访谈的方法,还可以起到共同检验研究结果的作用。在访谈中,我们可以对受访者在观察中的行为表现、在问卷中所作的选择进行比较深入细致的询问。如果受访者在访谈中的回答与观察中的行为不一致,我们可以通过追问了解产生不一致的原因,还可以再回到研究实地进一步观察。通过不断的相关检验,得出一个较一致的研究结果,这样,也可以保证研究的内在效度。

第六章 实验法

一、本章结构与内容提要

通过本章的学习,了解实验研究法的基本内容和特点,了解实验法的基本逻辑以及由此产生的实验要素的作用,了解影响实验的因素,掌握教育实验研究的特点,掌握实验控制的必要性和方法,并学会根据自己的工作情况和科研目的进行实验设计,在工作实践、教育科研中尝试做自己的实验。

二、基本概念简释

1. 实验法

实验法是通过对某些影响实验结果的无关因素加以控制,有系统地操纵某些实验条件,然后观测与这些实验条件相伴随而产生的不同的现象变化,从而确定条件与现象之间因果关系的一种研究方法。具体来讲,就是通过操纵自变量,控制干扰变量或无关变量(可能影响因变量,但与该次研究目的无关),使个体变量(被试个体固有的特征,如年龄、性别、智力水平)保持恒定,观测因变量的变化。

2. 学前教育实验研究的局限性

学前教育研究的对象主要是幼儿。儿童生活、发展于其中的生态环境比实验环境要复杂得多。在教育实验中,我们很难做到对无关因素的绝对控制,也很难对所有因素进行分析,从而影响实验结果的推断能力与真实可靠性。比如,如果我们希望研究电视节目对儿童行为的影响,就必须从儿童所受到的家庭影响、学校影响、同龄群体影响和其他大众传媒影响中,严格地"孤立"出"电视的影响"这一因素,显然,这在实践上常常是相当困难的。而且,在实验中不给控制组施加某一对其发展有益的影响因素,或对实验组施加某种对其发展不利的因素,这都是很不公平的。

3. 标准实验和准实验

实验设计必须具有一些必备的条件,例如,随机指派实验对象以形成两个或多个相同的组,前测和后测,实验环境的封闭,实验刺激的控制和操纵等。这样的实验通常称为标准实验。然而,对于教育研究来说,进行类似于自然科学中、心理学中常见的诸如实验室实验那样的十分严格、十分完备的标准实验的可能性不大。教育研究的对象和内容常常在许多方面限制了这种严格的实验设计在现实中的应用。例如,他们有时不能完全控制对自变量的操纵,有时他们仅仅只能进行后测,有时他们又不能将被试随机分配到不同的实验条件中。总之,教育研究常常无法对实验环境进行高度的控制。上述各种缺乏实验设计中一个或多个"条件"或"部分"的实验,就被称作"准实验设计"。

"准"是"类似于"、"接近于"、"几乎是"或者"半"的意思(有的著作中将其直接译为半实验)。准实验设计是在更好的实验设计无法实行的时候所使用的有实用价值的设计。准实验设计可以说是处在以相关分析为特征的调查研究与以因果分析为特征的实验研究之间。准实验设计在教育研究中广泛应用,原因是在学校抽样很难做到随机化,因为在实际中,人们不能也不愿打破现存的编班。而准实验设计,以原班级作为实验对象,并在可能的条件下尽可能进行控制,所以教育研究者常常愿意采用。

4. 实验设计的作用

如何控制无关变量是实验研究法中最难解决的问题。实验设计就是给研究者提供如何控制变量,如何分析资料,可以获得怎样的结论的一种构想、计划和策略。良好的实验设计可以使实验工作有步骤地进行:实验设计一经确定,有无及何时前测、何时及如何进行实验处理、何时后测等也就确定了,这避免了工作的随意性和盲目性。良好的实验设计还可以提高对实验的控制程度:许多可能造成实验误差的无关变量,可以通过设计得到消除或减少。

5. 单组实验设计

单组实验设计是指被试不设控制组,只对一个实验组施加某一种或数种实验处理的实验设计。

这种设计的模式是:

前测——实验处理——后测

这种设计的要求是,对受试者进行实验处理前的测验,然后给予受试者实验处理,再给予受试者一次测验。最后比较前测和后测的分数。

这种研究设计的优点是:相同的受试者都接受前测和后测,"差异的选择"和"受试的流失"两因素即可被控制。缺点是:实验效果可能受到"历史"、"成熟"、"工具"、"选择与成熟的交互作用"的干扰,可见其内在效度也很差,少用为宜。

6. 等组实验设计

等组实验设计是以两个组作为实验组和控制组,然后比较各个组所发生的变化。这是实验研究中最基本的设计形式。它的特点是随机分配被试到实验组和控制组,两组在总体上同质,实验组接受实验处理,控制组不给予实验处理,最后对实验组和控制组的结果进行比较。

等组实验设计有两种基本模式:

模式一　　实验组　　随机分组——实验处理——后测
　　　　　控制组　　随机分组——控制

模式二 　实验组　　随机分组——前测——实验处理
　　　　　　　　——后测
　　　　　控制组　　随机分组——前测——控制
　　　　　　　　无实验处理——后测

这种实验设计的内在效度是很高的,由于采用相等的控制组,而且两组都有前、后测,故在前测到后测期间影响内在效度的"历史"、"成熟"、"测验"、"工具"、"统计回归"等因素,两组完全一样。再者,由于采用随机方法,两组在各方面的特质相等,故可控制"差异的选择"、"受试的流失"和"选择与成熟等因素交互作用"等三个因素的干扰。可见,它是一种严谨控制的实验设计,在教育实验研究中常被采用。

三、重点问题解答

1. 实验法的认知逻辑是什么？它的三对基本要素是如何发挥作用来体现这一逻辑的？

观察法和调查法都是在自然情景下进行的研究,只能对自然呈现的现象进行描述、归纳和分析,或对某种现象的原因进行可能性推测,但无法准确地确定事物间的因果关系。而实验法的产生本质上是人类在改变世界的实践中,对事物因果关系的把握。而确认事物间的因果关系,有三条标准:第一,两个现象之间必须存在着相关关系,即共变关系;第二,在时间上,原因应当先于结果,或与结果同时产生;第三,排除其他因素的影响,即必须确认没有其他因素可能导致这一结果的产生。在实验法中,实验组与控制组的对比可以反映变量的共变关系;前测和后测可以反映A变与B变的时间顺序,还可以用各种控制手段排除无关因素的干扰。因为根据实验的基本逻辑,如果研究者在实验中缺乏适当的、准确的控制,他就无法确定实验所得到的结果究竟是由于他所假设的因素(自变量)而导致的,还是由于一些其他未能加以控制的因素所导致的。

作为一种特定的研究方式,实验法有着三对基本要素,它们分别是:(1) 自变量与因变量:在实验研究中,自变量又称作实验刺激,而因变量则往往是研究所测量的变量。实验研究就是为了探讨自变量对因变量的影响,即考察实验刺激对因变量的影响,从而找出变量之间的因果关系;(2) 前测与后测:在一项实验研究中,通常需要对因变量(或结果变量)进行前后两次相同的测量。第一次在给予实验刺激之前,称为前测。第二次在给予实验刺激之后,称为后测。研究者通过比较前测和后测的结果,来衡量因变量在给予实验刺激前后所发生的变化,反映实验刺激(自变量)对因变量所产生的影响;(3) 实验组是实验过程中接受实验刺激的那一组对象。即使是在最简单的实验设计中,也至少会有一个实验组。控制组又称为对照组,它是各方面与实验组都相同,但在实验过程中并不给予实验刺激的一组对象。控制组的作用是向人们显示,如果不接受实验刺激那样的处理,那么将会怎样,与实验组形成比较。可以说,实验研究的这三种基本要素,构成了实验研究所具有的独特的语言。

比如,研究者对某种新的幼儿阅读教学方法的效果感兴趣,即他希望探讨:"新的教学方式"(自变量)与"幼儿阅读能力提高"(因变量)之间是否存在因果关系?他选择了两个各方面情况都差不多的班级,并在开学初对这两个班级的幼儿进行了相同难度的阅读测验(前测)。然后,在其中一个班级(实验组)按一种新的教学方式进行教学(给予实验刺激),而在另一个班级(控制组)中,仍按照原来的教学方式进行教学。学期末,他再对这两个班级的幼儿进行第二次相同难度的阅读测验(后测),并对测验结果进行比较。如果两班幼儿后来的学习成绩相差无几,则说明新的教学方式(实验刺激)并没有起作用;如果只有实验组的成绩提高了,而控制组的成绩没变化;或者虽然两班幼儿的成绩都提高了,但实验组幼儿的成绩提高得更多,则可以看做是新的教学法所起的作用和产生的影响。

2. 实验控制的目的何在?如何进行实验控制?

实验控制的目的是为了尽可能地减少无关因素的干扰,减少实验误差,提高实验的效度和信度。

实验控制不仅要对影响实验效果的无关因素加以控制,在取样、实施过程中也要注意采取一定的控制手段。

(1) 寻找两组相同的对象。

根据实验研究的分析逻辑的要求,必须有两组各方面都相同的对象。在实际研究中,研究者为了挑选两组相同的对象,往往采用两种方法:一是匹配,二是随机指派。

匹配指的是依据各种标准或特征,找出两个完全相同或几乎完全相同的实验对象进行配对,并将其中一个对象分到实验组,而将另一个对象分到控制组的方法。在心理学的实验中,这种方法比较常见。例如,要选择两组"相同的"幼儿作为实验的对象,可以先对某一年龄段全体幼儿进行一次阅读能力测验。从幼儿的得分表中找到相同分数的一对,并将其中的一个分到实验组,而将另一个分到控制组。继续找出具有相同分数的学生对子,再将他们分别分到实验组和控制组,直到找满实验样本所需要的数目为止。用实验的语言来说,这样做就是"在阅读能力得分这一变量上对两组幼儿进行了匹配"。

随机指派的方法是完全按照随机抽样的原理和方法来将实验对象随机地分配到实验组和控制组中。比如,假定要将60名幼儿分到实验组和控制组(每组30人)。那么,从第一个对象开始,根据抛硬币的结果来决定其去的组别。若硬币正面朝上,则该对象去实验组;若硬币反面朝上,则该对象就去控制组。或按单、双号来简单地决定每一个对象是去实验组还是去控制组。将60名幼儿随意地按顺序排列。然后,将号码为单数的,即1,3,5,7,…,59号的幼儿分配到实验组,而将双号的,即2,4,6,8,…,60号这30名幼儿分配到控制组。也可以按照排列的顺序或实际抽取实验对象时的先后顺序来决定。比如,将名单中排在前面的30名学生分到实验组,而排在后面的30名学生分到控制组;或者将先抽到的前30名学生分配到实验组,而将后抽到的30名学生分配到控制组。

(2) 对变量的控制。

实验控制有一个基本原则,这就是最大最小控制原则。意思是使自变量产生最大变化,使其他干扰的变量与误差产生最小的影响。

对自变量的操纵 当研究者能够决定他的实验对象将经历什么,或将接受什么处理和安排时,就说他能够操纵自变量。研究者有系统地对受试者施以不同的实验条件,来观察与比较不同实验条件下因变量的系统变化差异。研究者要使实验变量有系统而且尽量地使前后的变化显出差异。例如,在研究时间(自变量)与遗忘(因变量)的关系时,时间的选择应采用1、3、5、7、9、11等不同日期的变化顺序,而不宜采用1、2、3、4、5、6、7、8等不同小时的变化顺序。因为后者变化之间差异太小,所产生结果的影响不易辨别。

控制无关变量 要正确地解释实验结果,除了具体分析影响实验效度的各种因素外,还必须设法控制一些影响实验效果的无关变量。要控制自变量之外一切可能影响结果的其他变量,使其保持不变或达到最小变化甚至排除在实验情境之外,务必不致影响自变量与因变量之间的因果关系。

(3) 实验控制的方法。

根据上述原则,研究者要采取一些对可能影响实验结果的无关变量进行控制的方法。

随机控制法

随机控制是将参与实验的受试者以随机分派的方式,分为实验组与控制组或各个不同的实验组。从理论上说,随机法是控制无关变量的最佳方法。因为在概率的原则下,各组受试者所具备的各种条件和机会均等。在实际使用时,随机分派法可分为两个步骤:

第一步用随机的方法将参加实验的所有人员进行分组;

第二步再以随机的方法决定哪一组为实验组,哪一组为控制组。

随机控制的方法,虽然在事实上未必各方面都完全相等,但理论上他们相等的机会是比较多的。

物理控制法

物理控制就是注意实验情境的物理条件是否保持恒定,刺激的呈现是否标准,以及反应的记录是否客观一致等物理性因素的控制。例如,为了使实验情境保持恒定,以免干扰实验变量对因变量的效果,要设法控制声音、灯光、气氛、周围环境等物理因素。

排除控制法

排除法是在设计实验时将可能影响结果的变量,预先排除于实验条件之外,使自变量简化,免受其他变量的影响。例如,在试验发现式教学法和演讲式教学法的优劣时,如果认为智力因素会影响结果,则只选高智力生为受试者(或只选中等智力生或只选低智力生为受试者),这样智力因素对实验结果的影响就被排除掉了。同样,如果认为性别因素对实验有影响,则可采用单一性别(如只用男孩或只用女孩为受试者),这样,性别因素对实验结果的影响就可排除掉。

排除法能很有效地控制无关变量,但所得的研究结果缺乏普遍的推论性。例如,只用男孩为研究对象,实验结果就不适用于女孩。因此,在实验设计时,排除法并不常用。

纳入控制法

纳入法是弥补排除法缺点的一种方法。这种方法是把影响将来实验结果的某种(或某些)因素也当做自变量来处理,将其纳入实验设计中,成为多因子实验设计。这样,不但可以收到控制之效,而且还可以进一步了解变量间的交互作用。例如,上例中,可将智力因素分为高、中、低三个层次纳入设计中,这时,原设计就变成为2(教学法)×3(智力)的二因子实验设计。在这一设计中,一方面可以了解不同智力间的差别,另一方面又可以了解智力和教学法之间的交互作用,亦即教学法的效果是否因不同智力层次而有所差异。假如同时考虑智力和性别两个因素,就成为:2(教学法)×3(智力)×2(性别)的三因子实验设计。

配对控制法

配对法是企图使实验变量之外的其他变量发生相等影响的一种方法。具体做法是:首先认定与因变量有明显关系的变量,然后确定所要控制的变量,并据此选择同等分数或相同特质的受试者配对。配对后,再以随机分派的方式,将其中一个分派到实验组,另一个分派到控制组。例如,为了使两组学生的智力相等,研究者可以从智力测验分数中,选择分数相同的受试者配成对,然后随机分派到实验组和控制组。常用以配对的变量有性别、年龄、社会经济地位、智力、学业成绩、个性特征和前测分数等。必须注意的是,配对变量的决定,一定要以和因变量有高度相关者为根据。

控制无关变量是实验研究中一项非常重要的工作。但这里所说的"控制",只是相对的,而非绝对的,只有程度之分。要想对人类行为和对复杂多变的教育现象,像物理、化学实验那样达到绝对控制而又肯定变量之间是因果关系的程度,事实上是不可能的。因此,在教育实验研究中要正确理解"控制"一词,才能正确解释所得的实验结果。

3. 实验研究问题的来源。

幼儿教师动手做自己的实验研究时,研究问题一般有两个来源。

一个是验证性的实验,也就是说,在可能的情况下,重复做一些教育心理学、学习心理学或儿童发展心理学上著名的、已经得出结论的实验。比如,你看到了"霍桑效应"这一心理学结论,就可以在自己的班上做一个小小的实验,来验证一下。你可以找几个平常动作较慢的幼儿在正常情境下请他们收积木,记录下所花时间;过两天,再找来他们,很郑重地告诉他们,你在做实验,要看看他们收积木需要多长时间,然后让他们去收积木。看看你这次记录的时间是不是比上次缩短了?

一个我们老师自己做的验证性实验的很有意义的例子是:皮亚杰认为幼儿一般要到6岁半至7岁才会建立数的守衡的能力,但我国有教育者研究发现:在正确的教育下,大多数5岁左右的幼儿基本上能掌握10以内的数的守衡,能初步理解物体的数目不受物体的颜色、大小、摆放样子的影响。苏州市相城区黄埭中心幼儿园的邹丽莉老师便对班上的36名5岁幼儿进行了一次小实验:她准备了绿色大圆片8个,红色小圆片8个,首先将大小圆片一一对应排列,问幼儿谁多谁少,为什么;然后将小红圆片聚拢,使大绿圆片的排列长于小红圆片,再问幼儿现在红圆片和绿圆片谁多谁少,为什么。实验结果是:第一次有19名幼儿说一样多,而第二次只有7名幼儿回答一样多。说明大部分幼儿无法理解10以内数的守衡。邹丽莉老师对我国教育研究者的结论提出了自己的质疑。

教师自己实验研究问题的第二个来源是自己的生活。

这要注意做到以下几点:

(1) 多观察。当我们在带幼儿晨间活动时,在幼儿游戏时,在观摩其他老师教学时,在家长接送幼儿时,多看多听,这些资源往往是我们自己实验问题的来源,也有助于我们更好地了解自己想了解的东西。

(2) 有关实验的想法经常是这样开始的:"为什么他(们)/我(们)要……?"多做"如果这样做,结果又会怎样"的思考。

(3) 一旦有了基本的想法,我们就要尝试去找到答案,这就开始我们自己的实验了。

第七章 行动研究法

一、本章结构与内容提要

通过本章的学习能够对行动研究法有初步的了解,知道教师成为行动研究者的必要性与可能性,通过学习与实践能够进行简单的行动研究。初步了解行动研究与原本课程发展的关系。

二、基本概念简释

1. 行动研究法的含义

由教育情境的参与者为提高对所从事的教育实践的理性认识,为加深对教育实践活动及其依赖的背景的理解所进行的反思研究。

2. 行动研究的特点

(1) 注重实践者的积极参与。
(2) 研究目标的具体问题指向性。
(3) 反馈——调整性。
(4) 研究方案的可变性。
(5) 研究过程的民主化。
(6) 研究情境的自然性。
(7) 成果的非普适性。

3. 行动研究的分类方法及其类型

例如,按照研究的侧重点,行动研究可以归纳为如下三种类型:

(1) 强调行动研究科学性的研究。
(2) 强调研究对教育实践改进的功能。
(3) 强调研究的批判性的解放性行动研究。

4. 教师成为行动研究者的必要性

(1) 改善自身的社会地位和生存状态的要求。
(2) 幼儿教师专业化的要求。

5. 行动研究的意义

(1) 符合国情需要。
(2) 有助于实现多种方法并用。
(3) 可开阔收益面。

三、重点问题解答

1. 设计一个行动研究方法。

说明：在设计行动研究法时，需对研究问题、研究对象、研究过程以及使用的具体方法给予说明。可参考教材中的例子。

2. 请谈谈你对行动研究和园本课程关系的理解。

园本课程发展与教育行动研究在许多方面都有相似或共通之处。在某些地方的幼儿园，园本课程发展与教育行动研究的涌现与发展是紧密交织在一起的，园本课程发展中的一些问题可以通过教育行动研究来解决。

(1) 园本课程发展和教育行动研究都不仅是操作层面的术语，而且有着更深刻的背景，如强调权力的再分配、强调主体的能动作用、强调参与合作等。

(2) 园本课程发展和教育行动研究都有强烈的实践性。这种实践性表现在实践者尤其是第一线教师被认为是从事园本课程发展和教育行动研究的当然主体；另一方面，园本课程和教育行动研究虽然都不排斥理论成果的产出和发表，但都不以理论上的建树为主要的目的，而以直接服务于具体实践、提高实践质量为己任。

(3) 园本课程发展和教育行动研究都坚持现场本位立场。园本课程发展一词本身,就显示了它的现场本位立场,而教育行动研究理想的地点,也多在幼儿园或学校之中。园本课程发展和教育行动研究所支持的现场本位立场,不是简单的地点的转变,还包括更深层的含义,如强调当时情境对事件的意义,更倾向于选择"具体问题具体分析"的策略,相比之下,不大信任通则、普遍规律以及前人理论在具体情境中的作用。

(4) 园本课程发展和教育行动研究都极力主张权力的下放,都强调实践者的专业自主和专业权威。

(5) 园本课程发展和教育行动研究的理想程序大致相同。其中的一种模式如下图所示:

情境分析 → 目标制定 → 程序确立 → 解释实施 → 监察、回馈、评估、重组

园本课程发展和教育行动研究都主张开放的、可调整的进行模式。行动与方案可以根据情况的不同作出调整与改变,课程发展和行动研究都没有绝对的起点和终点,持续的发展才是二者的最终目标。

它们的结果都使研究变得大众化、平民化,研究不再仅仅是一种特权和身份的象征,而是更接近一般人日常的思维方式和生活内容。

(6) 二者的出现有相似的社会背景。如对民主、参与等价值观念的广泛认同;对多元化、差异、个性的认可和尊重;后现代主义的视角如开放的、多元的、解放的,等等。

第八章 教育研究报告的撰写与评价

一、本章结构与内容提要

通过本章的学习,了解各类研究报告的概况及其撰写要求,能够撰写有一定水平的研究报告,并能对研究报告作出科学评价。

二、基本概念简释

1. 教育研究报告的含义

教育研究报告是对教育研究成果的表述,是对研究工作的目的、过程、成果等的概括和总结,是研究者与他人进行交流的主要方式之一。

2. 教育研究报告的基本类型

教育观察报告、教育调查报告、教育实验报告。

3. 撰写研究报告的意义

教育研究报告的撰写主要有四个方面的意义:

(1) 可以展示研究成果以取得社会承认。
(2) 可以促进学术交流和成果转化。
(3) 可以提升研究水平。
(4) 可以增强研究者自身的科研能力。

4. 研究报告撰写的一般要求

教育科研论文或教育科研报告作为教育研究活动的全面总结和进行教育科研成果的交流的重要方式,在撰写时需解决好以下几对关系与矛盾：
(1) 求实与创新。
(2) 观点和材料的一致性。
(3) 处理好独立思考与借鉴、吸收的关系。
(4) 处理好论文规范性、准确性与可读性的关系。

5．教育研究报告评价的作用
(1) 对科研成果的鉴定作用。
(2) 能促进学前教育研究工作的改进和研究水平的进一步提高。
(3) 评价能够促进研究工作整体质量的提高。
(4) 能够为科研管理和教育决策的科学化提供建议。

6．教育科研成果评价的内容
教育研究成果的评价从内容上看，可以分狭义和广义两种。狭义的评价指的是对教育研究成果本身的评价，如对研究报告或学术论文的评价；广义的评价强调的是以对教育研究成果的评价为基础，同时对研究成果所反映出来的教育科研目的、过程和结果进行综合评价。

7．教育科研成果评价的标准
(1) 研究问题提出的合理性。
(2) 研究方法的恰当性与新颖性。
(3) 研究结果的真实性。
(4) 讨论与结论的科学性。

8．教育科研成果评价的方法
教育研究成果评价的方法可分为定性评价和定量评价两类。

定性评价主要是按评定标准对科研成果作出评语式鉴定。定量评价则是评价者通过借用或事先编制的教育研究成果评价指标体系，通过数量化的评价方法来判定教育研究成果的质量和价值。依据召集评价人的方式，还可以把教育科研成果评价方法分为通信评价和会议评价两种。

三、重点问题解答

要求能够撰写简单的教育研究报告。

教育研究报告1

小班幼儿不良情绪反应成因及
教育对策的初步研究

胡彩虹

一、问题的提出

情绪是人类在种族进化过程中获得的一种心理功能,它在幼儿心理活动中起着十分重要的作用,是幼儿行为和认知的唤醒者。教育实践中一个突出的现象是:幼儿心理活动的无意识性是受情绪左右的。良好的情绪及其行为对于幼儿健康成长有着积极的意义,而不良的情绪反应及其行为反应则不利于幼儿正常活动的进行,对其发展具有消极作用。

3~4岁幼儿入园后,由于与家人的分离焦虑以及对新环境的不适应,在最初的几周常伴有强烈的不良情绪化反应,这对正常的教育活动和班级工作的开展带来了一定的消极影响。本文通过对3~4岁幼儿入园后不良情绪的反应特征、成因、强度及教师所采取的相应的教育对策的研究,旨在了解幼儿来园后不良情绪产生及其发展变化的特点,并将实践中教师采用的有效的教育对策予以总结归纳,以指导小班教师提高教育工作的针对性和有效性,使幼儿来园后能尽快稳定情绪,适应新的生活环境,以获得最大程度的发展。

二、研究方法及过程

(一)研究对象

本研究的对象是吴江市鲈乡幼儿园三个小班的所有在园幼儿,共计78名,年龄均为3~4岁,男女幼儿人数相当,家长所从事的职业广泛。

(二)研究步骤

1. 对幼儿不良情绪反应的界定

精神分析学派是在各种心理学派中最重视情绪研究的。该学派认为,情绪是人类本能的内驱力的满足。通过长期对幼儿不良情绪及其行为反应的观察,我们认为,不良情绪反应是幼儿内在需要未能得到充分满足时,伴随一定的生理变化所产生的一种简单的内在体验,具有较明显的冲动性、情境性,并伴随相应的外部行为表现和表情。

2. 研究方法

本研究主要采用观察法中的抽样观察法(行为抽样),依据幼儿不良情绪反应具有明显的外部行为表现,我们将幼儿情绪化反应方式主要定为四种,情绪反应成因定为五种,情绪化反应强度定为四种,教育对策主要定为五种(见表1),并制成便于日常及时观察记录的观察表,以便随时记录,我们同时辅之以个案分析、调查等方法。

最后将观察记录结果通过统计处理,数据结果以表格的形式体现出来(见表1)。

表1 抽样观察各类指标

不良情绪反应方式(F)	成因(C)	强度(Q)	教育对策(D)
1. 大哭大闹	1. 依恋家人	1. 每周5次以上	1. 情绪安慰(a.语言 b.动作)
2. 独自流泪	2. 能力差,不适应	2. 每周1~4次	2. 转移注意力(a.玩具 b.语言)
3. 情绪低沉(不主动参加活动)	3. 身体不舒服	3. 每周1~3次	3. 激发幼儿的活动兴趣
4. 拒绝活动	4. 对玩具、饭菜等不感兴趣	4. 基本没有	4. 主动鼓励幼儿
	5. 争抢玩具		5. 自然适应

(三)研究时间

本研究分为三个阶段:

1. 第一阶段:收集资料,形成课题。
2. 第二阶段:通过观察等方法收集观察数据资料。
3. 第三阶段:整理数据,分析结果,总结讨论,形成研究成果。

三、研究结果及分析

(一)幼儿不良情绪反应在整个研究阶段的表现强度(见表2)

表2 幼儿不良情绪反应在不同阶段的表现强度

	第一个月	第二个月	第三个月	第四个月	第五个月	第六个月
大哭大闹	69	17	6	1	2	5
独自流泪	49	11	10	13	8	14
情绪消沉	456	146	57	28	21	32
拒绝活动	89	24	6	13	7	11

注:人次以幼儿这一反应出现为一次,同一幼儿可重复。

第六个月为第二学期的第一个月。

从表2可以看出：

1. 随着幼儿来园时间的延续，通过教师的教育，幼儿的不良情绪反应逐渐减少，强度变弱，即使第六个月（新学期第一个月），幼儿也未出现高强度的不良情绪反应。

2. 第一个月是幼儿不良情绪反应最为强烈的阶段，到第二个月明显减弱。可见第一个月是幼儿不良情绪由强烈对抗到逐渐缓和的阶段，也是对幼儿进行教育的关键期。

3. 在各类不良情绪反应中，情绪消沉、不主动参加活动是不良情绪的主要表现方式。这与幼儿对新环境的陌生和幼儿自理能力及参与能力较差都有一定的关系。

（二）一日生活中，幼儿不良情绪反应的表现状况（见表3）

表3　不同活动领域中幼儿不良情绪反应的表现状况

	来园	游戏(户外)活动	教学活动	进餐	入厕	午睡	盥洗
大哭大闹	89	/	/	7	3	1	/
独自流泪	67	/	2	19	1	16	/
情绪消沉	704	2	9	21	/	4	/
拒绝活动	94	1	32	5	1	17	/

从表3可以看出：

1. 幼儿不良情绪反应主要集中在来园这一段时间。由于与家人的分离以及幼儿自控能力较差，所以易产生程度不同的不良情绪反应；除此之外，在一日生活中，进餐和午睡也会有少部分幼儿产生不良情绪。因为幼儿在家庭中进餐和睡眠时，一般会得到父母或其他成人的照料，在幼儿园，教师不能逐一亲自照料，易引起幼儿的情绪波动。

2. 幼儿感兴趣的活动可以转移或消除不良的情绪反应，如游戏（户外）活动、教学活动时，幼儿极少产生不良情绪；盥洗活动中，不良情绪反应为零。

(三) 幼儿情绪化反应成因表现(见表 4)

表 4　幼儿不良情绪化反应的成因状况

	依恋家人	能力差,不适应	身体不舒服	对活动不感兴趣	争抢玩具
大哭大闹	52	/	14	/	34
独自流泪	61	9	34	/	1
情绪消沉	114	187	196	246	/
拒绝活动	51	42	47	10	/

注：情绪消沉中部分人次原因不清楚。

从表 4 可以看出：

1. 幼儿不同类型的不良情绪反应往往有着特定的原因。例如,大哭大闹主要是由于依恋家人和争抢玩具引起的,幼儿身体不适时也会哭闹,而独处流泪主要是由于依恋家人和身体不适引起的。

2. 引起幼儿不良情绪反应的主要原因是：依恋家人,由于能力差而对活动不感兴趣和身体不适,其反应方式是多样的。这说明 3~4 岁幼儿由于对家人的依赖加之活动能力差,使其在某些方面不能独立地进行活动；当有困难需要教师帮助时,又不能及时与教师沟通,导致幼儿一些内在需要不能及时得到满足,从而产生不良的情绪反应。此外,幼儿身体不适也会直接影响幼儿的情绪。

(四) 幼儿各类情绪化反应及相应的教育对策(见表 5)

表 5　幼儿各类情绪化反应及相应的教育对策

	情绪安慰(语言、动作)	转移注意力	激发活动兴趣	积极鼓励	自然适应
大哭大闹	11	89	/	/	/
独自流泪	68	6	/	31	/
情绪消沉	42	3	321	138	236
拒绝活动	/	/	37	41	72

从表5可以看出：

1. 教师对待不同类型的情绪反应时一般采用相应的对策。例如，大哭大闹是幼儿极度化的情绪反应，如不马上加以制止，会影响班级整体，所以教师主要采取转移注意力、情绪化安慰的教育对策加以控制。当幼儿情绪消沉或拒绝活动时，教师多采取自然适应的教育对策，因为这两类情绪化反应的成因较广，而这两类反应对其他幼儿不会产生显著的干扰和影响，所以在调动他们活动的兴趣和鼓励的前提下，自然适应也是一种较好的方式。

2. 从表5中还不能看出教师总体上选用最多的是哪种教育对策，这说明，对于不同类型的情绪化反应就应采用相应的教育对策。例如，当幼儿情绪消沉时，教师常用激发活动兴趣来使幼儿进入积极的情绪状态。

四、讨论及教育建议

3~4岁幼儿入园后产生的不良情绪化反应是幼儿对新环境不适应的必然反映。3岁以前幼儿的生活主要依赖于成人的照料，3岁以后幼儿进入心理断乳期，自我意识开始萌芽，有了社会化交往的意识；但由于其身心发展的水平较低，尤其是3岁左右的幼儿能力发展（包括自理能力）较差，所以进入幼儿园过集体生活，一些基本的生活自理活动的完成有一定的困难，如大小便不会脱裤子、吃饭时不会正确使用小勺子等，常常使幼儿产生不安全感和恐惧感，加之初入园幼儿的言语能力发展和思维水平均较有限，因此不能很好地表达自己的愿望和与别人沟通，只能被动地沉浸于自己消极的情绪状态之中。

教育建议：教师应将小班幼儿的不良情绪反应看做是一种正常的现象，在开学初应尽可能地通过家访，了解每位幼儿的家庭背景及家长的抚养方式和幼儿能力的发展状况，做到心中有数，尽可能有效地帮助幼儿克服不良的情绪反应。总之，应尽量采取多种方法帮助幼儿顺利摆脱不良情绪。

教育研究报告 2

电脑绘画与构建幼儿兴趣、技能、成就感"金三角"素质的实证研究

顾一平

一、课题的提出

跨入 21 世纪,以计算机和网络技术为主的信息技术,已在社会各个领域中得到广泛应用。而计算机教学的低龄化是现代教育发展的一个趋势,早在 1984 年,邓小平就提出:"计算机的普及要从娃娃做起。"这是一个具有前瞻性的要求,当今天幼儿园的孩子在十几年后踏上社会时,那是一个高科技的信息时代,抓住黄金时期,进行计算机信息技术启蒙教育,也就为提高新一代的国民素质、迎接新世纪的挑战打下了良好的基础。

《幼儿园规程》提出:"幼儿园以游戏为基本活动。"正所谓习之于嬉,而幼儿学习计算机从电脑绘画入手,满足了孩子在游戏中学习的需求,让孩子在学中玩,在玩中学,为孩子提供尽情发挥想像力和创造力的机会。而且电脑绘画这一独特方式能使幼儿萌发学习的动机,从而促使幼儿产生积极的内驱力,在轻松愉悦的气氛中主动地学习,积极地探索。

鉴于上述从时代发展的需要、幼儿身心规律等方面的分析,我力求探索让孩子学习电脑绘画,利用计算机为幼儿开辟了一个可供自由想像、自由驰骋的广阔天地,使幼儿体验电脑带来的方便与乐趣,从而激发幼儿的学习兴趣,提高幼儿表现与创造的欲望与能力。

二、研究假设

学龄前幼儿的思维是活跃的,想像是丰富的,内心世界是多彩的。他们不受时空的约束与限制,对物体的线条、形状与色彩有着

独特的感受力和联想能力,但由于手部小肌肉发育不完善,因此绘画活动时运笔不那么自如,涂色不那么均匀,所以往往画画时坚持性不够。而计算机 Windows 绘画软件,可以成为幼儿学习绘画的一个操作性工具,幼儿操作时可以随意更改,不断变化色彩,不留任何痕迹。边画边改,启迪心智,拓宽思路,作画时间短,成果明显,使幼儿在电脑绘画活动中充分享受计算机带来的自动化绘画功能的乐趣,感受成功的体验,从而激发学习的兴趣,提高艺术表现力,并把这种"兴趣"、"能力"、"成就感"有效地迁移到其他生活、学习中,从而促使幼儿素质的全面提高。

三、研究目标

幼儿电脑绘画的实证研究,以发展幼儿对电脑绘画的兴趣和初步具有计算机绘画操作技能为主要目标;以培养幼儿在绘画过程中的审美能力、创造力、想像力、思维能力为主要任务;以让幼儿有目的地感受成功的体验为目的。

(一)通过运用绘画工具来创作画画,满足幼儿自由表现的心理需要,培养幼儿手脑协调能力,提高幼儿对学习活动的积极性,激发幼儿对现代科技的关注。

(二)让幼儿学习运用电脑技术表达自己对生活的感受,同时在感受计算机绘画带来成功的喜悦后,激发幼儿积极思维、想像创造的欲望,让幼儿在自由的探索中获得新知,得到发展,使学习与兴趣高度统一、知识和情感高度统一。

(三)在初步培养幼儿运用电脑工具绘画时的观察、理解、思维、分析综合能力的基础上,提高幼儿的综合素质。

四、实施的原则

主体性原则:指体现幼儿作为电脑绘画活动主体的属性,包括自主性、主动性和创造性三个基本本质特征。

创造性原则:指发挥幼儿学习的主动性、体现幼儿首创精神的属性,包括引导幼儿运用电脑绘画工具,培养幼儿通过创作绘画主题、构图、色彩等来表现情感时,独立的思维以及促进创作作品的个性化。

审美性原则:指体现幼儿审美情趣的属性,内容包括作品欣赏、创作体验和审美表现。

适度性原则:指体现符合幼儿身心发展特点的属性,包括心理刺激、身心健康和吸收心智的适度。

协同性原则:指体现以点带面的教学效应的属性,包括对相应学科教学质量的影响、对幼儿个体多维度(学习习惯、思维品质、情趣爱好等)的发展、对同伴协作学习的进步以及促进幼儿尽情体验丰富人生的内容。

五、课题内容

运用 Windows 的画笔等绘画软件学习电脑绘画:学会使用鼠标;运用绘画软件中的各种工具去自主地构图填色创新;充分发挥幼儿的想像力、创造力;培养幼儿手部精细动作的协调控制能力,做到手、眼、脑并用;在动作的准确性和精确性的基础上,加强绘画表现力的培养,在绘画中努力提高幼儿的审美素质。

1. 每周呈现一次新的内容,每次 10~15 分钟;每周上机两次,每次 15~30 分钟。

2. 学习运用 Windows 画笔等软件中的绘画工具进行绘画。(1) 启动软件;(2) 鼠标运用;(3) 工具探索(笔、橡皮、剪刀、长方形、点、线、面、重叠、切割、喷墨、旋转、镜面等工具以及 24 种颜色的选用);(4) 运用工具画简单图形和组合图形;(5) 选色、填色;(6) 综合运用绘画工具创作电脑绘画作品。

3. 幼儿作品展示,幼儿操作演示。

六、研究对象、方法与步骤

(一)研究对象

在本园随机抽取一个大班为该课题的研究对象。

(二)研究方法

1. 行动研究法。通过电脑绘画的实践活动,编排幼儿电脑活动的课程与内容,探索教育方法与途径。

2. 观察法。通过问卷了解幼儿在家庭中对幼儿电脑绘画的兴趣及家长对幼儿电脑绘画的态度。

3. 调查法。通过时间取样,对幼儿在规定时间内持续作画时的情绪状态、注意力、作品完成情况与规定时间内绘画作品是否完成、是否持续作画或操作的观察研究。

(三)研究步骤

准备阶段:2002.2~2002.3

实施阶段:2002.3~2002.12

实证与总结:2003.1

七、主要研究成果

研究和实践证明:在电脑绘画活动中,幼儿的"兴趣"、"技能"、"成就感"这三者之间相互依存、相互促进,电脑绘画把三者有机地糅合起来,形成"金三角",有效地促进了幼儿素质的全面提高。

(一)利用计算机绘画软件的特殊性,激发幼儿的学习兴趣

Windows中的绘画软件具有快速性、覆盖性、组合性、可变性等特点,使孩子操作时见效很快,他们可以利用鼠标不断地练习,擦了又擦,改了又改,而画面上又不留痕迹,因此培养了幼儿对计算机绘画的极大兴趣,常常有孩子在活动结束时久久不肯离去。

例如,幼儿在创作《我喜欢的海鱼》时,大胆畅想形态各异、色彩斑斓、栩栩如生、情趣盎然的海鱼,不断改变或修改作品的形态、色彩、布局、装饰效果等,由于这是一个经验的积累、想像的驰骋、美感的体验、童心的构思、灵感的表达过程,幼儿往往会被变化无穷的画面深深吸引,激发创作的欲望。

美国詹妮斯丁·比蒂在《计算机与幼儿教育》一文中曾经这样描述:多数人对3岁到5岁的幼儿学习使用计算机持怀疑态度,但对那些已在幼儿活动室开辟了"计算机角"的教师来说,回答却是肯定的。确切地说:不是我们教孩子如何使用计算机,而是他们自己教自己。我的研究也验证了这一点,在绘画中,孩子的学习兴趣在不断的成功积累中获得提升,因而带来了学习的内驱力,促使他们更主动地去学习、去探索,形成了良性循环。

(二)利用幼儿电脑绘画的操作过程,训练幼儿的综合能力

电脑绘画是一个严谨、规范的操作过程,这本身对孩子是一种逻辑思维的训练,因此,我坚持在活动中着重指导幼儿掌握方法性的知识,如工具的使用、线条的选择、图形的组合、颜色的搭配等,

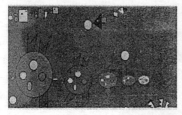

当孩子掌握了方法后,就会自由构图、自己创造、互相启发、充分表现。如幼儿掌握了复制功能后,创作了一幅幅如《海龟一家去赶集》、《变脸》、《六一合唱》等童趣盎然的作品。

正所谓:授之以鱼不如授之以渔。在这种整合的学习过程中,幼儿得到了全方位的提高。

1. 锻炼了幼儿的手眼协调能力

幼儿进行电脑绘画,需要靠手腕的移动和食指的按动相协调才能运用好鼠标。当幼儿在电脑上勾画出他们心中的图画时,内心充满成功的喜悦,于是更努力地去掌握鼠标,使自己手部小肌肉的控制能力和手眼协调能力得到了进一步的发展。实验班的幼儿在大班上学期的电脑作画的技能已达到娴熟的水平,教师教学活动所需的图片常常请幼儿帮忙,因为他们的作品画面丰富,作画速度又比一般教师快。如活动室的主题角要布置"绳子的用途",孩子们创作的图画十分有趣。

2. 培养了幼儿对几何形体的判断和组合能力

电脑绘画软件提供了各种图形,幼儿常常通过用图形的组合来完成基本构图,通过对几何图形的反复认识与组合,培养了幼儿对事物的概括能力和空间感,增强了幼儿对部分与整体相互关系的认识。如幼儿作品《脸谱》等,通过不同的图形组合,表达了动态的世界,画面栩栩如生。

3. 提高了幼儿的想像力和创造力

幼儿是富有幻想的,在他们的世界里,太阳是五彩的、小鸟是歌唱的、孩子们是最快乐的,但他们的想法往往受到表达能力的限制,电脑绘画为孩子的表现提供了广阔的天地,小小的一个鼠标使

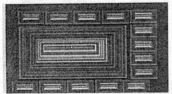
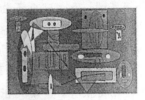

孩子的梦想插上了翅膀,尽情地把自己的体验、情感渗入画面。孩子们在充满乐趣、自由自在的探索活动中获得新知、得到满足、促进发展,从而进一步激发了创造欲。如作品《苏州园林》,通过复制把园林中的宝塔、亭子倒影表现得栩栩如生。《白天与黑夜》、《树爷爷》则创造性地表达了孩子对童话故事的理解。

4．训练了幼儿对知识与经验的迁移能力

这具体表现在幼儿的社会交往经验丰富了,电脑绘画中获得的情感体验、技能技巧及学习品质不同程度地迁移到手工绘画、现代科技学习、排练演出等活动中,而且幼儿在不同活动中的经验能互相传递、互相作用,发展得更全面、更均衡。实验班的孩子把在电脑绘画中获得的构图、运笔、色彩搭配能力迁移到手工绘画中,提高很快,在全国、省、市、区的多项比赛中共获1个特等奖、7个一等奖,参加画展展出50人次。

(三) 利用电脑特有的视觉效果,使幼儿充分感受成功的体验

电脑绘画通过工具可以把道路画得笔直,把太阳画得滚圆,还可以不断剪接整理,重新组合,天马行空,任意驰骋,几乎幅幅幼儿作品都画面风格独特,富有较强的艺术感染力,达到手工绘画无法比拟的效果,真是做到了给孩子一只鼠标,记录今天的生活,描绘未来的世界。当孩子的作品在大屏幕上介绍、在打印机中传出、在画馆中展出、在书报杂志上刊出时,孩子喜悦、自信的感受深深地感染了我们。

为了让孩子进一步感受成功的体验,体现自身的价值,幼儿园举办了助残画展及义卖活动,实验班所有的孩子都精心绘制作品。当装裱一新的图画在"邻里中心"画馆展出和义卖时,吸引了许多来宾,争着购买孩子的绘画作品。开馆当日,90%的作品被抢购一空,孩子们当即把义卖所得的一万多元全部捐献给盲聋哑学校的残疾学生。在这样的活动中,孩子锻炼了技能,培养了爱心,获得了自信。

总之,在电脑绘画活动中,幼儿兴趣、技能、成就感的有机联系,形成了一个螺旋状上升的良性循环系统,建构了一个素质教育的"金三角",幼儿在这个尽情宣泄天真情感的新天地里充分实现了个性化的自主学习。

八、课题研究后的思考

1. 适度的电脑活动不会影响幼儿的情感和社会交往能力,更不会影响视力。

幼儿视力测试对照表

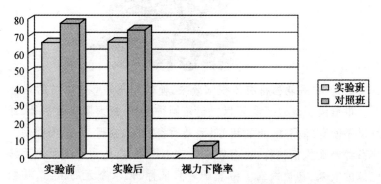

2. 电脑呈现给人们的是一个丰富多彩的天地,幼儿教育者要善于从中挖掘孩子的身心特征所能接受的内容,探索相适应的目标与方法,避免惊险、刺激的电脑游戏把孩子引入歧途。通过实践,我认为:幼儿电脑绘画通过形象、生动、有趣的活动,使幼儿思维更活跃、更有条理,是孩子进入计算机世界的一把金钥匙。

3. 幼儿教育要着眼于未来,采用与未来发展相适应的计算机教育教学是幼儿教育现代化的任务之一,抓住机遇,锐意改革,才能有所创新、有所前进。

4. 要向家长宣传幼儿园电脑活动的内容目标,并向家长举办公开展示活动,赢得家长的理解与支持,使家园达成共识,构成现代启蒙教育的"联网"。

教育研究报告 3

师幼互动中教师的爱心

——一次关于"教师的爱心"的调查报告

夏晓华

一、调查的前提

幼儿教育最根本的任务是促进幼儿的发展,新《纲要》充分肯定了能否对幼儿实施高素质的教育,促进幼儿生动、活泼、主动的发展,关键在于教师的素质,特别是专业素质。在新的师幼关系中,教师是否具有爱心、具有什么样的爱心是专业素质水平高低的重要方面。爱心教育是建立在老师事业心、敬业精神和职业道德的基础上的。

幼儿教育的整合教育观,包括教学资源的整合,家长是不可或缺的重要资源。家长的配合是幼儿发展的重要手段,而家长和老师之间的相互理解是家园合力的重要前提。那么,家长是如何理解老师的爱心的呢?

为此,我们设计了这次调查。本次调查的角度是家长怎样看待老师的爱心。了解目前家长对老师爱心的要求和看法,了解家长眼中有爱心的老师应该具备怎样的条件,老师和孩子的关系应该是怎样的,怎样从孩子的言行中评价老师是否有爱心。

二、调查的指导思想

老师是否具有爱心,特别是对全体孩子的理解和信任的爱是教育有效的前提,它关系到孩子良好品质的形成。爱的教育,最终目的是使幼儿在感受到老师无私的爱之后,再把这种无私的爱自觉地传播给周围的人,进而爱我们的社会、民族和国家。

老师的爱心关系到和谐民主、平等的师幼关系的建立,有利于孩子从小具备大胆开拓,善于发表自己的见解,能勇敢地向老师、同伴提问等学习素质。

爱孩子是所有家长都希望老师做到的。

针对目前有些家长和老师之间缺乏很好的沟通,好多真实想法不能或不愿直接和老师讲的情况设计本次调查,意在通过访谈、问卷,了解家长对老师"爱心"看法的真实情况。

三、调查对象

访谈对象是随意抽取的四位家长,性别、年龄、知识水平、孩子所读学校均不要求统一。

问卷对象:幼儿园小、中、大三个年龄班共150位幼儿家长。

四、调查的手段和方法

观察法、个别访谈、问卷测查和内容分析。

五、调查的过程和时间安排

1. 时间安排

4月8~9日抽样进行访谈;

4月11~13日向家长开放活动时发放问卷;

4月15日统计问卷数量、内容;

4月16日撰写调查报告。

2. 访谈实录(A为访者;B为被访者)

第一位:男家长(个体老板)

A. 老师应该怎样爱孩子?

B. 现在的老师不喜欢孩子(皱眉)。

A. 为什么?

B. 有亲和力的老师,孩子才喜欢。

A. 老师摸摸孩子的头这样的行为,好吗?

B. 孩子不一定喜欢。

A. 为什么?

B. 我认为男孩子不喜欢,他们觉得自己长大了,可摸头就好像把他当做小孩子。

A. 现在的孩子有爱心吗?

B. 有。

A. 他们的爱心受什么因素影响?

B. 环境。

A. 老师的爱心一定程度上也体现在耐心上,你怎么看老师有爱心?

B. 不轻易发火。

第二位:男家长(公务员)

A. 老师应该怎样爱孩子?

B. 因材施教。

A. 老师摸摸孩子的头这样的行为,好吗?

B. 好,是爱的表现。如果爱孩子,还可以轻轻摸摸他们的小脸(很愿讲这话题)。

A. 现在的孩子有爱心吗?

B. 不一定。

A. 他们的爱心受什么因素影响?

B. 父母的修养、家庭氛围、环境。

A. 老师的爱心一定程度上也体现在耐心上,你怎么看老师有爱心?

B. 首先是敬业,其次是有爱心,再有就是性格也有影响,最起码对孩子不烦,这是前提。

第三位:女家长(工厂职工)

A. 老师应该怎样爱孩子?

B. 多和孩子交流。

A. 你的孩子喜欢和老师交流吗?

B. 不太喜欢。

A. 为什么?

B. 怕讲错，孩子有些胆小内向。

A. 老师摸摸孩子的头这样的行为，好吗？

B. 好。

A. 现在的孩子有爱心吗？

B. 有。

A. 孩子的爱心受什么因素影响？

B. 家庭成员的有无爱心。

A. 老师的爱心一定程度上也体现在耐心上，你怎么看老师有爱心？

B. 和孩子说话不带自己不愉快的情绪。

第四位：女家长（银行职员）

A. 老师应该怎样爱孩子？

B. 主要在生活上多关心，像关心孩子喝水呀，热了帮孩子脱衣服，关心孩子的身体状况，等等。

A. 你考虑得很细，为什么想到喝水呢？

B. 有几次发现孩子在幼儿园很渴，但没喝水。等我接他回家，就很急地要水喝（停顿了一会再说出这些理由）。

A. 你的孩子喜欢和老师交流吗？

B. 有的老师她喜欢，有的不喜欢。

A. 为什么不喜欢和有的老师交流呢？

B. 有的老师有架子，孩子看她很严肃，不敢和她交流。其实，老师应该是大孩子（看上去很有感触）。

A. 老师摸摸孩子的头这样的行为，好吗？

B. 不要为摸头而摸头，并不是摸了头就是爱，爱要发自内心（有手势）。

A. 现在的孩子有爱心吗？

B. 要看什么样的家庭出来的孩子，不能简单地判断。

A. 怎样理解？

B. 看家庭,最直接的因素是家庭,如父母孝敬老人呀,向贫困的人捐助等(讲得很详细)。

A. 还有没有其他原因?

B. 其他也有,老师与老师之间的行为,老师和孩子间的,孩子和孩子间的。

A. 老师的爱心一定程度上也体现在耐心上,你怎么看老师有爱心?

B. 对个别有障碍的孩子不厌其烦,循循善诱(音量较高)。

3. 访谈分析

家长考虑的角度和老师不一样,但好多观点很独特,如老师认为摸摸孩子的头是一种亲昵的动作,可有些孩子不喜欢。老师的身体语言须对不同孩子有不同的表达,爱的表达有不同的方式和程度,需要建立在理解和信任的基础上。家长眼中的爱心包含多方面的内容,首先是生活,其次是学习和心理需要,且对孩子的爱应是发自内心的,不是为了爱孩子而去爱。它是一种基本的职业需要,是教师职业素质之一。爱心是广义的,同时具有它的基础:理解和信任。由此看来,现在家长的观念也更新了。新《纲要》中充分发挥各种资源的教育合力是建立在家长的基础上的。

4. 家长问卷

从访谈的结果分析来看,作为有双重任务的幼儿园,在实施爱心教育的同时,有必要充分了解家长的心理和家长对老师爱心所关心的侧重点,真正解决家长的后顾之忧,更为重要的是从中了解不同孩子的不同特点,使个别教育、因材施教更有实效。

问卷样本:

选择:

(1) 你的孩子喜欢老师吗?

　　A. 非常喜欢　　　B. 喜欢　　　C. 不喜欢

(2) 你的孩子愿意跟老师交谈吗?

　　　　A. 非常愿意　　　　B. 愿意　　　　C. 不愿意
(3) 你的孩子会向老师提问吗?
　　　　A. 敢问　　　　　　B. 不太敢　　　　C. 不敢
(4) 你希望老师对你的孩子采取什么样的态度?
　　　　A. 能依顺孩子　　　B. 以理服人　　　C. 放任自由
(5) 你的孩子在幼儿园生活开心吗?
　　　　A. 很开心　　　　　B. 比较开心　　　C. 不开心
(6) 你的孩子在家经常模仿老师的言行吗?
　　　　A. 经常　　　　　　B. 有时　　　　　C. 从不
(7) 你觉得孩子在幼儿园哪方面受到了更好的照顾?
　　　　A. 身体　　　　　　B. 心理　　　　　C. 两方面都有
(8) 你的孩子在幼儿园与同伴争执后,老师会如何处理?
　　　　A. 向你说明情况　　B. 了解事情的经过并教育孩子
　　　　C. 不予理睬
(9) 你在哪些方面看到了老师的爱心?
　　　　A. 照顾孩子的生活　B. 活动中与孩子的关系
　　　　C. 孩子的口中
(10) 对你孩子的进步,老师一般是什么态度?
　　　　A. 赏识鼓励　　　　B. 不够重视
　　　　C. 老师从没注意

5. 问卷统计结果

下发问卷150张,返回问卷107张。

6. 问卷内容分析

　　在分析中的百分比相加有些不等于100%,是因为有些项目有些家长没有填满,空缺。有些超过100%,是因为有家长在一个项目中进行了多项选择。

内容1：

项 目	选 项	小 班		中 班		大 班	
		数量	100%	数量	100%	数量	100%
你的孩子喜欢老师吗？	非常喜欢	21	48.8	16	64	16	47.1
	喜 欢	22	51.2	9	36	17	5
	不喜欢	0	0	0	0	0	0

析：问卷结果表明，幼儿园老师和幼儿间的关系比较和谐，孩子非常喜欢老师的比例很高，基本上都非常喜欢老师或是比较喜欢老师，没有不喜欢老师的。

内容2：

项 目	选 项	小 班		中 班		大 班	
		数量	100%	数量	100%	数量	100%
孩子愿意和老师交流吗？	非常愿意	13	26	9	36	8	26.7
	愿 意	31	62	15	60	20	66.7
	不愿意	6	12	1	4	2	6.7

析：师幼间的交流很大程度上能反映老师对幼儿表现出的信任和理解的爱，从表2可以看出，愿意和老师交流的比例最高，其次是非常愿意和老师交流的，但不愿意和老师交流的孩子也有，小班比例相对要高一点，大班其次，中班居中。

内容3：

项 目	选 项	小 班		中 班		大 班	
		数量	100%	数量	100%	数量	100%
孩子会向老师提问吗？	敢 问	22	44	14	56	14	40
	不太敢	19	38	8	32	17	48.6
	不 敢	10	20	3	12	5	14.3

析:孩子会提问是一种能力,需老师在日常生活中经常性地训练和给予孩子鼓励,培养孩子,师幼间没有爱心的交往很难使幼儿和谐、轻松、自然地向老师提问。表中显示,敢向老师提问的幼儿中,小、中、大三个年龄段比例相似,约占一半;不太敢提问的小班和中班比例略少于一半,大班稍微高一点,占48.6%。

内容4:

项 目	选 项	小 班		中 班		大 班	
		数 量	100%	数 量	100%	数 量	100%
你喜欢老师怎样的教育态度?	能依顺孩子	0	0	0	0	1	2.7
	以理服人	49	98	24	100	35	94.6
	放任自由	1	2	0	0	1	2.7

析:家长对老师教育态度的观点很集中,均认为应该是以理服人,分别是98%、100%和94.6%,只有个别家长认为孩子不可管得太多,自由发展很重要。

内容5:

项 目	选 项	小 班		中 班		大 班	
		数 量	100%	数 量	100%	数 量	100%
你的孩子在幼儿园开心吗?	很开心	33	66	18	72	26	74.3
	有时开心	16	32	7	28	9	25.7
	不开心	1	2	0	0	0	0

析:和谐充满爱心的环境能给人带来一份喜悦和快乐,表5的数据显示,只有一个孩子在幼儿园表示不开心,其余的均表示开心,或有时开心,有时不开心。

内容6:

项目	选项	小班		中班		大班	
		数量	100%	数量	100%	数量	100%
孩子在家经常模仿老师的言行吗?	经常	12	24	9	36	7	20
	有时	33	66	15	60	23	65.7
	从不	6	12	1	4	5	14.3

析:孩子模仿的对象主要有三类:自己喜欢的人或事;自己很害怕的事;奇怪和不合常理的事。所以,把是否模仿老师也作为一个问卷内容进行调查统计。相对而言,有时模仿老师言行的比例较高,分别是66%、60%和65.7%;经常模仿要比从不模仿的比例高一倍。

内容7:

项目	选项	小班		中班		大班	
		数量	100%	数量	100%	数量	100%
孩子在园哪方面受到了更好的照顾?	身体	3	6	0	0	1	2.9
	心理	8	16	5	19.2	4	11.4
	两方面都有	39	78	21	80.8	30	85.7

析:访谈中表明,家长眼中老师的爱心应主要体现在身体、心理两方面,对此所做的问卷结果显示,80%的家长都希望老师对孩子身心两方面均能付出爱心,让孩子得到很好的照顾,要求对身体多一点照顾的家长,小班比例偏高,随着年龄的增大,有少数家长对孩子心理上的照顾和关注有一定的要求。

内容8：

项 目	选 项	小班		中班		大班	
		数量	100%	数量	100%	数量	100%
你孩子和同伴争执后，老师是如何处理的？	向你说明情况	7	13.2	1	4	5	14.3
	了解事情经过并教育	46	96.8	24	96	28	80
	不很在意	0	0	0	0	1	2.9

析：对孩子间的争执如何处理是独生子女的一个独特问题，家长对此和以往有不同的看法，如果老师处理的结果和家长的要求距离较远，家长往往会产生不满意的情绪，认为老师不爱自己的孩子，但从问卷结果看出，家长的要求也相对比较集中，要求老师了解事情的经过并能正确教育孩子。也有约15%的家长认为老师须向家长说明情况。

内容9：

项 目	选 项	小班		中班		大班	
		数量	100%	数量	100%	数量	100%
你在哪些方面看到了老师的爱心？	照顾孩子的生活	19	38	3	12	5	14.3
	活动中与孩子的关系	17	34	11	44	16	45.7
	孩子的口中	25	50	12	48	20	57.1

析：家长了解老师是否有爱心的途径有很多，小班50%来自于孩子的口中，34%来自于活动中老师与孩子的关系，38%来自于老师对孩子生活的照顾；中班和大班这三个选项的比例和小班一样，依

次递减,中班分别是 48%、44%、8%;大班分别是 57.1%、45.7%、14.3%。

内容 10:

项目	选项	小班		中班		大班	
		数量	100%	数量	100%	数量	100%
孩子的进步,老师是如何处理的?	赏识鼓励	50	98	20	80	33	94.3
	不够重视	1	2	0	0	2	5.7
	老师不很注意	0	0	0	0	0	0

析:爱心也是教育成功的基础,是老师专业素质的基本功,赏识教育包含爱心、耐心、细心等,本次问卷中家长对教师如何对待孩子的进步问题结果显示赏识鼓励占 98%、80%、94.3%;不够重视的也有,小班 2%,大班 5.7%。

六、结论

1. 爱心和诚心、细心、耐心密不可分

幼儿教师的职业和工作不能很清晰地加以量化,评价的标准也以一定的细则为参考,很大范围内需要教师以自己的人生观、世界观和工作责任感为依托,从内心深处赋予孩子爱心。在实践中,爱心也不可能光表现在语言表达上,也应在具体的教育行为上得到体现,就像统计中家长们所持的观点,老师和孩子之间最直接的爱心体现在诚心、细心和对孩子教育中的耐心上,照顾好孩子的生活,引导好他们心理的正常发展,细心帮助幼儿养成有价值的学习习惯,对孩子有爱才可能将精力投放到教育上。

2. 爱心是实质,不是形式

如摸摸头这个动作,一定程度上体现了师幼间融洽的感情世界,为此,幼儿园也把这个行为引进到每一位老师的观念中,要求每位老师每天至少摸孩子的头一次。总体来看,这是实施爱心教育的起点,用肢体语言和孩子进行交流和沟通,但从调查表明,家长对这一动作不是简单地加以评判是不是爱心的体现,主张老师爱孩子不能为动作而动作、为摸头而摸头、为爱孩子而机械地爱孩子。爱心应是一种很自然的情感流露,它不是任务,同时老师对孩子亲切的动作应从孩子的性格出发,有些孩子就不喜欢老师摸自己的头,虽然只是很少的一部分,但它证明了孩子有自己的喜好,有自己喜欢的表达方式,老师走进孩子的世界,了解孩子的所思、所想,才能将爱心教育不停留于形式,如处理好孩子间的争执,生活中贴心的交流,琐碎生活、学习细节的照顾。

3. 爱心的实现是双向的

爱心不仅能建立良好的师幼互动关系,为教育作好铺垫,同时也是孩子爱心的前提和基础。幼儿期孩子好模仿,榜样的作用在孩子行为、个性、品行养成中占据重要地位。大部分家长认为除了家庭因素以外,教师的言行是孩子爱心养成的主要因素,在孩子的生活中有对他们很重要的、很熟悉的形象,他们喜欢将这些形象的一举一动都模仿给别人看,如调查中也发现,有65%的幼儿在家要模仿自己的老师。如果所模仿的对象是积极的,那无形中成了孩子宝贵的教育资源,如经常接受爱心的熏陶,孩子就能明白爱别人是一件多么好的事,爱别人,别人也会爱自己,大家在一起就会非常开心。

4. 爱心教育是广义的,不是模糊的

教师的爱心教育要建立在对孩子的理解和信任的基础上,不能盲目地偏爱哪一位或哪一些孩子,教师爱幼儿和家长爱孩子很相似,不能溺爱、无原则地爱,更不能打骂式地爱。赏识教育很重要,但它有一定的尺度,太夸奖孩子则往往导致孩子的骄傲,太不在乎他们的成功、过于严厉也会让他们感受压力,适得其反。

5. 爱心教育是一个循序渐进的过程

实施爱心教育不能一蹴而就。它必须建立在了解孩子、走进童心世界的基础上,以孩子的心理为出发点,如用肢体语言的感情交流:摸摸孩子的头,蹲下来做孩子的玩伴,了解他们想些什么、他们的喜好、他们的世界。老师只有走进孩子的童心世界,才能在真正意义上关注每一位孩子,及时捕捉信息赏识鼓励孩子,从而让每一位孩子都获得成功,体验成功。可见,爱心教育的实施有一定的步骤,从摸摸孩子的头—走进童心世界—关注每一位孩子—赏识鼓励孩子—让每一位孩子都获得成功。

七、其他问题

调查中发现,小班和大班孩子的争执多于中班,如确实,原因是什么呢?有些家长为了让孩子自由发展,担心幼儿园的集体规则影响了孩子的能力培养,事实上有没有道理呢?有多少孩子不喜欢摸头,他们喜欢怎样的肢体语言呢?这些在这次调查中发现的题外话非常值得研究。

[资料来源:刘晶波《师幼互动行为研究》,南京师范大学出版社 2000 年]

第九章　学前教育研究面临的问题以及发展趋势

一、本章结构与内容提要

通过本章的学习,了解学前教育研究面临的问题,并在此基础上把握学前教育研究的发展趋势。

二、基本概念简释

1. 当前学前教育研究面临的问题

（1）当前教育研究中未能处理好"建构理论"与"解决实践问题"的关系。

（2）学前教育研究片面追求客观化与科学规范性。

2. 后现代思潮对学前教育研究的启示

（1）学前教育研究中需要一种反思、批判精神。

（2）学前教育研究方法的多元化。

（3）学前教育研究中对定性(质的)研究的重新审视。

（4）学前教育研究应在研究者与被研究者之间建立一种对话。

三、重点问题解答

学前教育研究发展趋势述评。

学前教育研究的发展趋势：

(1) 研究主体的平民化。

研究权利将不再仅仅是理论工作者的权利，这种权利将会下放到广大的工作在学前教育第一线的幼儿教师身上。幼儿教师不再仅仅是被研究者与教育理论的实践者，他们将成为学前教育研究的参与者、合作者。

(2) 研究者与被研究者关系的平等化。

传统的学前教育研究与教育领域的其他分支学科一样，研究者和被研究者的地位并不平等。这表现在理论工作者是指导者，而实践工作者是被指导者，不管具体情景如何，作为实践者的幼儿教师要按照一般的规律、普遍的知识来指导自己的工作，而少有自己的权宜性。这种不平等导致了研究者与被研究者之间关系的不和谐、不信任甚至对立。通过对这种不平等关系的反思，我们逐渐意识到学前教育研究方法的急需改进以及发展的方向。幼儿教师和幼儿决不仅仅是我们建构完美理论的工具，相反，他们恰恰是我们追求的目的。

(3) 研究情境的自然化。

学前教育也未能避免实证主义的影响，但是现在研究者也在迎接人文主义的回归。理论工作者不再空想着建造一个学前教育研究的实验室，而是在一个活生生的自然生态情境中进行研究。

(4) 研究领域的微观化。

学前教育研究中对"教育现象"、"教育日常行为"等领域的贴近可能是一种必然的研究趋势。对教育研究来说，对教育现象的贴近，对普遍而又基本的教育人员、学习人员以及他们的教学行为、学习行为的关注，才会真正地达到教育研究者的基本目的。没有一个执行者是不用作出决策的执行者，只有尊重每一位行为者的决策权，我们才能重视他们的主体性，而这一行为者包括教育行政官员、教育理论专家，当然也包括最为基层的普通教师与幼儿，甚至于只有他们才是教育研究者最为普遍最为重要的研究对象。

(5) 研究方法的综合化。

没有任何一种科学研究方法应该成为对社会现象进行推论的主宰,占主导地位的量的方法在发挥自己作用的同时,应该吸收别的研究方法的长处。在世界范围内重视多元、强调对话的后现代思潮的推动下,社会科学研究界对多种研究方法之间的结合问题日益关注。而作为社会科学研究中的两种主要的研究方法——量的研究与质的研究之间的结合问题已成为一个发展的趋势。